Rainer Greiff, Gisela Schuler-Wallner (Hrsg.)

Mehr als ein Dach über dem Kopf

Daniela Boos
Nov. 92

Eine Veröffentlichung des
Instituts Wohnen und Umwelt,
Darmstadt

Rainer Greiff, Gisela Schuler-Wallner (Hrsg.)

Mehr als ein Dach über dem Kopf

Berichte über Wohn- und Berufsförderungsprojekte für und mit Obdachlosen

Juventa Verlag Weinheim und München 1990

Umschlaggestaltung: Atelier Warminski, 6470 Büdingen 8
Umschlagabbildung: Schlichtwohnungsbau in Hessen, G. Wallner 1988
Printed in Germany

ISBN 3-7799-0817-4

Inhalt

Zu diesem Buch 9

Gisela Schuler-Wallner
Leben in Unterkünften
Die soziale Wirklichkeit der Obdachlosensiedlungen 11

Rainer Greiff
Aussicht auf Normalität
Perspektiven für Obdachlosensiedlungen 25

Strategien zur sozialen Integration

Jürgen Gotthold
Vom Barackenlager zur Trabantenstadt
Stadtteilentwicklung und Arbeitsbeschaffung als neue Aufgaben der kommunalen Sozialpolitik 46

Helga Fassbinder
Städtisches "Beheer": Vorbeugestrategie gegen Obdachlosigkeit?
Erfahrungen aus den Niederlanden 57

Thomas Specht
Ohne Wohnsitz auf der Straße
Durchsetzung von Sozial- und Wohnungshilfen für alleinstehende Wohnungslose 70

Andreas Kämper
Wohngemeinschaften für alleinstehende Wohnungslose
Die eigene Wohnung als Grundlage der sozialen Integration 78

Von der Obdachlosensiedlung zum "normalen" Wohngebiet

Wolfgang Voegele
Verbesserung nach Plan
Zehn Jahre Erneuerung in einem Stadtteil mit Schlichtwohnungen 88

Isolde Bäuerlein-Gekeler
Engagement und Auftrag
Zur Rolle freier Architekten bei der Sanierung eines
sozialen Brennpunktes 94

Alexander Grünenwald
Modernisierung und Neubau
Ein angepaßtes Sanierungskonzept für ein
Schlichtwohnungsgebiet 103

Albert Mollet
Beteiligung: Mit wem?
Erfahrungen bei der Sanierung von Schlichtwohngebieten
in Frankreich 113

Dietrich Grothe-Jung
Von der "Mau-Mau-Siedlung" zum bevorzugten Wohngebiet
Die Auflösung einer Kleinraumsiedlung als Sanierungsmaßnahme 124

Planen und Bauen mit Bewohnern

Ulrich Severin
Information - Abstimmung - Kontrolle
Modernisierung mit Bewohnern in einem sozialen Brennpunkt 142

Renate Viets
Modernisierung durch Mieter und Eigentümer
Soziale Differenzierungsprozesse in einem Schlichtwohngebiet 157

Alf Kappauf
Eigenheime für obdachlose Familien
Bauliche Selbsthilfe als Beitrag zur Finanzierung 175

Dietrich Gekeler
Familiengerechte Wohnungen in einem sozialen Brennpunkt
Erfahrungen mit einem Modellprojekt im Sozialen Mietwohnungsbau 188

Wohnungsversorgung und Arbeitsbeschaffung

Eduard Roth
Landesarbeitsgemeinschaft Soziale Brennpunkte Saar
"Neues Wohnen Saar"
Ein Beschäftigungsprojekt im Sozialen Wohnungsbau 202

Reinhard Lehnen
Berufliche Förderung für arbeitslose Bewohner
Neue Aufgaben für eine gemeinnützige Wohnungsbaugesellschaft 211

Berthold Sommer Rheinhard Thies
Initiative für Jugendberufsbildung (IJB)
Sanierungsarbeiten mit Jugendlichen aus ehemaligen Obdachlosensiedlungen
Berufliche Integration im eigenen Wohnumfeld 218

Werner Schüle Mine Donath
Wohn- und Arbeitsmöglichkeiten für alleinstehende Wohnungslose
Neue Wege eines freien Trägers 230

Rolf Schäfer György Szabo
Existenzsicherung für Sinti-Familien
Selbsthilfe und Arbeitsförderung beim Neubau von Wohnungen und Gewerberäumen 240

Die Verfasser 247

Zu diesem Buch

Bei der aktuellen Diskussion über Wohnungsnot geraten die über Jahre angestauten Probleme in den Hintergrund, die eine wachsende Zahl von Haushalten hat, sich auf einem enger werdenden Markt preisgünstiger Wohnungen zu versorgen. Derzeit leben schon mehr als 300 000 Menschen in Obdachlosenunterkünften oder auf der Straße, eine weitaus größere Zahl von Haushalten ist von Wohnungsverlust und Obdachlosigkeit bedroht, weil ihre Einkünfte für die steigenden Mieten nicht mehr ausreichen. Das eigene Dach über dem Kopf und angemessene Wohnverhältnisse sind jedoch wichtige Voraussetzungen für gesellschaftliche Integration. Noch immer gibt es den Mißstand räumlich ausgegrenzter und sozial diskriminierter Unterkunftsgebiete mit völlig unzureichenden Wohnverhältnissen, in die die Gesellschaft ihre Armen abschiebt.

Die in dem vorliegenden Buch zusammengestellten Erfahrungsberichte zeigen jedoch, daß das keineswegs so sein muß, wenn konsequent auf Vorbeugung und Hilfe zur sozialen Integration gesetzt wird. Wo der politische Wille da ist, sind viele Wege möglich, um für die betroffenen Haushalte menschenwürdige, "normale" Wohnverhältnisse zu schaffen. Dies erfordert neben ausreichenden finanziellen Mitteln eine sorgfältige Planung, einen langen Atem und vor allem das Einlassen auf die konkreten Probleme der Menschen und ihre Lebenszusammenhänge. Berichtet wird über die Sanierung ehemaliger Schlichtwohngebiete, über den Neubau familiengerechter Wohnungen, über Selbsthilfe und Arbeitsbeschaffungsmaßnahmen im Wohnungsbau. Immer ist für den Erfolg entscheidend, daß die Menschen, um die es dabei geht, von Anfang an an Planung und Durchführung beteiligt sind. Nicht immer kommen dabei Musterlösungen heraus, aber auch aus den aufgetretenen Problemen und Schwierigkeiten lassen sich Lehren für angemessene und humane Wohn- und Siedlungskonzepte, aber auch für Ansätze zur Integration in das Erwerbsleben ziehen.

Um einen Austausch der Erfahrungen zu ermöglichen, die mit sehr unterschiedlichen Ansätzen und Aufgabenstellungen bei der Bewältigung der Wohnungsprobleme wie auch der damit verbundenen wirtschaftlichen Existenzfragen sozial benachteiligter Gruppen bereits gemacht wurden, hatten der Deutsche Werkbund und das Institut Wohnen und Umwelt im Herbst 1988 die Tagung "Kein Dach über dem Kopf" als 18. Werkbundgespräch in Darmstadt organisiert. Die dort von Sozialplanern und Gemeinwesenarbeitern, Architekten und Stadtplanern, Wissenschaftlern und Politikern aus jeweils spezifischer Sicht der Probleme vorgetragenen Erfahrungsberichte waren, ergänzt um einige weitere Beiträge, die Grundlage für dieses Buch.

Viel persönliches Engagement mußte investiert werden, um die Projekte, von denen hier berichtet wird, über die Hürden finanzieller und organisatorischer

Schwierigkeiten zu bringen und sie gegen die unterschiedlichsten politischen und administrativen Widerstände durchzusetzen. Ihre Vielfalt darf nicht darüber hinwegtäuschen, daß sie weder quantitativ noch qualitativ repräsentativ dafür sind, wie üblicherweise mit den betroffenen Menschen und ihren Problemen verfahren wird. Weiterhin besteht ein erheblicher Handlungsbedarf. So richtet sich das Buch an alle, die mit der Wohnungsversorgung von Menschen in Wohnungsnot befaßt sind, und soll für möglichst viele neue Projekte Anregungen geben.

Die Herausgeber

Gisela Schuler-Wallner

Leben in Unterkünften

Die soziale Wirklichkeit der Obdachlosensiedlungen

Zur Beständigkeit einer unzeitgemäßen Notlösung

Wohnungsnot und Obdachlosigkeit

Die "Wieder"-Entdeckung der Wohnungsnot als drängende politische Aufgabe belegt wieder einmal, daß das bloße Bestehen sozialer Probleme allein nicht dafür ausschlaggebend ist, daß sie auch politisch wahrgenommen werden. Noch 1987, im "Internationalen Jahr der Hilfen für Menschen in Wohnungsnot", wollte man von staatlicher Seite aus nicht zur Kenntnis nehmen, daß in der Bundesrepublik bis zu einer Million Menschen nicht in der Lage sind, die Wohnungsversorgung für sich oder die Familie ausreichend und dauerhaft sicherzustellen. In dieser Schätzung hat eine Expertenrunde die Wohnungslosigkeit von etwa 100 000 meist alleinstehenden Personen, die manifeste Obdachlosigkeit von etwa 200 000 Personen - meist in Familien- wie auch die verdeckte Obdachlosigkeit von etwa 700 000 Menschen in unzureichenden Wohnverhältnissen berücksichtigt (Schuler-Wallner 1986 und Specht u. a. 1987). Erst nachdem die Wohnungsversorgung über die Randgruppen hinaus auch für normal verdienende Haushalte zum Problem wurde und vor allem Aus- und Übersiedler den Wettbewerb um das knapp gewordene Wohnungsangebot spürbar verschärften, ist Wohnungsnot - wählerwirksam - wieder auf der politischen Tagesordnung.

Heute bestreitet kaum mehr ein Politiker die enormen Engpässe am Wohnungsmarkt. Sie wurden insbesonders ausgelöst,

- weil die geburtenstarken Jahrgänge der sechziger Jahre jetzt auf den Wohnungsmarkt drängen,
- weil die Einkommen der Haushalte in den vergangenen Jahren wieder stärker gestiegen sind, so daß die Wohnflächennachfrage pro Kopf unvermindert wächst,
- weil (durch die unerwartet starke Zuwanderung von Aus- und Übersiedlern) die pessimistischen Vorhersagen eines bevorstehenden Bevölkerungsrückgangs nun ganz und gar nicht eingetroffen sind und
- weil andererseits der Wohnungsbau in den achtziger Jahren stark zurückgegangen war.

Doch über dem Für und Wider zahlreicher wohnungspolitischer Vorschläge und Beschlüsse drohen die Wohnungsnöte der Armen erneut aus dem Blickfeld zu geraten. Für Wohnungslose auf der Straße, Bewohner von Obdachlosenunterkünften und für sonstige Wohnungsnotfälle ist Wohnungsnot zu einer existentiellen Bedrohung geworden, auch wenn diese vor dem Hintergrund eines allgemein steigenden Wohnungswohlstands nicht ohne weiteres erkennbar ist.

Ausweitung der Obdachlosenproblematik

Der Mangel an billigem Wohnraum ist eine der entscheidenden Ursachen für die Aufrechterhaltung und Neuentstehung von Obdachlosigkeit. Aktuelle Bedeutung erhält dies vor allem dadurch, daß die Wohnkosten für immer mehr Haushalte zu einer untragbaren finanziellen Belastung werden. Untersuchungen zu den Mietbelastungen zeigen, daß unterste Einkommensgruppen trotz Wohngeld die höchsten Mietlastquoten und höheren Steigerungen zu verkraften haben (vgl. Ulbrich 1990). Folgt man den Meldungen der Städte und Gemeinden, so steigen die öffentlichen Aufwendungen überdurchschnittlich dafür, daß Wohnkosten gemäß Bundessozialhilfegesetz entweder als Teil des notwendigen Lebensunterhalts oder - in Sonderfällen - als Mietrückstände zur Vermeidung von Wohnungsverlusten übernommen werden müssen.

Viele der finanziell in Not Geratenen verlieren dennoch ihr Dach über dem Kopf und dadurch häufig auch den Boden unter den Füßen, sei es, weil behördliche Hilfen aus Unkenntnis und Scham nicht in Anspruch genommen oder diese nicht frühzeitig, leider oft auch überhaupt nicht gewährt werden. Nicht alle Betroffenen wissen über ihre Rechte Bescheid oder verfügen über die Möglichkeiten, diese gegenüber einer oft auch sehr zurückhaltenden Verwaltung durchzusetzen (vgl. Bauer 1989).

Gleichzeitig können die zuständigen Ämter wegen unzureichender kommunaler Wohnungsvorsorge immer weniger angemessen auf die gestiegene Zahl der Räumungsklagen reagieren. Ohne daß vorhandene Belegungsrechte voll ausgeschöpft werden, greifen sie auf vorhandene Obdachlosenunterkünfte und - falls auch diese Reserven erschöpft sind - auf gewerblich (und einträglich) betriebene private Übernachtungseinrichtungen sowie auf schnell geschaffene Notquartiere (z. B. in Wohnwagen, Zelten, Bunkern, Gartenlauben, "Wohncontainern" usw.) zurück. Wohnungsmisere und Provisorien haben unmittelbar negative Auswirkungen auf eine Vielzahl sozialer Dienste und Einrichtungen. Überall dort, wo zur Erreichung sozialer oder therapeutischer Ziele eine eigene Wohnung als Grundlage nicht rechtzeitig zur Verfügung gestellt werden kann, entsteht eine Art "verdeckter Obdachlosigkeit".

Darunter ist der "gestaute" Wohnungsbedarf in überfüllten Frauenhäusern, Übernachtungs- und Therapieeinrichtungen ebenso zu verstehen wie die aussichtslose Wohnungssuche von Bewohnern sozialer Brennpunkte, der Verfall ehemals vernachlässigter Wohnquartiere, die in sozialer Kleinarbeit und mit viel Bewohnerselbsthilfe mühsam aufgewertet wurden, ebenso wie die Entstehung neuer sozialer Brennpunkte. Unübersehbare Folgeprobleme und -kosten werden das Gleichgewicht lokaler Hilfesysteme erheblich stören. Die Entwicklungen deuten insgesamt auf eine Ausweitung der Obdachlosenproblematik hin, die mit den herkömmlichen Definitionen nach den Kriterien Wohnungsverlust und Einweisung in eine Unterkunft (mit Nutzungsvertrag), nicht mehr ausreichend beschrieben und entsprechend auch statistisch nicht erfaßt wird. So hinken auch die obdachlosenpolitischen Ansätze der Kommunen der Entwicklung hinterher.

Unterkünfte - ein dauerhaftes Provisorium

Eigentlich dürfte es sie schon längst nicht mehr geben - die Ansammlungen von Schlichtwohnungen am unattraktiven Rand der Städte, hinter Bahngleisen, umgeben von Industrie und Verkehr oder im Übergang zum freien Feld. Denn aufgrund eines wachsenden Verständnisses für die der Obdachlosenproblematik zugrunde liegenden strukturellen Ursachen und Defizite galten Obdachloseneinrichtungen schon seit den frühen siebziger Jahren als nicht mehr zeitgemäß. Zwar wurden von einigen Bundesländern - unter der Zielsetzung der sozialen Integration von Obdachlosen - in dieser Hinsicht entsprechende Richtlinien und Empfehlungen erlassen, jedoch ohne bindende Wirkung. Den Kommunen bzw. Landkreisen ist es weitgehend selbst überlassen, wie sie ihre Aufgaben der Abwendung drohender Obdachlosigkeit wahrnehmen, und je nach lokaler und politischer Vorbedingung verstehen sie kommunale Obdachlosenhilfe entweder mehr als ordnungsbehördliche Tätigkeit im Sinne der Beseitigung von "Störungen der öffentlichen Ordnung" oder als vorbeugende Hilfe im Sinne des Bundessozialhilfegesetzes zur Abwendung drohender wirtschaftlicher und sozialer Notlagen.

Nachhaltiger als Empfehlungen dürften sich besondere Förderungen und Förderungsvoraussetzungen auf die kommunale Obdachlosenpolitik ausgewirkt haben, mit sowohl negativen als auch positiven Konsequenzen. So wurde z. B. in Hessen von den Kommunen eine in den Jahren 1963 bis 1971 bestehende Sonderförderung des Landes zum Bau von Schlichtwohnungen einfachster Art (Erlaß des Hessischen Innenministers von 1963) dazu genutzt, die damals vielfach noch vorhandenen Notunterkünfte primitivster Art (Nissenhütten, Holzbaracken, Eisenbahnwaggons) durch massive Gebäude an denselben Standorten zu ersetzen. Dieses Förderprogramm hat somit entscheidend dazu beigetragen, die sozialräumliche Ausgrenzung obdachloser Haushalte und ihre wohnliche Schlechterstellung langfristig festzuschreiben. Es bedurfte daher besonderer kommualpolitischer Anstrengungen, dem grundsätzlichen Wandel in der Obdachlosenpolitik des Landes, der vor allem in der Einstellung eben dieser Förderung des Schlichtwohnungsbaus (1972) und dem Erlaß des

Hessischen Sozialministers "Hilfen für Obdachlose" (1973) zum Ausdruck kam, zu folgen und Obdachlose im allgemeinen Wohnungsbestand zu versorgen. Selbst dort, wo Obdachlosensiedlungen schrittweise aufgelöst wurden, blieben Bereiche vorbehalten, in die Obdachlose weiterhin nach dem Verschuldensprinzip eingewiesen wurden.

Von einzelnen Kurskorrekturen im Wohnbereich abgesehen wurde die Situation der Obdachlosen in den 70er Jahren vor allem durch sozialpädagogische Lösungsansätze bestimmt. Die hierfür gewährten Finanzierungshilfen des Landes (für investive und nichtinvestive Maßnahmen) haben es ermöglicht, daß in vielen hessischen Obdachlosensiedlungen Gemeinwesenarbeitsprojekte eingerichtet werden konnten, die auf der Grundlage der meist von studentischen Initiativen, Freundes- und Förderkreisen begonnenen Arbeit mit Kindern und Jugendlichen ein differenziertes Angebot sozialer Unterstützung aufbauten. Es war eher eine Ausnahme, wenn - wie z. B. in Marburg-Waldtal - die Entwicklung eines Unterkunftsgebietes mit dem Ziel der baulich-räumlichen wie auch sozialen Integration in den Zusammenhang eines übergreifenden Stadtteilentwicklungsprogramms gestellt wurde (s. den Beitrag von Gotthold).

Punktuelle Verbesserungen im Wohnbereich und flankierende Maßnahmen beruhten selten auf einer Bestandsaufnahme der objektiven Fakten bzw. einer gemeinsamen Problemsicht und Zusammenarbeit aller für den Problembereich zuständigen Personen und Institutionen. Häufiger bestimmten kommunalpolitische Zufälligkeiten und nicht rationale Planung die Entscheidungen. Wie schwierig es ist, die in der Vergangenheit geschaffenen Verhältnisse zu verändern, zeigen auch neuere Beispiele aus Hessen, wo in den letzten Jahren - erneut angestoßen durch besondere Fördermittel des Landes (seit 1983) - mit umfassenden Sanierungsmaßnahmen in Schlichtwohngebieten begonnen wurde. Abgesehen von den zweifellos dringend notwendigen Verbesserungen in Wohnungen, Gebäuden und im Wohnumfeld ist die völlige Auflösung von Obdachlosensiedlungen an isolierten und immissionsbelasteten Standorten bisher noch immer gescheitert, auch wenn fachliche - städtebauliche, soziale wie ökonomische - Einsichten dafür sprechen. Aus gutem Grund hat die Landesarbeitsgemeinschaft Soziale Brennpunkte in Hessen vor dem Bau neuer Einfachstwohnungen gewarnt, um es gar nicht erst dazu kommen zu lassen, daß den bestehenden Provisorien neue hinzugefügt werden.

Wer den Versuch unternimmt, die Verbreitung der Obdachlosigkeit zu erfassen, stößt auf lückenhafte Informationen. Die einzige offizielle Statistik in Nordrhein-Westfalen dokumentiert (nach einer veralteten Definition) nur den Teilbereich der ordnungsbehördlich registrierten Fälle. In diesem engen Sinne findet sich Obdachlosigkeit - bezogen auf die jeweilige Einwohnerzahl - im ländlichen Raum und in Kleinstädten in etwa gleichen Anteilen wie in Großstädten (Angele 1989). Zwei nach Art und Umfang bisher einmalig durchgeführte Untersuchungen in Hessen (Schuler/Sautter 1983) und in Niedersachsen (Godehart 1989) liegen zwar schon einige Jahre zurück, ihre wesentliche Aussage, daß sich die - stets verharmlosend als Provisorien deklarierten - Unterkünfte für obdachlos gewordene Haushalte als sehr langlebige Einrichtungen erweisen, dürfte aber auch heute noch gültig sein. Die Notquartiere von heute sind zwar etwas solider und besser ausgestattet, aber immer noch weit unterhalb allgemein akzeptierten Standards, die man aber gleichwohl gesellschaftlich ausgegrenzten Bevölkerungsgruppen glaubt zumuten zu können. Etwa 70 Prozent aller hessischen Gemeinden unterhielten nach ihren eigenen Angaben derartige Provisorien. Die meisten der insgesamt 3 800 Unterkünfte waren auf Dauer belegt. Zusätzlich waren rund 700 Normalwohnungen nach dem Hessischen Gesetz für Sicherhehit und Ordnung (HSOG) für die befristete Einweisung bzw. Wiedereinweisung von obdachlosen Haushalten in Anspruch genommen (15 % aller obdachlosen Haushalte). In Niedersachsen verfügten noch mehr Kommunen (80 %) über kommunale Unterkünfte. Auch diese - insgesamt 6 000 - waren zum Erhebungszeitpunkt 1985 überwiegend belegt. In beiden Bundesländern waren es vor allem die großen und mittleren Städte, die minderwertige Wohnungsbestände für die Unterbringung von Obdachlosen zweckbestimmt nutzten. Bei beiden Erhebungen mußte mit einer erheblichen Dunkelziffer gerechnet werden, denn es gibt "Wohnungsnot", die sich nicht administrativ "regelt" und daher auch nicht erfassen läßt.

Der für Obdachlosenunterkünfte genutzte Gebäudebestand

Wie die Untersuchungen in Hessen und Niedersachsen erkennen lassen, werden für die Unterbringung von Obdachlosen die einfachsten Baubestände genutzt. Dazu gehören immer noch Behelfsunterkünfte (die ursprünglich nicht für Wohnzwecke - zumindest nicht auf Dauer - errichtet worden waren, wie Baracken, umgenutzte Schul- und Dienstgebäude etc.) sowie Schlichtwohngebäude, die mit minimalen Bau- und Ausstattungsstandards eigens für soziale Randgruppen, arme Leute und eben auch als Obdachlosenunterkünfte errichtet worden waren. Im "normalen" Wohnungsbestand finden sich Obdachlosenunterkünfte sowohl im Altbaubestand (vor 1949) und dabei fast ausschließlich in den einfachsten Teilbeständen (Einzelöfen, WC außerhalb etc.) - entsprechend fließend ist die Abgrenzung zu den älteren Schlichtwohngebäuden - sowie in Gebäuden des Sozialen Wohnungsbaus.

Nach den Ergebissen der landesweiten Gemeindebefragung in Hessen von 1981 (Schuler/Sautter 1983) fanden sich Unterkünfte in diesen Beständen in folgender Verteilung: Altbau 22 %, Sozialer Wohnungsbau 18 %, Behelfsunterkünfte und Schlichtwohnungsbau zusammen 60 %. Fast deckungsgleich findet sich diese Verteilung auch in Niedersachsen (Godehart 1989), so daß eine allgemeine Gültigkeit dieser Verhältnisse für die Bundesrepublik Deutschland insgesamt zu vermuten ist. Dabei bestand in Hessen die Besonderheit, daß in den Jahren 1963 - 1971 der Bau von Schlichtwohnungen mit Mitteln des Landes gefördert wurde, die am Gesamtbestand an Unterkünften einen Anteil von 46 % ausmachen; ältere Schlichtbauten - im wesentlichen Provisorien der beiden Nachkriegszeiten - sowie Behelfsbauten haben dagegen nur einen Anteil von zusammen 14 %.

Die Unterkünfte finden sich zumeist in Gebieten konzentriert, die aufgrund der Kumulation von nachteiligen Lebensbedingungen und mangelhafter Wohnqualität als soziale Brennpunkte charakterisiert werden. Für viele der Standorte sind außer der sozialen Benachteiligung der Bewohner räumliche Isolierung und negative Umwelteinflüsse typisch. Auch kleinere Bereiche von zwei bis drei Gebäuden, die ausschließlich als Obdachlosenunterkünfte genutzt werden, können bezogen auf kleinere Gemeindegrößen in gleicher Weise der sozialen Ausgrenzung unterworfen sein. Für die dezentrale Unterbringung obdachloser Haushalte werden per se die normalen Alt- und Neubaubestände genutzt, allerdings durchaus auch in Gebieten, die als neue soziale Brennpunkte gelten können, wie etwa Neubausiedlungen der 60er und 70er Jahre (vgl. den Beitrag von Gotthold), ohne allerdings in gleicher Weise stigmatisiert zu sein wie herkömmliche Obdachlosensiedlungen.

Wohnen unter erschwerenden Bedingungen

Wohnungsverlust und Zwangseinweisung

Eine befriedigende Wohnsituation ist unbestritten eine wichtige Voraussetzung sozialen Wohlbefindens und gesellschaftlicher Integration. Fehlt sie, so werden alle Bemühungen zur Wiederherstellung normaler Lebensbezüge behindert. Umgekehrt erweisen sich die Bedingungen sozialer Benachteiligung, die bestimmte Bevölkerungsgruppen von Bildung, Erwerbstätigkeit und gesicherten Einkünften und damit von ausreichender Wohnungsversorgung ausschließen, als ursächlich für die Entstehung von Obdachlosigkeit. Auch neuere Untersuchungen bestätigen, daß nur eine verschwindend geringe Anzahl von Mietern die Wohnung durch individuelles Fehlverhalten (wie "Unwirtschaftlichkeit" oder "Verstoß gegen die Hausordnung") verliert. Fragt man nach dem ursprünglichen Grund des Zuzugs in Obdachlosenunterkünfte, wird deutlich, daß sich die Bewohner diese Wohnsituation nicht selbst ausgesucht haben. Meist ist der Verlust einer eigenen Wohnung vorausgegangen; immer geschah dies im Zusammenhang mit finanziellen Problemen, gepaart mit unzureichender privater oder öffentlicher Unterstützung (zu den Ursachen von Obdachlosigkeit vgl. insbesondere Koch 1984).

Ist es erst einmal zur Anordnung einer Zwangsräumung gekommen, so ist die Unterbringung in Unterkünften sehr wahrscheinlich (1980 in Hessen rund 40 % aller Fälle von angeordneter Zwangsräumung). Für die meisten Betroffenen hat sich dieser Weg, auf dem nicht nur bessere Wohnbedingungen sondern auch soziale und räumliche Bezüge verlorengehen, als Einbahnstraße erwiesen.

Soziale Strukturen der Unterkunftsgebiete

Das Institut Wohnen und Umwelt (IWU) hat in einer empirischen Erhebung die Lebensbedingungen in neun sozialen Brennpunkten bzw. Unterkunftsgebieten in Hessen ermittelt. Die Untersuchungsergebnisse, auf die sich auch die folgenden Ausführungen im wesentlichen stützen (vgl. jeweils Greiff/Schuler-Wallner 1990), belegen, daß Parallelen hinsichtlich der Sozialstruktur der Bewohnerschaft in Obdachlosenquartieren und der sogenannten "Risikogruppen" des Wohnungsmarktes bestehen. Mit anderen Worten: In den Unterkünften leben überdurchschnittlich häufig jene Gruppen, die auch im allgemeinen Wohnungsbestand am schlechtesten versorgt sind, die in den Dringlichkeitslisten der Wohnungsämter auf die Zuweisung einer (besseren oder größeren) Wohnung warten oder die die höchsten Mietbelastungen zu tragen haben. Der Teufelskreis von Einkommensschwäche, sozialer Benachteiligung und Wohnungsnot droht vor allem alleinstehenden Personen in schwierigen Lebenslagen, jungen Leuten, die sich vom Elternhaus lösen, alleinerziehenden Frauen, kinderreichen und ausländischen Familien.

Nicht alle diese von Obdachlosigkeit besonders betroffenen Gruppen finden sich im gleichen Verhältnis auch in den örtlichen sozialen Brennpunkten, denn letztlich bestimmt ein selektiver Umgang mit Betroffenen die jeweiligen Bewohnerstrukturen. Dabei haben sich offensichtlich unterschiedliche Vorgehensweisen im Zeitverlauf und zwischen den Kommunen ausgewirkt. So ist beispielsweise im Zusammenhang mit einer großzügigeren Wohnflächenzuweisung, die es jungen Erwachsenen ermöglichte, einen eigenen Haushalt zu bilden und sich aus der Mehrgenerationenfamilie zu lösen, der Anteil der großen Haushalte zurückgegangen. Seltener als erwartet war vor allem die nach früheren Befunden typische kinderreiche Großfamilie anzutreffen. Gleichwohl sind im Durchschnitt aller Gebiete die Haushalte mit fünf und mehr Personen noch immer deutlich überrepräsentiert (20 % gegenüber 7 % im hessischen Gesamtdurchschnitt). Ein neuer Schwerpunkt hat sich bei den Einpersonenhaushalten gebildet (32 %, gebietsweise mehr als 60 %), darunter überdurchschnittlich viele alleinlebende Männer in der Altersklasse, die lebenszyklisch für die Phase des Zusammenlebens mit (Ehe-)Partner und (kleinen) Kindern steht, was auf spezifische Probleme der Lebensbewältigung von Angehörigen dieser Gruppe hinweist. Kennzeichnend für die derzeitige Situation ist auch ein überdurchschnittlich hoher Ausländeranteil. Die Zugangsschwierigkeiten zum Wohnungsmarkt - vor allem für türkische Familien - dürften für deren verstärkten Zuzug in Obdachlosenunterkünfte mitverantwortlich sein.

Im einzelnen unterscheiden sich die Familienstrukturen in den Brennpunkten erheblich. Je nach Abweichung von Durchschnittsverhältnissen ergeben sich drei typische Konstellationen einseitiger Haushaltsstrukturen:

- Gebiete mit hohem Anteil von Familien mit Kindern
- Gebiete mit sowohl hohen Anteilen von Familien mit Kindern als auch von Alleinstehenden
- Gebiete mit hohen Anteilen alleinstehender Männer.

Analog zur Veränderung der Haushaltsstruktur war gegenüber früheren Erfahrungswerten ein höheres Durchschnittsalter festzustellen, vor allem wegen des höheren Anteils der mittleren Altersgruppen. Aber noch immer ist der Anteil der Kinder und Jugendlichen (36 % gegenüber 20 % im hessischen Gesamtdurchschnitt) weit überdurchschnittlich. Unerwartet niedrig erscheint hingegen der Anteil der Bewohner über 65 Jahre (4 % gegenüber 15 % im hessischen Gesamtdurchschnitt) - ein Hinweis auf die gesundheitlichen Folgerisiken des Lebens in Armut und unter belastenden Wohnbedingungen z. T. von Kindheit an.

Derart unausgewogene Bewohnerstrukturen innerhalb der engen räumlichen Siedlungszusammenhänge stellen eine denkbar ungünstige Voraussetzung für den Ausgleich sozialer Interessen dar. Belastend kommt die materielle Not hinzu, die langfristige Lebensplanung und Perspektiven nicht zuläßt. Extrem hohe Erwerbslosigkeit (rd. 40 %), niedrig qualifizierte, ungeschützte oder saisonal schwankende Erwerbstätigkeit und hohe Abhängigkeit von öffentlicher Unterstützung (ein Drittel der Haushalte bezieht Sozialhilfe) sind die gemeinsamen Merkmale einer ansonsten heterogen zusammengesetzten Bewohnerschaft. Arbeitseinkommen, Arbeitslosengeld und -hilfe sowie (Früh-) Renten liegen häufig nur knapp über den Richtsätzen der Sozialhilfe. Entgegen der noch überwiegend an traditionellen Mustern orientierten geschlechtsspezifischen Rollenteilung sind es die Frauen, die häufig durch ungesicherte Nebentätigkeiten als Allein- oder Hinzuverdienende zur materiellen Existenzsicherung in den Siedlungen beitragen. Von Erwerbslosigkeit sind alle Altersgruppen überdurchschnittlich betroffen. Besonders gravierend erscheinen aber die Auswirkungen für Jugendliche, die inzwischen zwar eine bessere schulische Ausbildung (im Durchschnitt weniger Sonderschüler, mehr Hauptschulabschlüsse), aber - gemessen an den in Ausbildung und Beruf heute üblichen Anforderungen - immer noch erhebliche Defizite aufweisen.

Mangelhafte Wohnverhältnisse

Die ungünstigen sozio-ökonomischen Voraussetzungen kumulieren mit mangelhaften Wohnverhältnissen. Ungeachtet der negativen Auswirkungen, die beengte und ungesunde Wohnverhältnisse erwiesenermaßen haben (vgl. Vaskovics 1988, S. 51), werden solche hingenommen, auch und gerade von der Sozialverwaltung, die andererseits viel in soziale Betreuungsmaßnahmen investiert. Auch einzelne Modernisierungsmaßnahmen haben die Nachteile der Wohnversorgung nicht grundlegend beseitigt: Etwa zwei Drittel aller Haushalte in dem vom IWU untersuchten Unterkunftsbestand in Hessen sind flächenmäßig unterversorgt, weil sie - bezogen auf die Anzahl der Personen und nach Maßgabe der hessischen Richtwerte für den Sozialen Wohnungsbau - in zu kleinen Wohneinheiten untergebracht sind, die überdies schlecht geschnitten und nur unzureichend ausgestattet sind. Aus wohnhygienischer Sicht bedenklich ist, daß knapp ein Zehntel der Haushalte auf ein eigenes WC in der Wohnung, rund ein Fünftel auf ein Bad oder eine Dusche verzichten müssen. Nahezu alle Wohnungen haben keine Zentralheizung, und viele sind nur zum Teil beheizbar. Die Folge sind Feuchtigkeits- und Schimmelbildung im Zusammenwirken mit baulichen Mängeln (fehlende Wärmedämmung), dem Zwang zum Sparen, Überbelegung und mangelnder Instandsetzung.

Die Wohnungsmängel wiegen umso schwerer, als die Wohnungen für obdachlose Haushalte von besonderer Bedeutung sind. Sie sind der Ort, an dem Kinder, (für Wohnung und Erziehung zuständige) Frauen, Arbeitslose und Rentner die meiste Zeit verbringen. Wenn trotzdem - so die Erfahrungen von in den Siedlungen tätigen Projektgruppen - die meisten Unterkünfte sauber und wohnlich eingerichtet sind und über übliche Mieterpflichten hinausgehend viel in Renovierungen und Instandhaltungsarbeiten investiert wird, dann belegt dies, daß die Bewohner sehr wohl an "ordentlichen" Wohnverhältnissen interessiert sind und das ihnen Mögliche dazu beizutragen bereit sind.

Wohnen ist aber nicht auf die Wohnung allein beschränkt, sondern umfaßt auch die Wohnumgebung - auf die die Bewohner als Einzelne keinen Einfluß haben - und die Wohnfolgeeinrichtungen. Charakteristisch für die Siedlungen ist das negative Erscheinungsbild einer heruntergekommenen Bausubstanz und eines verwahrlosten Wohnumfeldes. Weite Entfernungen zu den allgemeinen Versorgungs- und Dienstleistungseinrichtungen, zu Kindergärten, Schulen und Arbeitsplätzen sind objektive Hemmnisse bei der Wahrnehmung von Kontakten außerhalb der Siedlung. Hinzu kommt die soziale Distanz, kommen Mechanismen der sozialen Ausgrenzung. Stigmatisierung und Diskriminierung sind immer noch eine gängige Erfahrung der Bewohner auch im Umgang mit Behördenvertretern, vor allem aber mit Arbeitgebern und Vermietern. Für Bewohner von Unterkünften kann allein schon die Angabe ihrer Adresse von

Nachteil sein. Wo Obdachlose jedoch - wie in einem der untersuchten Wohngebiete - im allgemeinen Wohnungsbestand unter gleichen Bedingungen wie die nicht-obdachlose Bevölkerung wohnen, entfällt von vornherein die Möglichkeit, sie allein wegen ihrer "Obdachlosigkeit" zu diskriminieren.

Die Perspektive der Bewohner

Befragt nach Verbesserungswünschen tendierten die für die Untersuchung befragten Bewohner eher dazu, in der jeweiligen Siedlung wohnen bleiben zu wollen (gebietsweise zwischen mehr als 40 % und mehr als 80 %), aber nach Möglichkeit in einer größeren, besser ausgestatteten Wohnung. Hinter der Angabe, in der Siedlung bleiben zu wollen, steht vermutlich vielfach die Unsicherheit der wirtschaftlichen Existenz - z. B. der Sozialhilfeempfänger, kinderreichen Haushalte oder alleinerziehenden Frauen - und die Gewißheit, außerhalb des Unterkunftsgebietes wesentlich höhere Mieten zahlen zu müssen. Eine höhere Miete befürchteten wohl auch diejenigen, die angaben, lieber ausziehen zu wollen - unter ihnen vor allem jüngere Paare, die aus dem "schlechten Siedlungsmilieu" der Kinder wegen herauswollten -, denn nur wenige haben konkrete Schritte der Wohnungssuche unternommen. Von vornherein befinden sich viele Haushalte finanziell in einer ausweglosen Situation, sind mit den laufenden Kosten für den Lebensunterhalt, mit Kredit- und Unterhaltsschulden überfordert. Mietrückstände sind die Regel, sofern die Unterkunftskosten nicht ohnehin schon Bestandteil der laufenden Hilfe zum Lebensunterhalt sind.

Erwartungsgemäß wollten langansässige Bewohner eher keinen Wohnortwechsel, die Älteren unter ihnen, hängen an "ihrer gewohnten Umgebung". An die Wohnverhältnisse haben sie sich gewöhnt - auch wenn diese noch so bedrückend erscheinen und die Gemeinschaft, wie Alteingesessene häufig beklagen, nicht mehr so funktioniere "wie früher". Die Jüngeren - mit ihren Familien z. T. schon in der dritten Generation in derselben Siedlung - dachten von vornherein nicht an eine Existenz außerhalb, vor allem wohl wegen der für sie wichtigen familiären Beziehungen, die nicht nur emotional an das Wohngebiet binden, sondern auch gegenseitige Hilfe und Unterstützung bedeuten. Das Gefühl der Zusammengehörigkeit und die wechselseitige Unterstützung umfassen jedoch keinesfalls die gesamte Siedlungsgemeinschaft, denn Enge und Intensität der sozialen Beziehungen bewirken ebenso Zwänge, Hierarchien und Abhängigkeiten, die bei der in den Unterkunftsbereichen zwangsläufig geübten sozialen Kontrolle besonders wirksam werden. So gibt es auch vor allem ausländische Bewohner und Einzelpersonen, die innerhalb der Siedlungen relativ isoliert leben, und die auch von den sozialen Diensten nicht erreicht werden und dennoch auf die Unterkunftsgebiete im Sinne einer "sozialen Nische" angewiesen sind. Zu denen, die keinesfalls wegziehen wollen, zählen dementsprechend auch Bewohner mit gesundheitlichen und psychosozialen Problemen und die für sich keine Perspektiven mehr entwikkeln wollen. Andere, wie z. B. die Schrottler, sehen ihre wirtschaftliche Existenz derzeit nur unter den räumlichen Gegebenheiten der Siedlung gesichert.

Insgesamt können bei der Interpretation dieser Befragungsergebnisse - bei denen keine konkreten Maßnahmen im Hintergrund standen, die vielleicht zu anderen Antworten geführt hätten - die Unfreiwilligkeit von Einweisung und Verbleib, der im Verlauf langer Wohndauer vollzogene Rückzug aus dem Leben außerhalb der Siedlung und die Perspektivelosigkeit der individuellen materiellen Lage nicht außer Acht gelassen werden. Die Bewohner in Unterkünften haben sich zwar auf die Lebensverhältnisse dort eingestellt oder damit abgefunden, akzeptieren sie aber nicht. Die Aktiveren unter ihnen engagieren sich deshalb in erster Linie für eine Verbesserung in der Siedlung, und zwar nicht nur im Hinblick auf die Wohnverhältnisse, sondern auch auf das Milieu, das Image und die gesellschaftliche Zuordnung zu einer Randgruppe.

Emotionale Bindungen der Bewohner an "ihr" Wohngebiet und seine soziale Gemeinschaft mögen wesentlich auch durch die Gemeinwesenarbeit gefördert und gestützt worden sein, deren Angebote vor allem in größeren Brennpunktgebieten im Laufe der letzten 20 Jahre von anfänglichen partikularen Hilfen zu einer Vielfalt sozialer und kultureller Initiativen ausgebaut werden konnten. Die dabei entstandenen Einrichtungen - wie Lern- und Spielstuben, Sozial- und Gemeinschaftszentren, Jugendhäuser, neuerdings auch Beschäftigungsprojekte - sind umso wichtiger, als außerhalb der Unterkunftsgebiete angebotene Dienste und Einrichtungen häufig nicht der Problemdichte, den nachteiligen äußeren Lebensumständen und der bildungsbedingten Distanz der Besucher aus Unterkünften in besonderer Weise Rechnung tragen können oder wollen.

Die Sanierung der Unterkünfte als Teil einer Gesamtstrategie

Aktualität der Zielsetzungen

Die Lage auf dem Wohnungsmarkt wird sich für benachteiligte Gruppen kurzfristig nicht verbessern. Auch bei einer deutlichen Erhöhung der Mittel für den Sozialen Mietwohnungsbau ist aufgrund beschränkter Baukapazitäten, dementsprechend anziehender Baupreise, zu erwartender Zinsanhebungen und langer Planungs- und Bauzeiten nicht zu rechnen, daß der in der zweiten Hälfte der 80er Jahre entstandene Nachholbedarf an preisgünstigen Mietwohnungen kurzfristig auszugleichen ist (vgl. DIW-Wochenberichte 24/89 und 3/90). Der Löwenanteil der staatlichen Wohnungsbauförderung, die über Steuererleichterungen - insbesondere für Eigentumsmaßnahmen - gewährt wird, dürfte ohnehin auch künftig an den vom Wohnungsmarkt bereits ausgeschlossenen Obdach- und Wohnungslosen "vorbeisickern". Diese werden weiterhin an die Zuständigkeit von Obdachlosenbehörde und -fürsorge verwiesen sein.

Das Ziel einer vorbeugenden bzw. nachsorgenden Wohnungssicherung, das seit nahezu zwanzig Jahren gefordert und im Sinne einer zeitgemäßen Sozialpolitik jeweils erneuert wurde (siehe z. B. die Empfehlungen des Deutschen Städtetages von 1977 und 1987 oder den Erlaß des Hessischen Sozialministers "Hilfe für Obdachlose" von 1973 bzw. 1984), konnte auf kommunaler Ebene nur unzureichend in konkrete Praxis umgesetzt werden. Kommunale Obdachlosenkonzepte - gleich ob als solche explizit formuliert oder aus der kommunalen Praxis abzuleiten - blieben zumeist sektoral auf die Aufgaben von Obdachlosenbehörden und -fürsorge beschränkt. Die herkömmlichen Möglichkeiten kommunaler Obdachlosenhilfe und -fürsorge reichen aber nicht aus, um die Wohnungsprobleme der Obdachlosen in einer Weise zu lösen, die einer weitergehenden sozialen Betreuung erst eine solide Grundlage geben könnte.

Kommunale Gesamtkonzepte zur Sicherung der Wohnungsversorgung in Notfällen

Überfällig ist in den meisten Städten und Gemeinden ein sozial- und wohnungspolitisch übergreifender Handlungsansatz zur Vermeidung und Beseitigung von Obdachlosigkeit, der den inhaltlichen Verknüpfungen der einzelnen Aufgabenbereiche und den Wechselwirkungen unterschiedlicher Maßnahmen ausreichend Rechnung trägt. Nach den Empfehlungen des Deutschen Städtetages sind im Rahmen einer solchen Gesamtstrategie vor allem folgende Aufgaben zu bewältigen:
- die Auflösung bestehender Obdachloseneinrichtungen,
- die Vorbeugung von Wohnungsverlusten und Obdachlosigkeit und
- die Verbesserung der Lebensbedingungen in den sozialen Brennpunkten.

Maßnahmen zur Beseitigung und Vermeidung von Obdachlosigkeit können wiederum nur erfolgreich sein, wenn sie eingebettet sind in ein wohnungspolitisches Programm zur Wohnungssicherung und Wohnungsversorgung in Notfällen, das besondere Förderungen und Hilfen vorsieht für Bevölkerungsgruppen, die sich am Wohnungsmarkt aus eigener Kraft nicht angemessen versorgen können. Dabei sind Aspekte der Existenzsicherung stärker mit denen der Wohnungsversorgung zu verbinden, um die Realisierbarkeit des neuen Konzeptes infolge der aktuellen strukturellen Entwicklungen am Arbeits- und am Wohnungsmarkt nicht von vornherein infrage zu stellen (vgl. Dieckmann u.a. 1990, S. 49 ff).

Keinesfalls können Bemühungen zum Abbau von Obdachlosigkeit allein auf die herkömmlichen Unterkunftsbereiche beschränkt werden, weil nach aller

Erfahrung die Betrachtung nur eines Segmentes der Wohnungsnot die Gefahr der Verlagerung von Problemen in sich birgt (vgl. Beitrag von Gotthold). Wegen der Schlüsselfunktion, die der Wohnungsversorgung in diesem Handlungsfeld kommunaler Sozialplanung zukommt, sind Städte und Gemeinden stärker als bisher gefordert, differenzierte wohnungspolitische Konzepte zu entwickeln mit dem Ziel, alle von Wohnungsnot betroffenen Bevölkerungsgruppen im allgemeinen Wohnungsbestand bedarfsgerecht zu versorgen, ohne auf minderwertige Unterkünfte zurückgreifen zu müssen. Handlungsbedarf besteht nicht nur hinsichtlich der Entlastung des Teilmarktes preisgünstiger Wohnungen für untere Einkommensschichten durch Neubau von Sozialen Mietwohnungen sondern vor allem auch hinsichtlich des Erhaltes und der Nutzung des belegungsgebundenen Wohnungsbestandes. Dies umfaßt

- die Sicherung "gefährdeter" Mietverhältnisse im Einzelfall durch soziale Prävention;
- die Sicherung des preisgünstigen Wohnungsbestandes mit allen zur Verfügung stehenden Mitteln, z. B. durch die Verhinderung von Zweckentfremdungen, von kostentreibenden Modernisierungen mit öffentlichen Mitteln etc.; sowie
- eine konsequente Belegungspolitik, d. h. es müssen alle zur Verfügung stehenden Möglichkeiten - satzungsgemäß verankert für die kommunalen Wohnungsunternehmen oder vereinbart durch vertragliche Regelungen mit den ehemals gemeinnützigen und freien Wohnungsunternehmen - ausgeschöpft werden, um die belegungsgebundenen preiswerten Wohnungen für die Unterbringung besonders schwer zu versorgender Haushalte nutzen zu können.

Auch wirtschaftliche Argumente sprechen prinzipiell für eine kontinuierliche kommunale Wohnungsvorsorge, denn die Kosten der Notunterbringung bzw. der Politik des Löcherstopfens in Obdachlosensiedlungen sind im Endergebnis höher als die der Prävention bzw. der grundlegenden Sanierung der Siedlungen.

Die Sanierung der Unterkünfte

Die Notwendigkeit eines kommunalen Gesamtkonzeptes zur Lösung der sozialen Problematik von Obdachlosigkeit erweist sich konkret, wenn bei der Sanierung von Unterkunftsgebieten Überbelegungen abgebaut oder für abgängige Bausubstanz Ersatzwohnungen bereitgestellt werden müssen. Soweit Siedlungen zu normalen Wohngebieten aufgewertet werden können, sind Dauerwohnrechte auf der Grundlage normaler Mietverträge für die bisherigen und künftigen Mieter zu begründen. Vor allem muß die bisherige Praxis weiterer Neueinweisungen von Obdachlosen entfallen; ein "Zuzugsstop" (für beliebige Fälle akuter Obdachlosigkeit) ist in aller Regel die Voraussetzung für einen grundlegenden Wandel zum Besseren. Dies ist aber nur möglich, wenn neu von Obdachlosigkeit bedrohten Haushalte durch vorbeugende

Maßnahmen bzw. ausreichende andere Unterbringungsmöglichkeiten im gesamten Bestand preiswerter Wohnungen geholfen werden kann.

Die Sanierung eines Unterkunftsgebietes darf nicht auf die rein baulichen Maßnahmen beschränkt bleiben. Wenn in einem umfassenderen Sinne die Lebensverhältnisse der Bewohner verbessert werden sollen, muß das Angebot besserer und dauerhafter Wohnverhältnisse begleitet sein von Maßnahmen zur Förderung der materiellen Existenzsicherung, insbesondere der Arbeitsbeschaffung und Ausbildungsförderung. In einer Reihe von Fällen wurde dies im Rahmen der Baumaßnahmen in den Unterkunftsgebieten ermöglicht (s. die Beiträge zu "Wohnungsversorgung und Arbeitsbeschaffung").

Unter der Zielsetzung, die soziale Integration der Bewohner von Unterkunftsgebieten zu fördern, hat ihre Einbeziehung in allen Phasen des Planungs- und Durchführungsprozesses eine wichtige Bedeutung, die über die Sicherung eines den Wünschen der Bewohner entsprechenden Sanierungsergebnisses hinausgeht. Für Menschen, deren Lebensumstände bisher weitgehend über ihre Köpfe hinweg von anderen bestimmt wurden, sind die Bedingungen für einen nachhaltigen Lernprozeß zu schaffen, der auf vielfältige Weise ermöglicht, Erfahrungen bei der Durchsetzung eigener Interessen zu sammeln, Selbstvertrauen zu gewinnen, Selbsthilfekräfte zu aktivieren und der dazu führen kann, neue Lebensperspektiven zu erkennen - gleichgültig, ob diese innerhalb oder außerhalb der Siedlungen liegen.

Die Machbarkeit von Konzepten zur Auflösung bzw. Aufwertung von Unterkunftsgebieten - ungeachtet aller Probleme, die dabei zu bewältigen sind - wird durch die Beiträge in diesem Buch nachträglich belegt. Sie zeigen auch, welche Bedeutung der Aktivierung der Bewohner dabei zukommt, wenn ein dauerhafter Erfolg der Maßnahmen in dem Sinne erreicht werden soll, daß die baulichen Verbesserungen Bestand haben und die soziale Integration der Bewohner gefördert wird.

---

* Literatur s. nach dem Beitrag von Greiff

Rainer Greiff

Aussicht auf Normalität

Perspektiven für Obdachlosensiedlungen

Am Rande und außerhalb

Ein Blick zurück auf die Ursprünge der heutigen Obdachlosensiedlungen zeigt, daß es anfangs tatsächlich um kaum mehr als ein Dach über dem Kopf ging: Ehemalige Militärlager, ein Pferdelazarett, Stallungen, zusammengestellte Eisenbahnwaggons, Nissenhütten - was immer als Unterkunft genutzt werden konnte, mußte herhalten, um in Zeiten krasser Wohnungsnot Menschen mit einer Unterkunft zu versorgen. Zwar sind die primitivsten Notbehelfe der Nachkriegszeiten verschwunden und durch Schlichtbauten in Massivbauweise ersetzt worden, doch wurde und wird bis in die jüngste Zeit die Zweckbestimmung für administrative Unterbringungsmaßnahmen beibehalten. Beibehalten wurden damit auch die Standorte der ehemaligen Behelfssiedlungen, die zumeist am Rande oder außerhalb der Siedlungsgebiete entstanden waren ohne Rücksicht auf städtebauliche und funktionale Bezüge. Die Siedlungsentwicklung hat sie zumeist längst eingeholt, häufig aber mit Nutzungen, die die Isolation der Siedlungen festschrieben und sie zusätzlich belasten. Kläranlagen, Industrie und Gewerbe, Kasernen, Bahndämme und Straßenbauwerke bestimmen zu einem großen Teil das Umfeld. In günstigeren Fällen schließen Obdachlosensiedlungen an "normale" Wohngebiete an, bleiben aber mit ihrer primitiven Bauweise und der Zusammenballung von Menschen mit sozialen Problemen als Ghetto erkennbar, durch soziale Barrieren ebenso wirksam ausgegrenzt wie durch räumliche Isolierung.

Obdachlosensiedlungen sind zwangsläufige Folge eines spezifischen selektiven administrativen Umgangs mit Menschen, die ihre Wohnung durch Arbeitslosigkeit, Krankheit oder lebensgeschichtliche Brüche verloren haben und sich aus eigener Kraft keine bessere Unterkunft verschaffen können. Auch für soziale und ethnische Randgruppen wie Landfahrer, Sinti und Roma waren unter diesen Bedingungen Obdachlosensiedlungen zumeist die erste Stufe auf dem Weg zu einer seßhaften Lebensweise.

Notgemeinschaften

In vielen Unterkunftsgebieten leben Bewohner schon in der zweiten und dritten Generation. Entsprechend eng sind die sozialen Beziehungen. Nachbarschaften, Freundschaften, Verwandschaften bestimmen ein enges

Geflecht sozialer Beziehungen. Der soziale Druck von außen, die Stigmatisierung der Siedlungen - "Marokko", "Texas", "Mau-Mau-Siedlung" ... - und die erfahrene soziale Abgrenzung haben freilich als Gegenreaktion ein "Wir-Gefühl" erzeugt - "wir Marokkaner" -, das die Selbstachtung der Bewohner gegen alle negative Erfahrung stützt und soziale Identität verleiht.

Was nach außen hin als verschworene Gemeinschaft erscheinen mag, ist in Wahrheit ein sehr differenziertes System sozialer Hierarchien, bestimmt durch Gruppenbildungen und Abgrenzungen. Vor allem die Phasen und Umstände der Zuwanderung sind bestimmend für die Zugehörigkeit zu einer bestimmten Gruppe in der Siedlung. Oft drückt sich dies auch in unterschiedlichen Wohnverhältnissen aus. Baracken, Schlichtbauten, Sozialwohnungen, die in bestimmten Siedlungsphasen errichtet wurden, bilden jeweils eigene Siedlungsbereiche, die ihre Bewohner innerhalb der Unterkunftsgebiete in relativ Privilegierte und relativ Benachteiligte klassifizieren (vgl. Bauer 1980, Mollet 1986). Auch ethnische Unterschiede (Sinti, Türken etc.), die Zugehörigkeit zu bestimmten Familienclans oder die Art der Erwerbstätigkeit (Schrottler, Reisende etc.) bestimmen das Kommunikationssystem und Beziehungsgeflecht in den Siedlungen. Entsprechend sind die Strukturen wechselseitiger Unterstützung und Hilfeleistungen, die für viele Bewohner das Leben in den Unterkunftsgebieten überhaupt erträglich machen und ihre materielle Existenz absichern, kleinteilig und differenziert und umfassen keineswegs die soziale Gemeinschaft eines Unterkunftsgebietes als Ganzes. Immer gibt es auch Einzelne und Gruppen, die davon nur bedingt Nutzen ziehen können oder völlig ausgeschlossen sind. Ein Teil der Bewohner lebt auch in den Siedlungen sozial isoliert, ohne dies durch entsprechende Außenkontakte auszugleichen.

Der vielberufene Gemeinschaftsgeist in den Siedlungen ist wohl nicht mehr als ein Mythos. Sicher ein hilfreicher Mythos, vor allem in der Zeit erster Ansätze zur Gemeinwesenarbeit in den 70er Jahren, die jenseits aller Differenzierungen der sozialen Binnenstrukturen alle gemeinsam betreffenden Probleme von Armut, Arbeitslosigkeit, Bildungsdefiziten und Wohnungsnot in das Bewußtsein der Bewohner zu rücken und hinter der Vielfalt der Einzelinteressen die gemeinsamen Interessen aller sichtbar zu machen versuchte. Gegen die Gemeinschaft muß aber auch dem Individuum zu seinem Recht verholfen werden, den Einzelnen, die ermutigt werden müssen, Chancen außerhalb der Siedlungen wahrzunehmen, die die Siedlung verlassen und einen Neubeginn in einer nicht diskriminierten Umgebung wagen wollen.

Falsche Adresse

Das Leben in Unterkunftsgebieten bedeutet nicht nur, mit den Widrigkeiten unzureichender Wohnungsversorgung zurechtkommen zu müssen, sie bedeutet auch, daß die sozialen Chancen und mithin die Voraussetzung, sich aus eigener Kraft aus den Verhältnissen lösen zu können, drastisch verschlechtert werden (vgl. Koch 1984). Die stehen für arme Leute ohnehin schlecht, für Obdachlose in einem stadtbekannten Unterkunftsgebiet ist es aber geradezu aussichtslos, einen Arbeitsplatz oder einen Ausbildungsplatz - aber auch eine bessere Wohnung - zu finden, wenn sie nur angeben, wo sie zu Hause sind. Die Konzentration sozial benachteiligter Bewohner in einem stigmatisierten und räumlich ausgegrenzten Wohngebiet macht diese Art Diskriminierung überhaupt erst möglich. Diskriminierung und soziale Isolierung kommen völlig überflüssigerweise zu ihren sonstigen Problemen, sich im Leben durchzuschlagen, die sie wie andere arme Leute auch haben, noch hinzu.

Von den Folgen der sozialen Ausgrenzung sind vor allem die für die Kinder und Jugendlichen hervorzuheben, auch weil sie nun gar nicht der übliche Vorwurf gegen Obdachlose treffen kann, sie seien an ihrem Schicksal schließlich selber schuld. In Unterkunftsgebieten in Hessen betrug 1984 der Anteil der Kinder und Jugendlichen bis unter 18 Jahren 36 % (gegenüber 20 % im hessischen Gesamtdurchschnitt); rechnet man noch die jungen Erwachsenen dazu, so ergibt sich ein Anteil von 51 % der Bewohner (gegenüber 33 % im hessischen Gesamtdurchschnitt), die jünger als 26 Jahre alt und mithin - wie sich wohl verallgemeinern läßt - in die Verhältnisse "hineingeboren" sind (Greiff/Schuler-Wallner 1990). Vor allem, wenn die Unterkunftsgebiete räumlich isoliert sind, reduziert sich ihr sozialer Erfahrungsbereich im wesentlichen auf das soziale Leben innerhalb des Unterkunftsgebietes. Damit entfallen die Kontaktmöglichkeiten zu Gleichaltrigen aus anderen sozialen Zusammenhängen, die Vielfalt der Wahl von Vorbildern für das eigene Verhalten und damit auch von Anreizen zur Wahrnehmung gesellschaftlicher Chancen, kurzum ein differenziertes soziales Lernfeld, das zur Erprobung und Entwicklung der eigenen Fähigkeiten herausfordert. Dem entspricht die Erfahrung aus der Gemeinwesenarbeit in einem Unterkunftsgebiet in isolierter Lage, daß Kinder nach dem Umzug in ein anderes Wohngebiet gelernt hatten, sich anders auszudrücken, ihr Sprachverhalten eher an der Schriftsprache orientierten und insgesamt aufgeweckter wirkten. Ein sicher sehr subjektiver Eindruck, der sich aber mit entsprechenden Befunden der empirischen Bildungsforschung deckt (vgl. Iben 1974).

Aufgaben für die Stadtentwicklung

Altlasten

Mittlerweile hat sich wohl die Erkenntnis durchgesetzt, daß die räumliche Ausgrenzung von Menschen in Wohnungsnot ein ungeeigneter Weg ist, um die damit verbundene soziale Problematik zu lösen. Die Zeichen stehen auf Vorsorge und Vorbeugung, auf individueller Unterstützung und ergänzenden Hilfen. Befördert wurde diese Einsicht nicht zuletzt auch durch das fiskalische Argument, daß soziale Maßnahmen, die es von Wohnungsverlust bedrohten Haushalten in irgendeiner Form erlaubt, die bisherige Wohnung beizubehalten, den Kommunen sehr viel weniger Kosten verursachen, als die Unterbringung in Unterkünften - etwa im Verhältnis von 1 000 DM zu 8 000 DM je "Fall" (Deutscher Städtetag 1987, S. 74).

Wenn durch vorbeugende kommunale Obdachlosenhilfe Neueinweisungen in Obdachlosensiedlungen vermieden werden können, verlieren diese ihre Funktion; sie werden zur wohnungspolitischen "Altlast". Wie aber soll diese "Altlast" bewältigt werden? Was soll mit den vorhandenen Unterkünften - und vor allem mit ihren Bewohnern - geschehen?

Ausgleich sozialräumlicher Disparitäten

Aus der Sicht des Deutschen Städtetages ist die besondere Problematik der Unterkunftsgebiete Teil des allgemeineren Problems der Konzentration von Haushalten mit finanziellen und sozialen Schwierigkeiten in bestimmten Wohngebieten, die dadurch zu sozialen Brennpunkten zu werden drohen und auf längere Sicht die Kommunen mit höheren Kosten für die Bewältigung der sozialen und städtebaulichen Folgeprobleme belasten. Der Deutsche Städtetag empfiehlt daher den Kommunen, in die Entwicklung von Gebieten steuernd einzugreifen, wo sich bei den Bewohnern Merkmale sozialer Benachteiligung häufen. Für Unterkunftsgebiete, wo dies in erheblichem Umfang bereits der Fall ist, empfiehlt der Deutsche Städtetag, die Möglichkeiten ihrer baulichen Sanierung und der sozialen Integration ihrer Bewohner anhand der örtlichen Gegebenheiten zu überprüfen:

- "Obdachloseneinrichtungen (d. h. Unterkünfte und Gebiete), die von ihrer Lage, ihrer baulichen Substanz oder von ihrem Erscheinungsbild her keine oder nur geringe Möglichkeiten für eine Umwandlung in Mietwohnungen nach heutigem Wohnungsstandard bieten, sollten aufgelöst werden. Für die dort noch wohnenden Bürger müssen andere Wohnungen gefunden werden.
- Obdachloseneinrichtungen, die von ihrer Lage, ihrer baulichen Substanz und von ihrem Erscheinungsbild her die Möglichkeit zur Umwandlung in Mietwohnungen nach heutigem Wohnungsstandard bieten, sollten umgebaut und in Mietwohnungen zu tragbaren Mieten umgewandelt werden."

(Deutscher Städtetag 1987, S. 34; vgl. auch Deutscher Städtetag 1979, S. 38).

Zu berücksichtigen ist bei dieser Beurteilung auch die Ausstattung mit den erforderlichen Wohnfolgeeinrichtungen, die ein Wohngebiet erst funktionsfähig machen, bzw. deren Erreichbarkeit mit öffentlichen Verkehrsmitteln - auch dies wichtige Voraussetzungen für normale Verhältnisse und für Unterkunftsgebiete alles andere als selbstverständlich. Als Maßstab für "heutigen Wohnstandard" können im wesentlichen die baulichen Richtlinien für den Sozialen Wohnungsbau gelten und als Kriterium für die erreichte "Normalität" der Gebiete, daß auch nicht-obdachlose Haushalte aus freien Stücken dort gern wohnen wollen.

Barrieren in den Köpfen

Ressentiments

Diese Empfehlungen können leicht so verstanden werden, als ob am grünen Tisch des städtischen Sozialplaners (wenn es diesen gäbe) anhand objektiver Daten die bestmögliche Vorgehensweise festgelegt werden könne. Tatsächlich sind die Entscheidungsprozesse, die das Schicksal der Unterkunftsgebiete betreffen, sehr viel weniger rational und über weite Strecken eher von Nicht-Entscheidungen geprägt. Es sind vielmehr Anlässe wie zusätzlich verfügbare Fördermittel, oder gravierende akute Instandhaltungsmängel, die die Kommunen aktuell zum Handeln bewegen. Möglicherweise auch ein Bischof, der dort seine Gemeindemitglieder aufsucht, oder ein Architektenwettbewerb, für den dort ein Grundstück verfügbar ist. Für Kommunalpolitiker ist die Sanierung von Unterkunftsgebieten eine sehr konfliktreiche Aufgabe, mit deren Lösung sie keine Wählerstimmen gewinnen können. Eher im Gegenteil, denn die breite Öffentlichkeit sieht die Ursachen der defizitären Lebensverhältnisse von Obdachlosen vor allem bei diesen selber. Soziale und insbesondere bauliche Maßnahmen für Obdachlose werden dementsprechend als ungerechtfertigte Vergünstigungen angesehen und treffen auf Unverständnis und Ablehnung.

Von solchen Vorurteilen sind Politiker im übrigen zumeist ebensowenig frei wie die Mitarbeiter der Bau- und Planungsämter und der Wohnungsunternehmen. Zu den Ressentiments kommen Berührungsängste hinzu. Man geht den Problemen lieber aus dem Weg, als sich auf eine intensive Auseinandersetzung mit den Bewohnern einzulassen und mit ihnen gemeinsam nach grundsätzlichen, für alle Beteiligten besseren Lösungen zu suchen.

Bezeichnenderweise liegen die Dinge in den kleineren Gemeinden am ärgsten, wo die sozialen Verhältnisse für Politiker und Fachleute überschaubar erscheinen, man "die Leute" zu kennen meint und deren soziale Probleme umso mehr personalisiert. Demgegenüber überwiegt in den Großstädten, zumindest in den Sozialverwaltungen, eine eher fachlich distanzierte Sicht, die gesellschaftliche Verhältnisse in Rechnung stellt und soziale Grundsätze der Wohnungsversorgung ungeachtet der Person gelten läßt. So waren es in Hessen vor allem die Großstädte Frankfurt und Kassel, die bis Ende der 70er Jahre frühere Unterkunftsgebiete Zug um Zug bis auf wenige Überbleibsel auflösten und ihre Obdachlosenpolitik auf Vorbeugung umstellten.

Ängste

Die Bewohner selber scheuen - aus vielerlei Gründen, auf die noch einzugehen ist - in der Regel tiefgreifende Veränderungen ihrer vertrauten Wohn- und Lebensverhältnisse, wie sie insbesondere eine Flächensanierung und der Umzug an einen anderen Wohnstandort mit sich bringen. So ist gerade in den defizitärsten Unterkunftsgebieten, wo dies erforderlich wäre, mit Widerstand auch von Bewohnern zu rechnen.

Zwiespalte

Die geborenen Fürsprecher für grundlegende Verbesserungen wären eigentlich die Gemeinwesenarbeiter, die es in vielen Unterkunftsgebieten dank der Initiative vor allem freier Träger gibt. Sie können dies aber nur sein, soweit sie damit im Einklang mit der herrschenden Bewohnermeinung sind. Denn bei ihrer Arbeit sind Gemeinwesenarbeiter essentiell auf das Vertrauen der Bewohner angewiesen. Dies ist in Frage gestellt, wenn nach den genannten Kriterien des Deutschen Städtetages, die auch Richtschnur für die Gemeinwesenarbeit sind, eine Siedlung aufgelöst werden müßte, die Bewohner aber in ihrer Mehrheit sich für eine Modernisierung an Ort und Stelle stark machen. Wenn dann noch bauliche Verbesserungsmaßnahmen konkret in Aussicht gestellt werden, die Umsiedlung der Bewohner in normale Wohnungen in einem anderen Wohngebiet aber nur in langen politischen Auseinandersetzungen zu erreichen wäre, kämen die Gemeinwesenarbeiter leicht in die Rolle derjenigen, die notwendige und erreichbare Verbesserungen auf lange Sicht verhindern wollen. Diese Position können sie nicht durchhalten.

Wo Gemeinwesenarbeiter - wie üblich - nur projektbezogen beschäftigt sind, stehen im Grunde auch ihre eigenen existentiellen Interessen dagegen, sich für die Auflösung einer Siedlung stark zu machen, die für sie gleichbedeutend mit dem Verlust des Arbeitsplatzes wäre. Hinzu kommt, daß gerade da, wo Gemeinwesenarbeitsprojekte erfolgreich betrieben werden, es den Projektmitarbeitern subjektiv schwer fallen dürfte, deren Auflösung selbst aktiv zu betreiben. Andererseits muß die Basis der Arbeit mit sozial Benachteiligten keineswegs ein Unterkunftsgebiet sein. Ebenso erfolgreich können soziale Hilfen - z.B. Ausbildungs- und Arbeitsförderung - über Stadtteilgrenzen hinweg angeboten werden (vgl. den Beitrag von Sommer/Thies).

Löcher stopfen

Wenn öffentliche Meinung, Kommunalpolitiker, Planungsfachleute und Wohnungswirtschaftler grundlegenden Maßnahmen zur sozialen Integration von Obdachlosen und insbesondere umfangreichen baulichen Maßnahmen skeptisch gegenüber stehen, die Bewohner nur eben Verbesserungen ihrer aktuellen Wohnverhältnisse wollen und dabei auch von den Gemeinwesenarbeitern unterstützt werden - wer sollte den Empfehlungen des Deutschen Städtetages, die "Altlasten" einer verfehlten Obdachlosenpolitik zu beseitigen, dann Geltung verschaffen? In der Praxis der Bewirtschaftung der Unterkünfte herrscht dementsprechend weithin eine Politik des Löcherstopfens, bei der schon immer mal wieder größere Summen für dringende Reparaturmaßnahmen ausgegeben werden (müssen), sich aber jeder darüber im klaren ist, daß die Verhältnisse über kurz oder lang wieder sein werden wie zuvor. Es kann aber auch anders gehen und besser, wie die Beiträge in diesem Buch belegen, die gleichwohl nicht die vielfältigen Schwierigkeiten verleugnen, die es macht, Aussicht auf Normalität konkrete Wirklichkeit werden zu lassen.

Planungsziel: Normale Verhältnisse

Kleine Netze

Auch wenn Wohnungsversorgung naturgemäß mit Bauen zu tun hat, wäre es kurzschlüssig, die Wohnungsprobleme in den Unterkunftsgebieten umstandslos durch Baumaßnahmen lösen zu wollen. Betrachtet man die Probleme vorbehaltlos und ohne bereits Baukonzepte im Kopf zu haben, dann schält sich als Kern der Aufgabe heraus, daß es vor allem darum geht, den Bewohnern zu "normalen" Lebensbedingungen zu verhelfen, zu angemessenen Wohnungen mit Mietvertrag in einer sozial nicht diskriminierten Umgebung und in einer Nachbarschaft, mit nicht allzu großer sozialer Distanz, in die sie sich einfügen können. Dies muß nicht in jedem Fall Bauen heißen. Wo z. B. die Rahmenbedingungen es erfordern, eine Siedlung aufzulösen, liegt es viel näher, die Lösung dort zu suchen, wo alle diese Voraussetzungen schon gegeben sind, wo auch andere Wohnungssuchende mit geringem Einkommen unterkommen und "neue" Fälle von Obdachlosigkeit untergebracht werden: im vorhandenen "sozialen" Wohnungsbestand der Kommunen und Gemeinnützigen Wohnungsunternehmen, wo vor allem für einfachere Wohnungen der älteren Baujahrgänge noch relativ niedrige Mieten zu zahlen sind. Normalität kann durchaus auch ein einfacher Wohnungsstandard heißen, wenn er in einem bestimmten Gebiet üblich, eben normal ist.

Bei preiswerten Wohnungen übersteigt die Nachfrage aber bei weitem das Angebot (s. den Beitrag von Schuler-Wallner), und so ist auch Wohnungsneubau dringend nötig, allerdings im Rahmen eines Gesamtkonzeptes kommunaler Wohnungsversorgung und nicht unbedingt eigens für bisher Obdachlose. So ist z. B. auch an einen Ringtausch zu denken, bei dem preiswerte Wohnungen im vorhandenen Bestand dadurch frei werden, daß den bisherigen, zahlungskräftigeren Mietern teurere, aber für sie vielleicht attraktivere Neubauwohnungen gezielt angeboten werden.

Gegen eine gestreute Unterbringung von Bewohnern aus Unterkunftsgebieten wird vor allem eingewandt, daß dadurch bestehende Netze gegenseitiger Hilfen zerrissen, und für die soziale Identität der Bewohner wichtige soziale Beziehungen zerschlagen würden. Der stützenden Strukturen sozialer Bindungen und Beziehungen, auf die in der Vergangenheit allerdings häufig zu wenig eingegangen worden ist (vgl. Deutscher Städtetag 1987), müssen die Bewohner aber auch bei einer verstreuten Unterbringung nicht verlustig gehen, wenn sie entsprechend ihrer tatsächlichen Bedeutung berücksichtigt werden, z. B. indem (kleinere) Gruppen von Bewohnern auch anderswo wieder gemeinsam oder doch in enger räumlicher Nähe zueinander untergebracht werden. Vieles deutet auch darauf hin, daß negative Erfahrungen mit der gestreuten Unterbringung damit zusammenhängen, daß Bewohner unvorbereitet und ohne weitere Unterstützung in (relativ) teuren (sozialen) Neubauwohnungen untergebracht wurden, mit baulichen Strukturen und Wohnbedingungen, die ihren bisherigen Lebensgewohnheiten nicht angemessen waren.

Bindungen und Lösungen

Nun stellt sich aber die Aufgabe, für die Gesamtheit der Bewohner eines Unterkunftsgebietes andere Wohnungen zu finden, im Grunde aber nur bei der Auflösung von Unterkunftsgebieten an ungeeigneten Standorten. In allen anderen Fällen ist es gewissermaßen das Alltagsgeschäft der Sozialplanung, geeignete Wohnungen anderswo zu finden, sei es für Bewohner, die ausziehen wollen oder auch, wenn Wohnraum frei gemacht werden soll, um vorhandene Überbelegungen abbauen zu können. Die Erfahrung zeigt jedoch, daß auch an "objektiv" ungeeigneten Standorten Bewohner mehrheitlich die Sanierung an Ort und Stelle einer Umsiedlung vorgezogen haben. Und so mag es sinnvoll sein, sich zunächst zu vergewissern, daß auch ein Umsiedlungskonzept machbar ist und dem wohlverstandenen Interesse der Bewohner - vor allem der Jüngeren und der Kinder - dient.

Ängste der Bewohner vor der Auflösung einer Siedlung sind gleichwohl verständlich. Der psychische Rückhalt der intensiven Sozialbeziehungen, die gegenseitige Unterstützung und materiellen Hilfen der Bewohner untereinander stehen auf dem Spiel, wenn eine Umsiedlung aller Siedlungsbewohner ansteht. Zu denken geben mögen auch Fälle, wo Bewohner in einem fremden Milieu - z. B. einer Neubausiedlung, s. o. - scheiterten und wieder zurückzogen, "heim"-kehrten. Insgesamt ist die Zahl der "Heim"-kehrer jedoch nur gering (vgl. Vaskovics et al. 1980), auch wenn der Bedarf an nachsorgender Betreuung und Unterstützung nicht verkannt werden soll (vgl. Iben et al. 1981). Generell schreckt das Neue, fehlt vielleicht auch das Vertrauen in die eigenen Kräfte, sich in neue Lebensbedingungen hineinfinden zu können. Vor allem ältere Menschen - und dazu zählen in den Unterkunftsgebieten schon die über 40-jährigen - haben zumeist keine Energie mehr, um an eine andere Lebensperspektive für sich nur zu denken. Auch Mißtrauen gegen die kommunale Verwaltung - die ja auch die bisherigen Verhältnisse in den Unterkunftsgebieten zu verantworten hat - hält die Bewohner davon ab, schönen Versprechungen allzu leicht zu trauen - zu Recht, wie auch einige Beiträge dieses Buches zeigen. Und so muß dieses Vertrauen - auf solider und nachprüfbarer Basis - erst gewonnen werden.

So kommt es vor allem darauf an, daß bei der Sozialplanung die individuellen Möglichkeiten und Bedürfnisse der Bewohner, ihre sozialen Beziehungen und Bindungen sorgfältig beachtet werden, daß sie insbesondere im Falle der Auflösung einer Siedlung in einem differenzierten Umsiedlungskonzept aufgehoben sind, und daß andererseits eine genügende Vielfalt an Wohnungen verfügbar gemacht wird, die größtmögliche Chancen der sozialen Integration verheißt. Dazu wäre es wünschenswert, wenn der gesamte, im weiteren Sinne soziale, Wohnungsbestand einer Gemeinde zur Verfügung stehen würde. Durch eine möglichst breite Basis an Unterbringungsmöglichkeiten ließe sich am ehesten vermeiden, daß sich soziale Brennpunkte neu bilden und die Probleme der Unterkunftsgebiete nur verlagert werden (s. den Beitrag von Gotthold). Zu berücksichtigen sind aber auch einzelne Bewohnergruppen, die in besonderer Weise auf das soziale Umfeld von Unterkunftsgebieten angewiesen sind. Dazu zählen z. B. Bewohner mit selbständigem Gewerbe, die Kraftfahrzeugstellplätze und Lagerflächen benötigen (wie z. B. Altwarenverwerter, Schrottler etc.), aber auch Minderheiten (Sinti, Landfahrer etc.) die auch weiterhin im größeren Familienverband leben bzw. ihre bisherige halb nichtseßhafte, "fahrende" Lebensweise nicht aufgeben wollen. Auch für diese Gruppen sind mit einiger Bemühung und konkreter sozialer Phantasie Unterbringungsmöglichkeiten zu finden, die ihnen Wohnen und Arbeiten im engen räumlichen Zusammenhang ermöglichen, selbst wenn dabei Kompromisse eingegangen werden müssen, was die Einbindung in vorhandene Wohngebiete angeht (s. den Beitrag von Schäfer/Szabo).

Alle zusammen und jeder für sich

In jedem Fall wäre es aber sicher der falsche Weg, bei der Auflösung von Obdachloseneinrichtungen an ungeeigneten Standorten die bisherigen Unterkünfte durch Neubauten an anderer Stelle ersetzen zu wollen. Zunächst dürfte es schwierig sein, überhaupt ein dafür geeignetes Gelände zu finden, wo nicht mit dem Widerstand der Anwohner gegen die konzentrierte Ansiedlung von Obdachlosen in ihrer Nachbarschaft zu rechnen ist - eine Erfahrung, die bei entsprechenden Vorhaben gemacht werden mußte. Die Ablehnung durch die Nachbarn von vornherein wäre aber die denkbar schlechteste Voraussetzung für die angestrebte soziale Integration. Selbst wenn ein geeignetes Gelände verfügbar ist, lassen sich durch die Umsetzung der Bewohner in neue Wohnungen zwar ihre Wohnungsprobleme lösen, zu befürchten steht jedoch, daß die Mechanismen sozialer Ausgrenzung auch am neuen Standort in gleicher Weise wirksam werden, wenn sich an der sozialen

Lage der Bewohner im übrigen nichts ändert und sie auch weiterhin - bei allem Bemühen um "Anpassung" an gängige Normen - als Gruppe sozial diskriminiert werden können (vgl. den Beitrag von Mollet).

Andere Voraussetzungen bestehen freilich, wenn die Bewohner eines aufzulösenden Unterkunftsgebietes beim Aufbau einer neuen Siedlung gewissermaßen "mit" untergebracht werden können. Die Umsiedlung der Bewohner der ehemaligen Kleinraumsiedlung Woltmannweg in Berlin-Steglitz ist ein realisiertes Beispiel, wo eine solche Integration in ein Neubaugebiet glückte (s. den Beitrag von Grothe-Jung). Daß sie verteilt über die gesamte neue Wohnanlage untergebracht wurden, war von den Bewohnern ausdrücklich erwünscht. Zwei wesentliche Voraussetzungen waren dabei, daß eine niedrige Miete durchgesetzt werden konnte und durch die Wahl des Verfahrens (Sanierung nach Städtebauförderungsrecht) die Durchführbarkeit der Maßnahmen und die Beteiligung der Bewohner von Anfang an quasi "garantiert" waren. Auch bei einem vergleichbaren Fall, bei dem die Umsiedlung der Bewohner eines Unterkunftsgebietes aber schließlich daran scheiterte, daß die gesamte Siedlungsmaßnahme nicht realisierbar war, wurde von Bewohnern wie Gemeinwesenarbeitern die Idee verworfen, daß dort wiederum alle auf einem Fleck zusammen wohnen sollten: "Die Wohnungsvergabe in diesem Stadtteil sollte ausschließlich nach funktionalen Gesichtspunkten (etwa Familiengröße) erfolgen. In diesem Zusammenhang wäre es ausgemachter Unsinn, einen bestimmten Teil des Gebietes abzuzwacken, um darauf Wohnungen für Obdachlose zu bauen: als ob es kinderreiche Familien nicht auch woanders gäbe. Die räumliche Abtrennung ehemals Obdachloser von den übrigen Bewohnern ist durch nichts zu rechtfertigen. Es sei denn, man möchte eine Spielwiese schaffen für unbefriedigte Sozialarbeiter oder ein Reservat, in dem die ehemals Obdachlosen dann besichtigt werden können wie im Zoo" (Preußer 1976).

Gemeinsame Sache

Hinnehmen oder mitwirken?

Weitgehend ist heute anerkannt, daß den von staatlichen Maßnahmen und Leistungen Betroffenen - unbeschadet formeller und demokratisch legitimierter Entscheidungsverfahren - ein möglichst weitgehendes Mitwirkungsrecht einzuräumen ist. Insbesondere bei städtebaulichen Erneuerungsmaßnahmen, wo soziale und baulich-räumliche Probleme ähnlich eng wie in den Unterkunftsgebieten miteinander verwoben sind, hat sich eine weitreichende Beteiligung der Betroffenen eingespielt. Im wesentlichen steht dahinter die Zielsetzung, Rationalität und Effizienz von Planungen und Maßnahmen zu steigern, Entscheidungen transparenter zu machen, die Akzeptanz bei den Betroffenen zu erhöhen und damit die Realisierbarkeit von Maßnahmen abzusichern. Wenn in bestehende soziale, ökonomische Rechts- und Eigentumsverhältnisse einer sachlich und/oder räumlich bestimmten Gruppe von Bürgern eingegriffen werden soll, gilt dies insbesondere dann, wenn es für den Erfolg der Planungen oder Maßnahmen nicht mit einer bloßen Hinnahme getan ist, sondern ein aktives Handeln der Betroffenen, ein Einstellungswandel oder Verhaltensänderungen erforderlich sind.

Diese Gründe sind es im wesentlichen, die die Beteiligung der Bewohner auch bei der Sanierung von Unterkunftsgebieten unabdingbar machen. "Nur so läßt sich sicherstellen, daß die Wohnungen nach der Sanierung tatsächlich den Bedürfnissen entsprechen, daß die Kinderspielplätze an der Stelle und derart gebaut werden, wie sie von den Betroffenen gewünscht werden, daß die Arbeit in den Spielstuben von den Eltern mitgetragen wird etc. ... Nur so ist auch sicherzustellen, daß die Bewohner neue infrastrukturelle Einrichtungen als eigene betrachten, so daß sie weniger leicht Gegenstand von Aggressionen und Zerstörungswut werden" (Jürgen Gotthold in einer Dokumentation der Landesarbeitsgemeinschaft Soziale Brennpunkt Hessen von 1978).

Planungs- und Erkenntnisprozesse

Vor allem bei größeren Unterkunftsgebieten, wo sich die Erneuerung über Jahre erstreckt, fördert eine abschnittweise Realisierung mit jeder baulichen Teilmaßnahme neue Erkenntnisse und Einsichten, die für die folgenden genutzt werden können. Zu berücksichtigen ist dabei auch, daß die Anschaulichkeit durchgeführter Baumaßnahmen die Vorstellungen der Bewohner wesentlich bestimmt. Wünsche und Bedürfnisse der Bewohner modifizieren sich nach den dabei gemachten Erfahrungen. Auch grundlegende Einstellungen - etwa ob sie im Gebiet bleiben wollen oder lieber ausziehen, ob sie sich Selbsthilfeleistungen zutrauen oder nicht - können sich dabei ändern.

Ein flexibler Planungs- und Durchführungsprozeß mit vielfältig sich überlagernden Entscheidungsebenen ist der Sache und den Interessen der Bewohner daher am angemessensten. Er entspricht aber kaum der üblichen Organisation von Verwaltungshandeln. Die Arbeitsteilung von Planungsamt, Hochbauamt, Sozial- und Jugendamt, Wohnungsamt und Liegenschaftsamt setzt jeweils klare Zielvorgaben und abgegrenzte Aufgabenbereiche voraus. Damit sich im Zusammenspiel der beteiligten Ämter und Wohnungsunternehmen daraus keine unnötigen Reibungsverluste ergeben, ist eine ausreichende Koordination sicherzustellen, z.B. durch eine ämterübergreifende Arbeitsgruppe, in der auch die Bewohner vertreten sein sollten (s. die Beiträge von Voegele und Severin).

In diesem Prozeß kontinuierlichen Aushandelns von Entscheidungen zwischen Bewohnerrat, beteiligten Ämtern, Architekten und Wohnungsunternehmen ist die professionelle Unterstützung durch eine kontinuierliche Gemeinwesenarbeit unverzichtbar. Darüber hinaus wäre auch eine institutionalisierte, unabhängige Unterstützung der Bewohner durch Bau- und Planungsfachleute - im Sinne von Anwaltsplanung - wünschenswert, wie ansatzweise durch die besonderen Umstände und durch viel persönliches Engagement der beteiligten Architekten und Planer z. B. in Offenburg-Stegermatt und in Landau-Am Dörrenberg.

Die Dynamik anstehender und fortlaufender Veränderungen

Die Erörterung über das weitere Schicksal eines Unterkunftsgebietes gibt den Bewohnern zumeist Anlaß, sich mit ihrer eigenen sozialen Lage zu befassen. Auf diese Weise kommen individuelle Entwicklungsprozesse in Gang, die ihre eigene Dynamik entfalten, gleichgültig ob Modernisierung oder Auflösung der Siedlung zur Diskussion stehen. Allein daß Veränderungen in der vertrauten Umgebung in Rede stehen, kann latente Wünsche forcieren und dazu führen, daß individuelle Lösungen auch außerhalb der Siedlungen in Betracht gezogen werden. Insbesondere das Angebot einer neuen Lebensperspektive außerhalb der Siedlung, z. B. im Zusammenhang beschäftigungsfördernder Maßnahmen, kann dazu führen, daß Bewohner sich zum Wegzug entschließen.

Diese Hinweise darauf, wie anstehende Modernisierungsmaßnahmen schon im Vorfeld Veränderungen bewirken können, sind auch so zu verstehen, daß es nicht ausreicht, die Bewohner auf einer Bewohnerversammlung zu befragen, welche Lösung ihnen am liebsten sei, sondern daß das, was für jeden Einzelnen aber auch für alle zusammen am besten ist, nur in einem längerfristigen Erörterungsprozeß erarbeitet werden kann, der vielerlei Unterstützung bedarf. Zwischen individuellen und gemeinschaftlichen Zielsetzungen können vielfältige Zwiespältigkeiten und Widersprüche bestehen, zu deren Auflösung insbesondere die Gemeinwesenarbeiter gefordert sind.

Wohnungen für Bewohner

Nützliche Phantasie

Wenn das soziale Ziel der Sanierung "gesellschaftliche Integration" heißt, dann kann der bauliche Beitrag dazu und die Maxime für Planung und Gestaltung von Wohngebäuden und Wohnumfeld logischerweise nur heißen "Anpassung" - in erster Linie an die Nachbarschaft, aber auch an das Erscheinungsbild von Wohngebieten unterer Einkommensschichten, von denen sich die Bewohner nur dadurch unterscheiden, daß sie durch administrative Selektion als "Obdachlose" abgestempelt wurden. Um die soziale Integration ihrer Bewohner zu unterstützen, müssen die Unterkünfte zu dem werden, was sie bisher nicht waren: ganz gewöhnliche Häuser für ganz gewöhnliche Menschen mit ganz gewöhnlichen Bedürfnissen und Gewohnheiten.

Kann man zu diesem Unterfangen auf Architekten verzichten? Ganz gewiß nicht, aber sie müssen ihre Phantasie und ihre Fähigkeiten, Räume, Flächen und Funktionen sinnvoll einander zuzuordnen und in einer ansprechenden Gestalt zu integrieren, auf andere Dinge lenken, als sie es sonst vielleicht gewohnt sind, z. B. darauf, das alltägliche Zusammenleben der Menschen zu erleichtern, Kontakte zu fördern, Zwänge abzubauen, den individuellen Bedürfnissen Handlungsspielräume zu lassen... Dazu müssen sie sich auf die Menschen einlassen, deren Wohnbedingungen sie planen. Was das heißt, machen die Berichte der Architekten in diesem Buch anschaulich: Viele, viele Gespräche und Erörterungen mit einzelnen Bewohnern, mit Hausgemeinschaften, mit allen zusammen, mit den Gemeinwesenarbeitern, mit den Wohnungsbaugesellschaften. Das ist mühselig und zeitaufwendig, aber unumgänglich, wenn die Architekten nicht in die Falle vorgefertigter Wohnvorstellungen tappen wollen - ihrer eigenen wie die der Bewohner.

Nicht alles kommt in Gesprächen zutage. Viele Wünsche und Bedürfnisse liegen im Unbewußten, weil die Bewohner daran nicht zu denken wagen oder ihnen mangels konkreter eigener Erfahrungen die Vorstellung dafür fehlt. Erst Gelegenheit schafft Wünsche. So gilt es auch, Symbole zu entziffern, averbale Zeichen zu deuten: Ist die Sitzgruppe mit den Oleanderbüschen vor der Haustür ein Ausdruck für die Enge der Wohnung, für den Bedarf an nachbarschaftlicher Kommunikation oder für das Interesse an einem eigenen Gärtchen? Für Hinweise darauf, welche Bedeutung bestimmte Aspekte ihrer räumlichen Umwelt für die Bewohner haben, sind auch die Gemeinwesenarbeiter gefragt, die die Bewohner in vielen unterschiedlichen Lebenssituationen kennengelernt haben und Übersetzungs- und Deutungshilfe leisten können.

Den Dialog von Architekten und Bewohnern erschweren nicht nur Bildungsdefizite sondern auch Vorstellungsdefizite. Wer nur das Wohnen in defizitären Unterkünften kennt, braucht Zeit und Anschauung, um eigene Vorstellungen vom besseren Wohnen zu bekommen. Auch dies bedarf der Unterstützung. Sei es durch Exkursionen zu anderen Wohngebieten, wo vorbildliche Wohnungen und ein anderes Wohnumfeld besichtigt und geprüft und in Gesprächen mit den Bewohnern auf Vor- und Nachteile hinterfragt werden können, durch möglichst große Modelle, in die Modelle der eigenen Möbel hineingestellt werden können, um zu sehen, wie die geplanten Wohnungen nutzbar sein mögen, oder durch die vorgesehene Realisierung einer ersten Musterwohnung, wo im Maßstab 1:1 in aller Anschaulichkeit Zuschnitt und Ausführung der Wohnungen überprüft werden können.

Die Phantasie der Architekten ist aber auch gefragt, um Alternativen aufzuzeigen und den Bewohnern Wahlmöglichkeiten zu eröffnen, die darüber hinausgehen, Trennwände und Wandöffnungen festzulegen. Dabei geht es weniger darum, einen bestimmten "optimierten" Wohnungstyp auszutüfteln, als den Bewohnern möglichst vielfältige Wohnungen anzubieten, mit deren Besonderheiten sie sich in dem Maße anfreunden können, wie sie eigenen Vorlieben und Gewohnheiten entsprechen: sowohl "zurückgezogene" als auch "kommunikative" Wohnungen, für Großfamilien wie für Einzelpersonen, mit unterschiedlichen Lagen im Gebäude, unterschiedlichen Erschließungen und unterschiedlichem Bezug zu Freiflächen (s. den Beitrag von Gekeler).

Zusammenleben

Auch wenn generell die Richtlinien für den Sozialen Wohnungsbau als Richtschnur taugen, um gebrauchsfähige Wohnungen zu planen, sind diese häufig zu starr. Vor allem bei Wohnungen für Familien ist - nach einer alten Forderung von Wohnungsforschern und keineswegs als Besonderheit für Obdachlose - mehr Flexibilität der Raumnutzungen erforderlich, damit Veränderungen im Familienzyklus nicht gleich zu einem Wohnungswechsel führen müssen. Kleinere Kinder haben andere Anforderungen als ältere, Spiel- und Freizeitgewohnheiten wandeln sich, die Familienzusammensetzung kann sich ändern, wenn erwachsen gewordene Kinder ausziehen, ältere Verwandte aufgenommen werden sollen. Funktionsneutrale Raumgrößen, möglichst so, daß sie auch unterteilbar sind, werden dem am besten gerecht.

Auch in einer weiteren Hinsicht sollten herkömmliche Formen des Sozialen Wohnungsbaus nicht gedankenlos übernommen werden. Der "bewährte" viergeschossige Zweispänner mag eine gute Standardbauweise für alle Welt sein, für Menschen, die sehr viel Zeit in der eigenen Wohnung verbringen, weil sie ohne Arbeit sind, und die sich um kleine Kinder kümmern müssen, die zwischen drinnen und draußen beliebig hin und herwechseln wollen, kann diese Wohnform Kontakte und Zusammenhänge beschneiden und die Entfaltungsmöglichkeiten der Kinder unnötigerweise einschränken. Vor allem aber wenn Menschen es gewohnt sind - wenn auch aus der Not der viel zu kleinen Wohnungen -, ständig im Kontakt mit den Nachbarn zu leben und den Außenraum als Kompensation der Enge der Wohnungen in ihren persönlichen "Wohnbereich" einzubeziehen, bedeutet die abgeschlossene Etagenwohnung am Treppenhaus auch ein Stück Isolierung. Wie es anders zu machen ist, zeigen wiederum die Architekturbeispiele über die hier berichtet wird (Gekeler, Bäuerlein-Gekeler und Grünenwald). Wichtige Bereiche zwangloser Kommunikation sind insbesondere die Übergänge zwischen drinnen und draußen, Vorzonen vor den Häusern, erdgeschossige Mietergärten, Gemeinschaftsbereiche im öffentlichen Blickfeld, die zwischen Nähe und Distanz, privatem und öffentlichem Bereich vermitteln und klare Zuständigkeiten - "Territorialität" - definieren.

Allein bestimmen

Auffälliges Merkmal herkömmlicher Obdachlosensiedlungen ist der Kontrast zwischen der Wohnlichkeit hinter den Wohnungstüren und der Unwirtlichkeit davor, die zumeist schon im Treppenhaus beginnt, spätestens aber vor der Haustür mit zertretenen Grünflächen, zerzaustem - wenn überhaupt vorhandenem - spärlichem Bewuchs an Büschen und Sträuchern, herumfliegendem Unrat. Die meisten Modernisierungskonzepte setzen darum - erfolgreich - auf Individualisierung, auf die Übertragung der Flächen an einzelne Bewohner oder kleine überschaubare Bewohnergruppen. Sie schlagen damit zwei Fliegen mit einer Klappe. Natürlich ist es billiger, wenn die Mieter selbst sich um die Pflege der Freiflächen kümmern - sofern zuvor von einer Pflege überhaupt die Rede sein konnte. Für die Bewohner sind diese Flächen zumeist erst von Nutzen, wenn sie sie nach eigenem Belieben gestalten und individuell darüber verfügen können. Nicht zuletzt wird auf diese Weise auch der eigene Wohnbereich um ein gutes Stück erweitert - Nachbarschaftskontakte über den Zaun hinweg nicht ausgeschlossen. Gleiches gilt analog auch für die üblichen Erschließungsflächen der Treppenhäuser und Laubengänge-ebenfalls in der Regel vernachlässigte anonyme Bereiche, für die niemand sich verantwortlich fühlt. Hier liegt die Alternative in möglichst kurzen und direkten Wegen zu allen Wohnungen und in der Beschränkung gemeinschaftlicher Erschließungsbereiche auf das unbedingt Notwendige. Keine Frage, daß anonyme Treppenhäuser und endlose Laubengänge für Familien mit Kindern ungeeignet sind, insbesondere beim Zusammenleben von Menschen mit sozialen Problemen.

Wer zahlt, schafft an

Nun muß es - zu guter Letzt - noch ums Geld gehen, denn es hätte wenig Sinn, "normale" Wohnbedingungen zu fordern, wenn diese für diejenigen, für die sie gedacht sind, nicht bezahlbar sind. Der Status der Obdachlosigkeit besagt ja nun gerade, daß sie an den Bedingungen des Wohnungsmarkts gescheitert sind. "Wohnungslosigkeit resultiert aus Geldmangel", wie das Rudolph Bauer lapidar ausgedrückt hat. Es kann nicht angehen, daß Haushalte, die es in Unterkunftsgebieten gerade ebenso schaffen über die Runden zu kommen, durch die Verbesserung ihrer Wohnverhältnisse in die Abhängigkeit von Sozialhilfe geraten, weil sie höhere Wohnkosten nicht verkraften können. Die Bezahlbarkeit der Wohnungen wiederum muß finanzierbar sein. Auch dies ist ein wichtiger Grund, bei allen Überlegungen um einen Ersatzbedarf an Wohnungen, sich zuerst der Möglichkeiten des vorhandenen preiswerten Wohnungsbestandes zu versichern.

Was nun aber die Modernisierung der vorhandenen Unterkunftsbestände anlangt - wenn diese sinnvoll und nach Maßgabe der baulichen Substanz auch wirtschaftlich ist -, so leuchtet ein, daß unter den beschriebenen kommunalpolitischen Entscheidungsbedingungen eine rein kommunale Finanzierung in der Regel nicht durchsetzbar ist - auch wenn es das natürlich gibt. So müssen alle Möglichkeiten der staatlichen Wohnungs- und Städtebauförderung in Betracht gezogen und daraufhin überprüft werden, wieweit sie für eine Verbesserung der Unterkunftsgebiete bzw. für erforderliche Ersatzmaßnahmen infrage kommen. Dies sind insbesondere die Wohnungsbauförderungsmittel für den Sozialen Mietwohnungsbau wie für Eigentumsmaßnahmen - die nicht nur für Neubauten sondern auch bei durchgreifenden Umbaumaßnahmen eingesetzt werden können -, Mittel der Modernisierungsförderung sowie der Förderung städtebaulicher Sanierungsmaßnahmen, auch in der Form der einfachen Stadterneuerung bzw. von Wohnumfeldprogrammen.

Die wohnungspolitischen Ziele, die die Förderungsgeber mit den Programmen jeweils verfolgen, müssen aber mit den hier in Rede stehenden nicht dekkungsgleich sein. Wieweit sie tatsächlich im einzelnen tragbare Mieten ermöglichen und zur Lösung der spezifischen Probleme in den Unterkunftsgebieten eingesetzt werden können, wurde an anderer Stelle ausführlich erörtert (Greiff/Schuler-Wallner 1990). In jedem Fall empfiehlt es sich, alle bestehenden Förderprogramme - auch auf eventuelle Sonderfonds hin - durchzuforsten (s. Finanzierungshilfen 1990). Die Beiträge in diesem Buch bieten anschauliche Beispiele dafür, wie unterschiedlichste Finanzierungsquellen kombiniert und genutzt wurden.

Mit den bestehenden Förderungsprogrammen kann demnach durchaus einiges - wenn auch oft nur sehr Spezifisches für einzelne kleine Gruppen - erreicht werden. Zu bedenken ist aber, daß generell alle öffentlichen Fördermittel nur in einem begrenzten Volumen verfügbar sind und auf sie fast ausnahmslos kein Rechtsanspruch besteht. Bei der starken Nachfrage nach diesen Mitteln wie auch durch die Konkurrenz auf kommunaler Ebene mit anderen Maßnahmebereichen steht zu fürchten, daß die Belange der Obdachlosen dabei gegenüber sozial stärkeren Bedarfsgruppen der Wohnungspolitik ins Hintertreffen geraten. Aus diesem Grund hat z. B. die hessische Landesregierung seit einigen Jahren Mittel für die Sanierung von Unterkunftsgebieten als Anreizförderung zweckgebunden bereitgestellt, was unter den beschriebenen Bedingungen als außerordentlich sinnvoll erscheint. Hier bleibt zu wünschen, daß die staatlichen Fördermittel nicht nur als goldene Zügel die Dinge in die richtige Richtung lenken, sondern auch als Ansporn zu einer schnelleren Gangart wirken.

Literatur

Angele, Gerhard: Obdachlosigkeit. Herausforderung an Pädagogik, Soziologie und Politik. Weinheim 1989

Bauer, Rudolph: Obdachlos in Marioth. Von der Notunterkunft zum "modernen Asyl". Weinheim und Basel 1980

Bauer, Rudolph: Ohne Boden, ohne Dach. In: Werk und Zeit (1989) H. 1, S. 6 - 8

Bundestagsausschuß für Raumordnung, Bauwesen und Städtebau: Schriftliche Stellungnahmen zur öffentlichen Anhörung "Obdachlosigkeit und Wohnungsnot in der Bundesrepublik Deutschland und Maßnahmen zu ihrer Bekämpfung". Ausschußdrucksache Nr. 22, Bonn 1988

Deutscher Städtetag: Hinweise zur Arbeit in sozialen Brennpunkten. Reihe D, DST-Beiträge zur Sozialpolitik, Heft 10. Köln 1979

Deutscher Städtetag: Sicherung der Wohnungsversorgung in Wohnungsnotfällen und Verbesserung der Lebensbedingungen in sozialen Brennpunkten. Empfehlungen und Hinweise. Reihe D, DST-Beiträge zur Sozialpolitik, Heft 21, Köln 1987

Dieckmann, Helmut u.a.: Wohnungsverlust und Obdachlosigkeit - Hilfen für davon bedrohte und betroffene Menschen. Dokumentation der Expertentagung im Deutschen Verein für öffentliche und private Fürsorge 1989, Schriftenreihe des Bundesministers für Jugend, Familie, Frauen und Gesundheit, Band 246, Stuttgart 1990

Die **Finanzierungshilfen** des Bundes und der Länder für den Wohnungsbau. Stand: Juni 1990. Zeitschrift für das gesamte Kreditwesen. Sonderausgabe 1990, H. 2

Godehart, Susanna: Möglichkeiten zum Abbau von Obdachlosigkeit durch wohnungspolitische Maßnahmen der Kommunen. In: Bundesbaublatt (1989) H. 9, S. 444-451

Greiff, Rainer und Gisela Schuler-Wallner/Institut Wohnen und Umwelt: Bestandsaufnahme des Modernisierungsbedarfs der Obdachlosenunterkünfte in Hessen. Band I Ergebnisse. Darmstadt 1990

Iben, Gerd (Hrsg.): Randgruppen der Gesellschaft. Untersuchungen über Sozialstatus und Erziehungsverhalten obdachloser Familien. München 1974

Iben, Gerd; Anke Drygala, Irma Bingel, Rudolf Fritz: Gemeinwesenarbeit in sozialen Brennpunkten. Aktivierung, Beratung und kooperatives Handeln. München 1981

Koch, Franz: Ursachen von Obdachlosigkeit. Bericht über das Forschungsprojekt der Arbeitsgemeinschaft der Spitzenverbände der Freien Wohlfahrtspflege. Hrsg. von dem Minister für Arbeit, Gesundheit und Soziales des Landes Nordrhein-Westfalen, Düsseldorf 1984

Kommunale Gemeinschaftsstelle für Verwaltungsvereinfachung (KGSt): Wohnungssicherung und Wohnungsversorgung in Notfällen. KGSt-Bericht Nr. 10, Köln 1989

Mollet, Albert (Hrsg.): Droit de Cité. A la rencontre des habitants des banlieues délaissées. Paris 1986

Preußer, Norbert: Empirie einer Subkultur. Wiesbaden Mühltal. Berlin 1976

Schuler, Gisela und Heinz Sautter/Institut Wohnen und Umwelt: Obdachlosigkeit und soziale Brennpunkte in Hessen. Umfang, Struktur und Entwicklung der Obdachlosigkeit. Darmstadt 1983

Schuler-Wallner, Gisela/Institut Wohnen und Umwelt: Obdachlosigkeit in der Bundesrepublik Deutschland - ein Beitrag zum Internationalen Jahr der UNO für Menschen in Wohnungsnot 1987. Darmstadt 1986

Specht, Thomas; Manfred Schaub, Gisela Schuler-Wallner (Hrsg.): Wohnungsnot in der Bundesrepublik - Perspektiven der Wohnungspolitik undversorgung für benachteiligte Gruppen am Wohnungsmarkt. Dokumentation einer Fachtagung zum Internationalen Jahr für Menschen in Wohnungsnot 1987. Reihe "Materialien zur Wohnungslosenhilfe" Heft 7, Bielefeld 1988

Ulbrich, Rudi/Institut Wohnen und Umwelt: Wohnungssituation in der Bundesrepublik. In: Dokumentation der "4. Fachtagung Armut - Thema Wohnungsnot", Caritasverband für die Diözese Münster e.V., Münster 1990, S. 44-57

Vaskovics, Laszlo; Hans-Peter Buba, Daniela Watzinger, Werner Weins: Soziale Eingliederung von Randgruppen durch Wohnungsmaßnahmen. Dargestellt am Beispiel der Umsetzung von Obdachlosen. Schriftenreihe "Städtebauliche Forschung" des Bundesministers für Raumordnung, Bauwesen und Städtebau, Band 03.081, Bonn-Bad Godesberg 1980

Vaskovics, Laszlo A.: Veränderungen der Wohn- und Wohnumweltbedingungen in ihren Auswirkungen auf die Sozialisationsleistung der Familie. In: Wandel und Kontinuität der Familie in der Bundesrepublik Deutschland. Hrsg. von Rosemarie Nave-Herz. Stuttgart 1988

Strategien zur sozialen Integration

Trotz einzelner richtungsweisender Ansätze hat sich Obdachlosenpolitik in ihrem bisherigen Handlungsrahmen in einem als sehr beständig erwiesen: in der Unzulänglichkeit, die Kontinuität sozialer Benachteiligung zu durchbrechen. In einzelnen Unterkunftsgebieten sind zwar Bemühungen sichtbar: soziale Dienste und Einrichtungen wurden aufgebaut, soziale Mißstände beseitigt oder gemildert, und in sozialpädagogischer Kleinarbeit wurden psychosoziale Folgeprobleme jahrzehntelanger Unterbringung in Unterkunftsgebieten aufgearbeitet. Durch Modernisierung und Instandhaltung wurden besssere Wohnungen und unter günstigen Umständen durch städtebauliche Maßnahmen auch eine bessere Wohnumgebung geschaffen. Insgesamt scheint mit dem Ausbau der kompensatorischen Maßnahmen die ordnungspolitische Orientierung des Umgangs mit Obdachlosen - die stets Ausgrenzung beinhaltete - an Bedeutung verloren zu haben. Sind aber damit die Kriterien sozialer Integration erfüllt? Sind die Aussichten der Obdachlosen auf einen Arbeitsplatz besser geworden? Besuchen die Kinder in der Mehrzahl nicht mehr nur die Sonderschule? Lernen auch die Mädchen einen Beruf? Konnten die Barrieren, die der Inanspruchnahme "normaler" sozialstaatlicher Angebote entgegenstehen, abgebaut werden? Werden Bedürfnisse, Interessen und Eigeninitiative der Betroffenen fachlich und politisch auch außerhalb des Experimentierfeldes emanzipatorischer Gemeinwesenarbeit ernst genommen?

Diese offenen Fragen sind durch die gegenwärtigen Entwicklungen auf dem Arbeits- und Wohnungsmarkt aktueller denn je. Von Arbeitslosigkeit - insbesondere Langzeitarbeitslosigkeit - und Wohnungsmangel sind Obdachlose in besonderer Weise betroffen, weil Selektionskriterien am Arbeits- wie am Wohnungsmarkt verstärkt wirksam werden können. So sind nicht nur die sozialen und ökonomischen Rahmenbedingungen zur Auflösung oder Aufwertung vorhandener Unterkunftsbestände ungünstiger geworden. Auch die soziale Stabilisierung anderer problematischer Quartiere im Aufgabenbereich der Stadterneuerung wird erschwert. Zudem drohen in den Stadterweiterungsgebieten der 60er und 70er Jahre durch soziale Segregationsprozesse sich neue soziale Brennpunkte herauszubilden oder zu verfestigen. Strategien zum Abbau sozialräumlicher Disparitäten, wie der Deutsche Städtetag fordert, sind in einem schwieriger gewordenen sozioökonomischen Umfeld umso dringlicher.

Vor diesem Hintergrund sind vor allem sozialpolitische Gesamtstrategien zur Wohnungsversogung wie zur sozialen Existenzsicherung geboten. Die Verhinderung von Wohnungsverlusten durch vorbeugende Maßnahmen und die Nutzung der Wohnungsvermittlung als sozialräumliches Steuerungsinstrument haben in einem solchen ressort- und gebietsübergreifenden Handlungsansatz auf kommunaler Ebene ebenso ihren Platz wie Maßnahmen zur Arbeitsförderung als Grundvoraussetzung sozialer Integration (s. den Beitrag von Gotthold). Am Beispiel des Nachbesserungskonzeptes für eine Neubausiedlung der 60er und 70er Jahre in Marburg wird die notwendige Akzentverschiebung von der Sozialarbeit als nachsorgender Einzelfallhilfe hin zu einer bedürfnis- und lebenslagenorientierten Gemeinwesenarbeit deutlich. Schwerpunkt der stadtteilorientierten Sozialarbeit wird dort zunehmend die Organisation von Beschäftigungsinitiativen zur Sicherung der materiellen Existenz der Bewohner und zur Förderung ihrer sozialen Integration.

Auch in den Niederlanden werden städtebauliche Integrationsstrategien erprobt, die noch um einige Facetten erweitert sind. Exemplarisch ist das Modell der "behutsamen Reparatur", wie es in einem nach hiesigem Sprachgebrauch typischen sozialen Brennpunkt in Den Haag praktiziert wird (s. den Beitrag von Faßbinder). Durch die herkömmliche Stadterneuerung konnten in diesem Quartier zwar gute Wohnungen und eine gute Wohnumgebung geschaffen, nicht aber die "soziale Misere" von Verarmung, Arbeitslosigkeit, Bildungsdefiziten, Perspektivelosigkeit und Abhängigkeit beseitigt werden. Mit ergänzenden, programmlich gebündelten baulichen, funktionalen und sozialen Maßnahmen - einschließlich Arbeitsbeschaffungsprojekten - soll den sozialen Defiziten begegnet werden. Maßgeblichen Anteil an der tatsächlich auch erreichten Verbesserung des sozialen Klimas und der kommunikativen Beziehungen im Quartier hatte der Zusammenschluß von Bewohnergruppen und professionell Beteiligten in einer quartierbezogenen Interessenvertretung. "Städtisches Beheer" - so der niederländische Begriff - steht für eine integrale, auf Vorbeugung gerichtete Strategie des Umgangs mit Wohnquartieren und Bewohnern. Als ein Element dieser Vorgehensweise wird auch soziale Kontrolle im Hinblick auf ein an gesellschaftlichen Normen und Werten orientiertes konfliktfreies Zusammenleben organisiert.

Besonderer sozialpolitischer Anstrengungen bedarf es offensichtlich, um die alleinstehenden Wohnungslosen zu integrieren. Wenn, wie üblich, sogenannte "Nichtseßhafte" und "Stadtstreicher" an Ersatzunterkünfte, Asyle, Heime, Psychiatrien und "billige" Hotels verwiesen werden, werden die vorhandenen Fähigkeiten zur sozialen Teilhabe und zu selbständigem Wohnen systematisch verschüttet (vgl. die Beiträge von Specht und Kämper). Auch für die alleinstehenden Wohnungslosen ist der eigene Wohnraum die Grundbedingung für soziale Integration. Wie die Vorgehensweise der Stadt Bielefeld zeigt, sind Alternativen zur "Straße" und zum "Heim" (Asyl) realisierbar. Bei entsprechenden Voraussetzungen der angebotenen Wohnungen nach Lage, Art und Belegung sowie durch notwendige ergänzende ambulante Hilfen zur Beratung und Betreuung konnte ehemals Wohnungslosen zu dauerhaften Wohnverhältnissen verholfen werden.

Jürgen Gotthold

Vom Barackenlager zur Trabantenstadt

Stadtteilentwicklung und Arbeitsbeschaffung als neue Aufgaben der kommunalen Sozialpolitik

Obdachlosenpolitik, Politik für soziale Brennpunkte hat es in den letzten 20 Jahren mit sehr unterschiedlichen sozialen und baulich-räumlichen Situationen zu tun gehabt. Die Marburger Entwicklung, über die hier berichtet werden soll, kann in drei Phasen eingeteilt werden:

- Bis Anfang der 70er Jahre Auflösung des Barackenlagers "Am Krekel" und Unterbringung der Obdachlosen hauptsächlich in zwei Wohngebieten (Waldtal, Unterer Richtsberg).
- Mitte der 70er Jahre bis Ende der 80er Jahre: Modernisierung der Schlichtwohnungen im Waldtal; hier wie in zwei anderen Wohngebieten - den nun entstandenen neuen sozialen Brennpunkten - Gemeinwesenarbeit, Kinder- und Jugendarbeit etc.
- Seit Mitte der 80er Jahre gewinnt ein anderes Sozialproblem mit räumlichem Bezug immer größere Aufmerksamkeit in der kommunalen Sozialpolitik: die Sanierung einer Trabantenstadt aus den 60er und 70er Jahren (Oberer Richtsberg). Die Probleme dort sind zum Teil eine Folge der "Lösung" der Probleme in den sozialen Brennpunkten früherer Jahre.

Das Waldtalentwicklungsprogramm

Die Soziale-Brennpunkt-Politik im Marburger Waldtal beruht auf dem im Februar 1975 vom Magistrat der Stadt beschlossenen Waldtalentwicklungsprogramm (vgl. Magistrat der Stadt Marburg 1976). Nach der Auflösung der Marburger Obdachlosenbaracken war das Wohngebiet Waldtal zum schwierigsten sozialen Brennpunkt der Stadt geworden. 75 % aller Obdachlosen der Stadt (300 Personen) wohnten 1974 im Waldtal (detaillierte Angaben zur Bewohnerstruktur, zu den kommunalen Rahmenbedingungen und zur Durchführung des Programms, siehe Gotthold u. a. 1983).

Grundzüge des Programms

Das Entwicklungsprogramm für den Stadtteil Waldtal baut auf einen Bebauungsplan auf, der bereits ein Jahr zuvor von der Stadtverordnetenversammlung beschlossen worden war. Bereits dieser Bebauungsplan sollte "eine Grundlage in Form eines baulich-räumlichen Konzeptes sein, das Waldtal strukturell zu verbessern. Ziele der Planung sind dabei vor allem eine bessere Ausstattung der Infrastruktur, Verbesserung der Wohnungssituation durch den Bau von hochwertigen Sozialwohnungen unterschiedlicher Größenordnung und gezielte Gestaltung der Bauten wie der Freibereiche" (Begründung zum Bebauungsplan). Das Stadtteilentwicklungsprogramm aus dem Jahre 1975 knüpft an diesen Bebauungsplan an und versucht, durch ihn absehbare Konflikte zu vermeiden: Die Neubauwohnungen in unmittelbarer Nähe des sozialen Brennpunktes könnten unvermietbar bleiben und die miserabel untergebrachten Obdachlosen könnten (mit Hilfe der Studenten des benachbarten Studentendorfes) zu Hausbesetzungen veranlaßt werden.

In enger Kooperation mit den freien Trägern der Sozialarbeit war deswegen von einer Arbeitsgruppe der Verwaltung der folgende Maßnahmenkatalog erarbeitet worden:

- Keine Aussiedlung sozial Schwacher aus dem Waldtal

Eine "aktivierende Befragung" des Arbeitskreises Soziale Brennpunkte (AKSB) hatte ergeben, daß die meisten der sozial schwachen Familien im Waldtal wohnen bleiben wollten und hier eine bessere Wohn- und Infrastrukturversorgung forderten. Entgegen früheren Vorstellungen der Verwaltung sollte eine Strukturverbesserung des Waldtals daher nicht mehr durch die Aussiedlung der sozial schwachen Bewohner erreicht werden. Im Programm heißt es dazu u.a.: "Eine Aussiedlung würde die sozialen und kommunikativen Strukturen beeinträchtigen und damit zu einer zusätzlichen psychischen Belastung dieser Personengruppe führen. Darüber hinaus wäre damit zu rechnen, daß zusätzlich soziale Brennpunkte im Stadtgebiet entstünden."

- Familiengerechte Wohnungen

In die Neubauten sollten auch sozial schwache Familien einziehen, insbesondere kinderreiche Familien. Die Erdgeschoßwohnungen sollten unter Beteiligung der dafür vorgesehenen Familien entsprechend umgeplant werden.

- Modernisierungsprogramm

Der Umzug weniger Familien in die Neubauten oder in bessere bestehende Wohnungen wurde alleine als nicht ausreichend erachtet, um die sozialen Probleme im Waldtal zu entspannen. Vielmehr wurde die Gefahr gesehen, daß sich die sozialen Konflikte verschärfen würden, wenn lediglich eine kleine Zahl von Familien ihre Wohnsituation verbessern könnte. Daher sollten auch die vorhandenen Schlichtwohnungen modernisiert werden. Die "Alte Knutzbach" (eine zwischen den Weltkriegen und in den 50er Jahren entstandene Ansammlung von Siedlungshäuschen), die mit Obdachlosen, insbesondere Sinti, belegt und deren Abriß lange beschlossen war, sollte erhalten und als Einfamilienhaussiedlung für Sinti-Familien und andere Großfamilien umgebaut werden.

- Zusätzliche soziale Betreuung
Die vorhandene Sozialarbeit sollte erweitert werden, um die Umzüge und die damit verbundenen Probleme besser bewältigen zu können.

- Fortführung der Präventivmaßnahmen zur Verhinderung von Obdachlosigkeit
Dadurch sollte erreicht werden, den Anteil der zwangsweise eingewiesenen Bewohner im Waldtal zu reduzieren.

Weitere Maßnahmen wurden im Programm als Teil des Bebauungsplans vorausgesetzt oder zusätzlich vorgesehen: etwa die Anlage von Spiel- und Bolzplätzen, ein Kindergarten, ein Wohnwagenabstellplatz, die Herrichtung von Außenanlagen und dergleichen. Ferner sollte ein Hausmeister für die Wohnungen der Stadt und der Baugesellschaften eingestellt werden. Vorausgesetzt wurde die Weiterführung der intensiven Sozialarbeit und die Zusammenarbeit von den örtlichen tätigen freien Trägern.

Realisierung

Die im Waldtalprogramm vorgesehene Verbesserung der Wohnungssituation und der stadtteilspezifischen Infrastruktur konnte relativ rasch durchgeführt werden:

- Verbesserung der Wohnungssituation
Bereits 1976 wurden die ersten Neubauwohnungen bezogen. 1982 war das Programm mit den geplanten 162 Wohneinheiten endgültig abgeschlossen. Zu diesem Zeitpunkt wohnten dort 24 Familien aus dem sozialen Brennpunkt. 1976 wurde auch mit der Modernisierung der Schlichtwohnungen begonnen. Im Jahr 1988 wurden die letzten städtischen Wohnungen modernisiert (153 Wohneinheiten), 1988 begann auch die städtische Wohnungsbaugesellschaft ihre Schlichtbauten zu modernisieren (bisher 18 Wohneinheiten). Durch diese Maßnahmen sind die Wohnverhältnisse im sozialen Brennpunkt inzwischen einem "normalen" Wohngebiet angeglichen. Dies gilt sowohl für die Qualität der Wohnungen als auch für den Abbau der früher bestehenden Überbelegung. Allein in den ersten drei Jahren (von 1976 bis 1979) wechselten 212 Familien (mit rund 650 Personen) ihre Wohnung. Damit waren bis dahin schon annähernd soviele Personen vom Umzug betroffen, wie im sozialen Brennpunkt wohnen.

Das Waldtal. Rechts die Blöcke der Schlichtbauten, unten die ringförmig angeordnete Wohnbebauung "Am Rain", links das Studentendorf, in der Mitte die ursprüngliche Einfamilienhausbebauung und rechts daran anschließend die Satteldachhäuschen der "Alten Knutzbach"

- Spielhaus- und Hausaufgabengruppen

Die Arbeit mit Kindern im Vorschulalter und die Hausaufgabenbetreuung war von verschiedenen Trägern der Sozialarbeit im Waldtal bereits vor der Verabschiedung des Waldtalprogramms geleistet worden. Danach wurde dieses Angebot erheblich vergrößert und qualitativ verbessert. Statt des ursprünglich vorgesehenen Kindergartens wurde eines der Siedlungshäuser in der "Alten Knutzbach" als "Spielhaus" umgebaut.

- Personelle Situation der Sozialarbeit

Das Waldtalprogramm selbst sah eine zusätzliche Sozialarbeiterstelle vor. Tatsächlich ist folgende personelle Entwicklung eingetreten: 1974 wurde die Arbeit von 13 hauptamtlichen Kräften (und ca. 20 Studenten) getragen. 1981 verfügten die Träger über 28,5 Stellen für hauptamtliche Kräfte (darunter Zivildienstleistende und aus Arbeitsbeschaffungsmaßnahmen bezahlte Mitarbeiter, zusätzlich 4 Studenten).

- Sonstige Maßnahmen

Die Umsetzung des Programms war von einer Fülle größerer und kleinerer Maßnahmen gekennzeichnet, die von "Verschönerungsaktionen" bis zum Bau eines Wohnwagenabstellplatzes reichten. Viele dieser Maßnahmen ergaben sich im Prozeß, ohne im Programm vorgesehen gewesen zu sein. Viele davon wurden bereits 1976 durchgeführt.

- Sozialpädagogische Arbeit und Bewohnerinitiativen
Die sozialpädagogische Arbeit im Waldtal wird auch heute noch überwiegend vom Arbeitskreis Soziale Brennpunkte Marburg e.V. (AKSB) konzipiert und personell getragen und größtenteils aus verschiedenen Töpfen der öffentlichen Hand finanziert. Konzeptionell werden drei Arten von Hilfen unterschieden: konkrete materielle Hilfen, Aktivierungshilfen sowie Interventionshilfen im politischen Planungs- und Entscheidungsprozeß.

Beschäftigungsförderung im Waldtal

Seit 1986 rückten Beschäftigungsinitiativen immer stärker in den Vordergrund der Waldtalarbeit. Allerdings konnten Beschäftigungsmöglichkeiten bisher nur auf dem sogenannten zweiten Arbeitsmarkt geschaffen werden. Die lokale Beschäftigungsinitiative begann zunächst mit sechs Sozialhilfeempfängern und einem Vorarbeiter, dessen Einstellung als Arbeitsbeschaffungsmaßnahme (ABM) nach dem Arbeitsförderungsgesetz finanziert wurde. Seit 1988 werden jährlich jeweils acht bis zehn Sozialhilfeempfänger nach § 19 Bundessozialhilfegesetz (BSHG) beschäftigt - bei tarifgerechter Bezahlung. Hinzu kommen ein Vorarbeiter (ABM) und ein Projektleiter (ABM und Mittel aus dem Sozialministerium). Von dieser Arbeitsgruppe werden zur Zeit vor allem Arbeiten im Wohnumfeldbereich durchgeführt. Für die Wintermonate sind Instandsetzungsarbeiten an dem bereits vor Jahren modernisierten städtischen Hausbestand vorgesehen. Im Rahmen der Modernisierungsmaßnahmen der städtischen Wohnungsbaugesellschaft sollen ebenfalls Arbeiten von der Arbeitsgruppe durchgeführt werden. Die investiven Mittel wurden bisher von der Stadt bereitgestellt. Die Stadt hat auch eine langfristige Wohnumfeldplanung eines Planungsbüros finanziert. Daraus werden alle Maßnahmen und Arbeitsschritte entwickelt.

In Zukunft sollen noch intensiver alle Möglichkeiten ausgeschöpft werden, um die Arbeitslosigkeit zu bekämpfen, die ein zentrales Problem der sozialen Brennpunkte ist. Das könnte geschehen mit Hilfe von Beschäftigungsprogrammen, unter Umständen auch durch den Aufbau eines speziellen Betriebes.

Bilanz

Die herkömmliche Obdachlosenproblematik, wie sie Mitte der 70er Jahre bundesweit diskutiert wurde, konnte in Marburg bis Ende der 80er Jahre weitgehend gelöst werden. 1970 wurden 459 obdachlose Personen registriert, das waren rund 1 % der Bevölkerung. 1988 wohnten noch 33 Obdachlose in der Stadt, davon zwei im Waldtal: Bei einer Obdachlosenquote von rund 0,5 v. T. wurden in zentraler Lage der Stadt nur noch wenige Notunterkünfte für Einzelpersonen und kurzfristige Unterbringung von Wohnungsnotstandsfällen zur Verfügung gestellt. Betroffen waren vor allem Menschen mit "Karrieren", die sich zwischen Obdachlosenunterkunft, Psychiatrie und Freiheitsentzug bewegten.

Obdachlosigkeit ist allerdings zunächst nur ein juristischer Begriff. Der dargestellte Rückgang der Obdachlosigkeit bedeutet deswegen zunächst nur, daß Nutzungsverhältnisse aufgrund von "Polizeirecht" in normale Mietverhältnisse nach dem Bürgerlichen Gesetzbuch überführt worden sind. In Marburg ist diese Veränderung der rechtlichen Situation von ehemals eingewiesenen Bewohnern jedoch auch mit einer erheblichen qualitativen Verbesserung der Wohnungsversorgung verbunden gewesen. Schlichtwohnungen als minderwertige Sonderwohnform für die Unterbringung von Obdachlosen oder sonstigen Wohnungsnotfällen sind nicht mehr vorhanden.

Nur sehr schwer ist die Frage zu beantworten, ob und inwieweit sich die soziale Situation der betroffenen Familien darüber hinaus substantiell verbessert hat. Mit Hilfe von herkömmlichen Sozialindikatoren läßt sich eine Veränderung der sozialen Situation empirisch kaum nachweisen. In welchem Ausmaße sich für die Betroffenen mehr als "nur" die Wohnungssituation verändert hat, kann an dieser Stelle nicht eingehend diskutiert werden (vgl. Gotthold u. a. 1983). Sicher ist jedoch, daß die intensive Sozialarbeit in den sozialen Brennpunkten auch nach der Normalisierung der Wohnungssituation nicht einfach beendet werden kann, weil auch 15 Jahre systematische Soziale-Brennpunkt-Politik nicht ausreichen, um eine seit Jahrzehnten gewachsene Problematik endgültig abzubauen. Allerdings halte ich eine Verlagerung des Schwerpunkts der Arbeit für erforderlich: Statt der aktivierenden Gemeinwesenarbeit einerseits und der intensiven individuellen Betreuung andererseits muß der Schwerpunkt in Zukunft auf Beschäftigungsinitiativen - insbesondere für arbeitslose Jugendliche - liegen. Diese Forderung geht von folgender Hypothese aus: In den 70er Jahren konnte man annehmen, daß die psychosozialen Folgeprobleme jahre- oder jahrzehntelanger Obdachlosenunterbringung ein Haupthindernis für die "Integration" der Betroffenen sei. Aktivierende Gemeinwesenarbeit und Einzelfallbetreuung waren deswegen zunächst geeignete Strategien, um dieses Syndrom zu behandeln. Nach fünfzehn Jahren Sozialarbeit und Modernisierung müßte dieses Problem aber in den Hintergrund gerückt sein. Deswegen muß jetzt verstärkt das Hauptproblem angegangen werden, das soziale Randständigkeit auslösen kann, nämlich die Beschäftigungslosigkeit. Dieses zu organisieren, wird zur Hauptaufgabe der Arbeit in den sozialen Brennpunkten.

Eine ganz wichtige Aufgabe der kommunalen Sozialpolitik bleibt zweifellos die Prävention von Wohnungsverlusten. Diese geschieht in Marburg durch eine enge Zusammenarbeit zwischen Obdachlosenbehörde, Sozialamt, örtlichen freien Trägern, Gemeinnützigen Wohnungsbaugesellschaften und Amtsgericht. Die aus finanziellen Gründen drohende Obdachlosigkeit (das sind rund 85 % aller Fälle) kann durch diese Kooperation, insbesondere durch die Anwendung des § 15 a Bundesssozialhilfegesetz (BSHG) praktisch völlig vermieden werden. Schwieriger sind die Fälle, die auf störendem Verhalten beruhen. Hier versuchen wir durch sozialarbeiterische Betreuung auch diesen Betroffenen möglichst zum Wohnungserhalt zu verhelfen. Schon durch die bisherige Arbeit konnten die jährlichen Zugänge auf weniger als zehn Haushalte begrenzt werden.

Neuer sozialer Brennpunkt: Oberer Richtsberg

In den 70er Jahren gab es in den Städten zwei Arten sozialer Problemgebiete: die Sanierungsgebiete und die sozialen Brennpunkte im Sinne der Wohngebiete für Obdachlose und andere Randgruppen. In den letzten fünfzehn Jahren sind in Marburg diese Probleme soweit bearbeitet worden, daß hinreichende Erfahrungen über erfolgreiche Handlungsansätze vorliegen, die auch von den Städten, die diesen "Stand der kommunalen Sozialpolitik" nocht nicht erreicht haben, angewendet werden können. Die sozialen Problemgebiete, auf die sich das Hauptaugenmerk vieler Kommunen in den ausgehenden 80er Jahren und den 90er Jahren richten muß, sind die Trabantenstädte, die in den 60er und Anfang der 70er Jahre gebaut worden sind. Für die Lösung der dort entstandenen sozialen Problemlagen liegen auch in Marburg noch keine abschließenden Erfahrungen vor.

Es sind komplexe Ursachenzusammenhänge, die zu den sozialen Problemsituationen in diesen Neubaugebieten geführt haben. Die Situation in Marburg betreffend soll nur der Hinweis erfolgen, daß auch die Soziale-Brennpunkt-Politik der vergangenen 20 Jahre eine Ursache für die Problementstehung gewesen ist. Denn im Zuge der Auflösung der Obdachlosenquartiere oder auch nur der Aussiedlung einzelner Familien sind Familien mit sozialen Problemen vermehrt in die Marburger Trabantenstadt Oberer Richtsberg gezogen. Dies hat in manchen Fällen dazu geführt, daß bisher intakte Hausgemeinschaften gestört und soziale Erosionsprozesse in den betroffenen Häusern ausgelöst wurden. Solche Prozesse lassen sich auch am äußeren Erscheinungsbild ablesen: Haben beispielsweise mit Schrott beladene ältere Lastkraftwagen früher nur das Straßenbild im "klassischen" sozialen Brennpunkt Waldtal bestimmt, tauchen sie inzwischen auch im Neubaugebiet Oberer Richtsberg auf. Aus dieser Feststellung folgt, daß räumlich orientierte kommunale Sozialpolitik nicht isoliert für ein Wohngebiet erfolgen kann, sondern gesamtstädtisch orientiert sein muß.

Wohnungsvermittlung als Schaltstelle räumlicher Sozialpolitik

Weil soziale Problemgebiete nicht durch bauliche oder räumliche Gegebenheiten verursacht werden, sondern sich aufgrund der Zusammensetzung der jeweiligen Wohnbevölkerung ergeben, rückt die Vermittlung von Wohnungen

Die Trabantenstadt "Oberer Richtsberg", eine Siedlung der 60er und 70er Jahre

in das Zentrum der räumlich orientierten kommunalen Sozialpolitik. Es gibt eine Reihe von Gründen, auf die ich hier nicht näher eingehen kann, "klassische" soziale Brennpunkte nicht einfach aufzulösen, sondern diese - wo dies nach Bausubstanz und örtlicher Lage möglich ist - zu sanieren. Wir sind heute jedenfalls nicht mehr so optimistisch, wie es manche Stimmen in den 70er Jahren waren, was die Möglichkeit der Integration von "Problemfamilien" in sogenannte normale Wohngebiete betrifft. Jeder Einzelfall einer Umsiedlung oder eines Umzugswunsches muß sehr sorgfältig geprüft werden, um nicht soziale Folgeprobleme in intakten Hausgemeinschaften zu produzieren, die insgesamt größer sind, als die Schwierigkeiten, die man zunächst im alten Wohngebiet glaubt lösen zu können. Die politisch und die in der sozialen Praxis Verantwortlichen müssen wohl in Kauf nehmen, daß das Waldtal auch längerfristig Wohngebiet für Familien mit sozialen Problemen bleiben muß. Angesichts des Wohnstandards und der dort intensiv betriebenen Sozialarbeit ist dies auch für die Betroffenen zumutbar. Als Fazit bleibt insoweit festzuhalten: Die kommunale Wohnungsvermittlung, die in Marburg das Monopol für alle Sozialwohnungen in der Stadt hat, ist eine wichtige Schaltstelle stadtteilbezogener kommunaler Sozialpolitik.

Stadterneuerung statt Sozialarbeit

In Marburg haben wir die Soziale-Brennpunkt-Politik im Waldtal als "Stadtteilentwicklungsprogramm" bezeichnet. Auf der Modernisierung der Gebäude lag ein Schwerpunkt des gesamten Konzepts; die Sozialarbeit war - zumindest teilweise - als Partizipation an Planung und Realisierung eines Programms zur Wohnungsmodernisierung konzipiert. In der Stadtverwaltung liegt die Federführung nach wie vor nicht beim Sozialamt, sondern beim Stadtentwicklungsreferat. Diese Akzentverschiebung von der Sozialarbeit/Sozialpädagogik auf die Stadtteilentwicklung ist durchaus von grundsätzlicher Bedeutung.

Dieses Prinzip soll bei der jetzt anlaufenden Arbeit in unserer Trabantenstadt Oberer Richtsberg noch verstärkt angewandt werden. Es handelt sich um ein Neubaugebiet aus den 60er und 70er Jahren mit insgesamt 8 000 Einwohnern. Ein Teilgebiet dieser randstädtischen Siedlung des Sozialen Wohnungsbaus, von dem sich knapp die Hälfte im Besitz der städtischen Wohnungsbaugesellschaft befindet, wurde inzwischen als Stadterneuerungsgebiet ausgewiesen. In diesem Bereich wohnen etwa 3 250 Personen. Das Gesamtprogramm soll als "Sanierung" im Sinne des Baugesetzbuches durchgeführt werden. Ein entsprechender Antrag zur Aufnahme in das Städtebauförderungsprogramm des Landes ist beim Hessischen Innenministerium gestellt worden. Die erforderliche räumlich orientierte kommunale Sozialpolitik soll hier - noch stärker angenähert an die normalen Sanierungsgebiete - die Gestalt einer Stadterneuerungsaufgabe annehmen. Die notwendigen "sozialarbeiterischen" Komponenten sollen soweit wie möglich als Teil eines Stadtteilplanungsprozesses erscheinen. Dem widerspricht es nicht, daß hier praktisch Gemeinwesenarbeitsprozesse und andere Formen der Sozialarbeit stattfinden. Der Hauptakzent dieser "Sozialarbeit" sollte jedenfalls auf der Aktivierung der Bevölkerung zur Partizipation an der räumlichen Umgestaltung und Sanierung der Gebäude liegen.

Im Mittelpunkt der Konzeption steht also eine räumlich und baulich orientierte Stadterneuerung. Natürlich wird diese die Modernisierung von Gebäuden und die Behebung von Bauschäden betreffen. Entscheidend bei allen Maßnahmen an den Gebäuden und im Wohnumfeld wird jedoch sein, daß die Veränderungen eine größere Identifikationsmöglichkeit der Betroffenen mit ihren Gebäuden und ihrem Wohngebiet ermöglichen. Beispielhaft seien dafür Umgestaltungen von bisher praktisch nicht nutzbaren Rasenflächen zwischen den Wohngebäuden genannt. Diese Flächen müssen so verändert werden, daß sie von den Mietern zum Beispiel in der Form von Mietergärten "angeeignet" werden können. Dazu wird ein ganzer Katalog von kleineren und größeren Maßnahmen erforderlich, der sowohl Maßnahmen an den Gebäuden (Beispiel: direkter Zugang von Erdgeschoßwohnungen über Balkone zu Freiflächen, zusätzliche rückwärtige Ausgänge aus den Gebäuden in die Freiflächen) wie auch eine Umgestaltung der Freiflächen selbst erforderlich macht. Das Ziel dieser - hier im einzelnen nicht erörterten - Maßnahmen ist es, durch räumliche und bauliche Veränderungen im Zusammenhang mit einem Beteiligungsprozeß der Betroffenen Entwicklungen in Gang zu setzen, die zu einer "Aneignung" des Gebietes durch seine Bewohner führen soll.

Beschäftigungsinitiativen

Auch in diesem Wohngebiet sind - ähnlich wie im "klassischen" Brennpunktgebiet Waldtal - die Lebensbedingungen durch Arbeitslosigkeit entscheidend geprägt. Auch hier kann es von kommunaler Seite aus nur gelingen, Beschäftigungsmöglichkeiten auf dem sogenannten zweiten Arbeitsmarkt, insbesondere für jugendliche Arbeitslose, zu schaffen. Durch solche Beschäftigungsinitiativen soll nicht nur das Problem der Arbeitslosigkeit angegangen werden. Durch die Beteiligung an den Maßnahmen soll gleichzeitig die Identifikation der betroffenen Jugendlichen mit ihrer eigenen Wohnumwelt erhöht werden, um zu vermeiden, daß die Verbesserung an den Gebäuden und im Wohnumfeld Opfer jugendlicher Aggression werden. Seit zwei Jahren läuft im Rahmen der "Stadterneuerung Richtsberg" ein Beschäftigungsprogramm mit zur Zeit sechs Sozialhilfeempfängern (§ 19 BSHG) und einem ABM-Beschäftigten als Vorarbeiter, die alle im Wohnumfeldbereich tätig sind. Sämtliche Arbeiten laufen in enger Kooperation mit den dort tätigen Wohnungsbaugesellschaften. Diese Beschäftigungspolitik soll in Zusammenarbeit mit der städtischen Wohnungsbaugesellschaft ausgeweitet und ggf. in eine "Beschäftigungs-GmbH" überführt werden.

Schlußfolgerungen

Die in den 70er Jahren heiß diskutierten Probleme der Obdachlosenquartiere und "klassischen" sozialen Brennpunkte sind inzwischen soweit geklärt, daß sie sozialpolitisch befriedigend bearbeitet werden können. Wir sind jedoch mit räumlich konzentrierten neuen sozialen Problemen in den Städten konfrontiert, nämlich in den Trabantenstädten der 60er und 70er Jahre, die jedenfalls teilweise eine Folge der Obdachlosenpolitik der Vergangenheit sind. Die Sanierung dieser Neubauviertel wird die Hauptaufgabe der räumlich orientierten kommunalen Sozialpolitik der 90er Jahre werden. In beiden Problembereichen muß Arbeitslosigkeit als wichtigste Ursache betrachtet werden. Stadtteilorientierte Sozialarbeit muß deswegen immer mehr auf die Organisation von Beschäftigungsinitiativen umorientiert werden.

Literatur

Magistrat der Stadt Marburg: Entwicklungsprogramm für den Stadtteil Waldtal. Marburg 1976

Magistrat der Stadt Marburg: Dokumentation, Durchführung des Waldtal-Entwicklungsprogramms. Marburg 1980

Gotthold, Jürgen: Stadtteilentwicklungsplanung und Gemeinwesenarbeit. Eine Strategie kommunaler Sozialpolitik in "Sozialen Brennpunkten". In: Forum Jugendhilfe. Sonderausgabe der AGJ-Mitteilungen (1978) H. 2, S. 178-184

Gotthold, Jürgen; Mariele Spätling und Therese Neuer-Miebach: Evaluation eines Stadtteilentwicklungsprogramms mit Gemeinwesenarbeit für einen Sozialen Brennpunkt in Marburg-Waldtal. Universität Bremen 1983

Gotthold, Jürgen und Therese Neuer-Miebach: Lassen sich Wirkungen von Gemeinwesenarbeit messen? Bericht über das Forschungsvorhaben "Evaluation eines Stadtteilentwicklungsprogramms ...". In: Soziale Selbsthilfegruppen in der Bundesrepublik Deutschland. Hrsg. von Asam/ Heck. München 1983, S. 211 - 237

Helga Fassbinder

Städtisches "Beheer": Vorbeugestrategie gegen Obdachlosigkeit?

Erfahrungen aus den Niederlanden

In den Niederlanden ist das Recht eines jeden Bürgers ab 18 Jahren auf eine Wohnung im Grundgesetz verankert. Zudem hat das Land als erstes in Europa 1901 ein Gesetz zur Wohnungsversorgung erlassen und seither eine kontinuierliche und stringente staatliche Wohnungspolitik betrieben. Die Obdachlosenproblematik besteht folgerichtig offiziell nicht. Die Niederländer sind - quer durch alle politischen Lager - überzeugt von ihrer langen und reichen Tradition im Volkswohnungsbau und der Vorstellung öffentlicher Verantwortung für das Dach überm Kopf des Bürgers, sodaß die Existenz von Obdachlosen nicht ins Bild passen würde. Keiner der namhaften Experten für Wohnungsversorgung beschäftigt sich denn auch mit diesem Thema. Es sind andere, die dieses Problem in letzter Zeit aufgreifen: Gemeinwesenarbeiter, kirchliche Instanzen, Wohltätigkeitsorganisationen u. a. Von dieser Seite wird in den nächsten Jahren ein drastisches Ansteigen der Zahl der Obdachlosen von heute schätzungsweise 50 000 auf 300 000 Personen erwartet. Manche rechnen sogar mit 500 000 Obdachlosen. Aber bei solchen Zahlenangaben spielt auch die Frage der Definition eine Rolle. Sind damit auch diejenigen gemeint, die von der Gemeinde von einer Wohnung in die andere geschoben werden, weil sie keine Miete bezahlen und/oder sich für andere Mieter unerträglich verhalten? Oder beschränkt sich die Zahl auf Menschen ohne jeglichen Wohnsitz? Hinzu kommt, daß die heutige Obdachlosenfürsorge sogenannten "kategorialen" Einrichtungen unterliegt, das heißt gemeinnützigen Einrichtungen, die sich an spezifische, unterstützungsbedürftige Bevölkerungsgruppen richten. Diese kategorialen Einrichtungen waren aber von der allgemeinen Kürzung von Sozialausgaben der vergangenen Jahre betroffen. Ihre Schätzungen sind möglicherweise von eigenen Existenzproblemen mitbeeinflußt. Einig ist man sich allerdings darüber, daß zwar die großen Städte, allen voran Amsterdam, besonders betroffen sind, daß aber immer mehr auch mittelgroße Städte mit dem Problem der Obdachlosigkeit konfrontiert werden.

Dennoch wird Obdachlosigkeit als Thema noch immer nicht im Kontext der Wohnungspolitik diskutiert und werden "Obdachlosenfälle" als vermeintlich individuelle Probleme weiterhin den kategorialen Institutionen "zur Lösung" überantwortet. Strukturelle Entwicklungen wie die Rückeroberung der Innenstädte durch mittlere und höhere Einkommenschichten, die allmähliche Privatisierung des Sozialbestands, die Anhebung der Mieten und nicht zuletzt die kontinuierlich fortschreitende Stadterneuerung, die einfachen und billigen Wohnraum beseitigt, werden weder von den Fachleuten noch von den Wohnungspolitikern in Zusammenhang gebracht mit der wachsenden Anzahl der Menschen, die nicht kontinuierlich über eine Wohnung verfügen - wenn man einmal von der landesweiten Interessenvertretung der Wohnungssuchenden absieht. Die Prognosen über das drastische Ansteigen ihrer Zahl werden ja auch von anderen als den Wohnungsexperten gestellt, nämlich eben denjenigen, die sich schon immer mit der Armenfürsorge oder mit der Betreuung marginaler Problemfälle beschäftigen.

Obdachlosigkeit im Kontext von Stadterneuerung

Städtisches "Beheer" als Vorbeugestrategie

Auf einem anderen Gebiet, das auf den ersten Blick nichts mit Obdachlosigkeit zu tun hat, ist freilich doch eine interessante Entwicklung im Gange: Vorbeugende Maßnahmen gegen sozialen und technischen Verfall und Strategien der behutsamen Reparatur von gefährdeten Stadt- und Stadtrandgebieten sind wichtige Themen, die derzeit die Diskussion von Theoretikern und Praktikern der Wohnungspolitik beherrschen. Unbestreitbar liegt hier ein Zusammenhang mit einem Teil der Obdachlosenproblematik vor, nämlich in all den Fällen, in denen Menschen durch eine unglückliche Kette von Umständen ihre Wohnung verloren haben und diese Entwicklung vielleicht zu verhindern gewesen wäre, wenn eine sorgende Umgebung ihre Sorge nicht für die "Hilfe danach" aufbewahrt hätte, sondern rechtzeitig bei den ersten Signalen aufmerksam geworden wäre.

Die Diskussionen und praktischen Ansätze einer vorsorglichen Instandhaltung und Erneuerung von Wohnungen und gebauter Umwelt laufen in den Niederlanden unter einem Stichwort, das ich kaum ins Deutsche übersetzen kann: "stedelijk beheer". Während stedelijk noch einfach städtisch heißt, wäre die wörtliche Übersetzung von "beheer" Verwaltung, Geschäftsführung. Städtische Verwaltung aber weckt andere Assoziationen und nicht immer solche, die ein unkonventionelles, fachübergreifendes, integriertes Vorgehen vorstellbar machen. Darum aber geht es, und aus diesem Grunde gebrauche ich auch ungern die wörtliche englische Übersetzung "urban management", die zu schnell die Assoziation von einer in erster Linie ökonomischen Orientierung von öffentlichem Handeln, etwa im Sinne von "public private partnership", weckt. Obwohl auch das im Bereich des "stedelijk beheer" liegen kann, so ist die Wurzel doch eine andere, zurückreichend in die paternalistisch-sozialstaatliche Planungstradition der Niederlande. Aus diesem Grunde würde ich vorziehen, "beheer" ebenso als Fremdwort stehen zu lassen, wie das einmal mit "inspraak" praktiziert worden ist, jenem anderen niederländischen Begriff, der sich aus seiner spezifischen Entstehungsgeschichte heraus ebensowenig eindeutschen ließ. (Mit "inspraak" bezeichnen die Holländer eine institutionalisierte Anhörung Betroffener Individuen und Organisationen, die in der vorgeschriebenen Form noch unterhalb der Bürgerbeteiligung liegt, aber partizipative Dimensionen entwickeln kann.)

Städtisches "Beheer": Was ist damit gemeint?

Ich habe schon erwähnt, daß der Vorbeugung sozialer Fehlentwicklungen viel Aufmerksamkeit geschenkt wird. Dieses Prinzip ist faktisch eine der Konsequenzen, die man aus der bisherigen Stadterneuerungspraxis gezogen hat. Gewissermaßen hatte ja die Stadterneuerung die auf sie gesetzte Hoffnung nicht erfüllt, die Hoffnung, daß einmal nach Abschluß der Arbeiten alles wieder in Ordnung und die städtische Welt wieder heil sein würde: Kaum war in vieljähriger Anstrengung ein Quartier erneuert, hatten sich die Bedingungen so verändert und hatten sich so viele neue Probleme eingestellt, daß von einem Aufatmen nicht die Rede sein konnte. Es zeigte sich, daß offensichtlich etwas stimmt, was manche schon lange geargwöhnt hatten: die Probleme sind nur in zweiter Instanz baulicher Natur. Zuallererst sind sie sozial und ökonomisch. Die riesengrossen Probleme - wie die für viele einkommensschwache Bewohner viel zu hohen Mieten, die Arbeitslosigkeit, fehlende Freizeiteinrichtungen für Jugendliche, in manchen Vierteln Drogenprobleme und Prostitution etc. - an all dem haben die blitzend hergerichteten neuen Wohnungen nichts verbessern können. Hinzu kam die generelle Frage: Wie nun weiter nach Abschluß der Stadterneuerungmaßnahmen? Sollen wir abwarten bis (vielleicht in immer schnellerer Abfolge) die nächste Erneuerungsrunde fällig wird? Daneben tauchte das Nachbesserungsproblem der Stadtrandsiedlungen der Nachkriegsperiode auf und zunehmend auch der Nachbesserungsbedarf derjenigen Gebiete, die im Massenwohnungsbau der 60er und beginnenden 70er Jahre aus dem Grund gestampft worden waren.

Maßnahmen der ständigen Beobachtung, Vorbeugung und der Betreuung rückten daher in den letzten Jahren stets mehr in den Mittelpunkt der Fachdiskussion über Stadterneuerung und Stadtplanung. Das Beispiel der Molenwijk, das Mühlenviertel, in Den Haag spielt dabei eine praktische Vorreiterrolle. Hierüber will ich im folgenden berichten. Die Maßnahmen in der Molenwijk sind wohl im Augenblick das prononcierteste und sicher das bekannteste Beispiel einer Herangehensweise, bei der soziale, bauliche und funktionelle Aspekte und daneben die Arbeitsplatzfrage integriert angegangen werden. Das geschieht in einer Weise, die alle Beteiligten zu einer aktiv handelnden Gruppe zusammenschließt. Die Molenwijk steht **exemplarisch** für eine bestimmte Denkweise im Umgang mit der Stadt, die in den Niederlanden mehr und mehr an Boden gewinnt.

Das Beispiel Molenwijk

Erkenntnisse über notwendige soziale und ökonomische Ergänzungen

Die Molenwijk war zunächst einfach nur eines der Stadterneuerungsgebiete von Den Haag gewesen. In den Zwanziger Jahren als Quartier für Beamte und mittlere Angestellte gebaut, hatte es einmal bessere Zeiten gesehen. Noch in den Jahrzehnten nach dem Zweiten Weltkrieg war es eine "anständige Nachbarschaft". Aber in den 70er Jahren hatte ein Degradationsprozeß eingesetzt, der die Molenwijk zu einem Auffangbecken für Menschen am Rande des Existenzminimums machte. Dies hat eine Reihe von Ursachen und hängt nicht zuletzt mit der städtischen Neubau- und Stadterneuerungspolitik dieser Periode zusammen, durch die vor allem neue Wohnungen für die zahlungskräftigen Mieter geschaffen und im Zuge der Durchführung von Stadterneuerungsmaßnahmen Menschen mit kleinen und kleinsten Haushaltsbudgets veranlaßt wurden, sich nach einer anderen Wohnung umzusehen, z.B. in der Molenwijk.

In der Molenwijk waren nämlich die Wohnungen billig geblieben, dafür war ihr Standard schlecht - eben der der Zwanziger Jahre. Die Folge war eine sukzessive Ansammlung von sozialen Problemen in der Molenwijk: viel Arbeitslosigkeit, Haushalte, die sich mit irgendeiner Form von Unterstützung über Wasser halten müssen, Ausländer aus den mediterranen Ländern, aber auch viel Surinamer, die im Zusammenhang mit der Unabhängigkeitserklärung dieser ehemaligen Kolonie ins Land geströmt waren, ohne hier eine Existenzbasis zu haben. Kurzum, das Quartier war nicht nur verarmt, es war auch sozial sehr heterogen, das Leben dort unruhig, das Äußere unschön geworden: Vandalismus, Unsicherheit in den Treppenaufgängen und um die Eingänge herum Müll, wo er nicht hingehört, Streit und kleine Kriminalität, erste Anzeichen von Drogensucht und Verwahrlosung bei Kindern wie bei Erwachsenen. Die Molenwijk hat sich zum Problemgebiet entwickelt, obwohl die Gemeinde bereits Ende der 70er Jahre mit der baulichen Erneuerung begonnen hatte. Aber auch die erneuerten Wohnungen konnten den Abwärtstrend nicht stoppen.

Ende der 70er Jahre beschloß die Gemeinde, Abhilfe zu schaffen. Das Quartier mußte erneuert werden. Aber die reichen Erfahrungen vorangegangener Stadterneuerungsprojekte hatten immerhin die Sensibilität dafür geschärft, daß Erneuerungsmaßnahmen nicht nur eine bauliche, sondern auch eine soziale Seite haben. Um die sozialen Probleme nicht noch zu vergrößern, wollte man zumindest eine gewisse soziale Stabilität im Quartier erhalten, und man beschloß, zwei eiserne Grundregeln für alle Erneuerungsmaßnahmen festzulegen:

Erstens: "Bauen fürs Quartier", d. h. gebaut wird für die bereits ansässigen Bewohner, und
Zweitens: Durchführung der Maßnahmen in Phasen.

Nach diesen Prinzipien wurden von nun an Wohnungen tiefgreifend erneuert bzw. zum größeren Teil in Phasen neu errichtet: 1981/82 wurde Molenwijk-Nord abgerissen und mit 267 Wohnungen wieder neu aufgebaut, 1983 war es der Teil Cromvlietplein mit 162 und 1985 Molenwijk Mitte, wo 249 neue Wohnungen die alten ersetzten. Eigentümer dieser Wohnungen war die Wohnungsbauvereinigung "De Goede Woning", die bislang im gebräuchlichen Stil gearbeitet hatte und sich im wesentlichen für Instandhaltung und Bewirtschaftung im betriebswirtschaftlichen Sinne verantwortlich fühlte.

Nicht nur die Gemeindeverwaltung, auch "De Goede Woning" waren überrascht und einigermaßen hilflos, als sich gleich nach Fertigstellung des ersten Bauabschnitts bereits wieder handfeste Probleme einstellten: säumige Mietzahlungen, Spannungen zwischen Bewohnern und Gefahr von schnellem Mieterwechsel. Es waren die ersten Anzeichen dafür, daß etwas anderes geschehen mußte, als allein neue Wohnungen zu schaffen, auch wenn dies in Phasen geschieht und für die ansässigen Bewohner. Wenn sich im Laufe der Durchführung der Baumaßnahmen nach und nach herausstellte, daß an der alten Misere eigentlich nicht viel verbessert war, im Gegenteil noch einige Probleme hinzugekommen waren, dann lag es nicht daran, daß die Gemeinde ihre bewohnerfreundlichen Grundsätze verlassen hätte. Denn über 90 % der alten Bewohner lebten nach Abriß und Neubau immer noch in der Molenwijk. Nein, die Kontinuität der Misere hing gerade mit der Kontinuität der Bewohner zusammen. Erstmals erkannte man im Gemeinderat, daß das Problem auch in seinen vielen sozialen und ökonomischen Facetten gesehen werden und ebenso differenziert als soziales und ökonomisches Problem behandelt werden müsse.

Zum ersten Mal wurde deutlich und drang auch ins Bewußtsein der Verantwortlichen, daß gute Wohnungen und eine gute Wohnumgebung alleine keine Garantie liefern für ein gutes Wohnklima. Unbestreitbar positiv war, daß man besser wohnte: mehr Raum für jedes Individuum, weniger unerwünschte Nähe, besserer Schallschutz. Aber die finanzielle Situation der Bewohner hatte sich trotz Wohngeld verschlechtert. Die Arbeitslosigkeit und Aussichtslosigkeit auf dem Arbeitsmarkt, das niedrige Ausbildungsniveau, die Sprachbarriere, die kulturelle Kluft etc. waren geblieben, und die Gemeinde und die Wohnungsbauvereinigung erkannten, daß für ein gutes Lebensklima in einer Nachbarschaft mehr nötig ist als einen bautechnischen Prozeß reibungslos abzuwickeln. Beide Hauptakteure verständigten sich auf ergänzende Aktivitäten.

Das Sozialprogramm

Die Gemeinde besann sich auf ihr eigenes "Sozialprogramm Stadterneuerung" aus dem Jahre 1978. In diesem Grundsatzprogramm ist "integrale Herangehensweise" ein zentraler Begriff. Daran anknüpfend wurde für die Molenwijk ein Konzept entwickelt, dessen Kern die Integration von drei voneinander unabhängigen Programmen war, die von unterschiedlichen Dienststellen entwickelt worden waren. Integriert werden sollten

- das Fürsorgeprogramm
- das Unterrichtsvorrangprogramm, und
- das Sozialprogramm Stadterneuerung.

Innerhalb dieser drei Programme werden eine Reihe von Vorhaben beschrieben, die sich auf unterschiedliche Aspekte beziehen, wie z. B.:

- Projekte zur Verbesserung der Chancen auf dem Arbeitsmarkt

Hierunter fallen Maßnahmen zur Erwachsenenbildung, zur Verbesserung des Grundschulunterrichts und Sprachhilfe für die im Quartier lebenden Ausländer.

- Arbeitsbeschaffungsprojekte

Zwar ist man sich darüber einig, daß die Arbeitslosenproblematik nur äußerst begrenzt auf der Ebene einer Nachbarschaft in Angriff genommen werden kann. Dennoch ergeben sich immer wieder Möglichkeiten, die genutzt werden können, um Bewohner zumindest zeitweilig zu einer Arbeit zu verhelfen. So konnten Bewohner bei Bauarbeiten und Bewohnerinnen in einem Versorgungsheim Arbeit finden. Es zeigte sich jedoch, daß Initiativen auf diesem Gebiet immer wieder in engem Zusammenhang mit der Notwendigkeit von Schulung und Qualifizierung gesehen werden müssen, ohne die die Bewohner den Anforderungen der vermittelten Stellen nicht gewachsen wären.

- Kommunikationsprojekte

Eines der Probleme des Gebiets liegt in der kulturellen und ethnischen Heterogenität seiner Bewohner. Einander kennenzulernen, ist erste Vorbedingung zum Abbau von Vorurteilen. Hierzu sind eine Reihe von Projekten konzipiert und zum Teil auch bereits durchgeführt.

- Stadterneuerungsmaßnahmen

Hierbei geht es - zusätzlich zu dem normalen Verlauf - insbesondere um städtebauliche Maßnahmen der Beseitigung undeutlicher Zonen, für die keine klare Verantwortlichkeit besteht, ohne daß eine 'defensive' Architektur mit entsprechend negativer Ausstrahlung entsteht.

Die 'Beheer'-Organisation

Parallel zu der programmatischen Bündelung von Maßnahmen unternahm die Gemeinde die Initiative zu einer gebietsgerichteten, integralen 'Beheer'-Organisation in der Molenwijk, an der alle Interessenten und Interessierte teilnehmen sollten. Auch die Wohnungsbauvereinigung schloß sich mit einer Initiative an und richtete eine Geschäftsstelle im Gebiet ein, die gleichzeitig als ständig besetzter Instandhaltungsposten fungieren sollte.

Das führte 1983 zur Gründung eines merkwürdigen Gebildes, das seither als WAM durchs Leben geht, wobei WAM nichts weiter heißt als schlicht: Werken Aan Molenwijk, Arbeiten an der Molenwijk. Die WAM ist eine breit zusammengestellte Organisation, die sich zu dem einzigen und klaren Ziel zusammengefunden hat, den Verfallsprozeß der Molenwijk zu stoppen und in einen Aufwärtstrend umzupolen. Eine solch komplizierte Beschreibung freilich wurde in der WAM nicht benutzt. Die WAM hat ihre Philosophie mit folgenden drei Kernsätzen benannt:
- "Es geht nicht an, einander zu belästigen",
- "der Anblick von Vandalismus fördert Vandalismus" und
- "der Anblick von Leerstand führt zu Leerstand".

Das versteht jeder und kann jeder unterschreiben.

Wer trägt die WAM? In der WAM haben sich zusammengefunden:
- Vertreter der Gemeinwesenarbeit und Fürsorge,
- Mitglieder der Projektorganisation Stadterneuerung der Gemeinde,
- Mitglieder des Büros der Wohnungsbauvereinigung vor Ort (Vertreter des Vermieters),
- ein Vertreter des kommunalen Wohnungsbetriebs (ein Teil der Wohnungen gehört der Gemeinde),
- der Kontaktpolizist,
- der evangelische Pfarrer,
- der katholische Pfarrer,
- die Sozialbetreuer, die die Gemeinde im Rahmen der Stadterneuerungsmaßnahmen eingesetzt hat,
- und last not least Bewohner und Bewohnerinnen, die aus den Bewohnerkomitees der verschiedenen Komplexe delegiert sind, sowie
- Vertreter der diversen 'kategorialen' Arbeitsgruppen im Gebiet.

Für spezielle Probleme haben sich darüber hinaus, quasi auf Abruf, noch weitere Instanzen zur Mitarbeit bereiterklärt, so die Müllabfuhr, die Schule, die Nachbarschaftshäuser und sogar das Gericht. Die WAM kommt alle 4 - 6 Wochen in großer Besetzung zusammen, zwischendurch tagt eine Kerngruppe. Die Projektorganisation Stadterneuerung leistet organisatorische Unterstützung.

Die WAM wurde ein Erfolg wohl nicht zuletzt wegen ihrer breiten Verankerung im Quartier und bei allen Professionellen, die mit dem Quartier zu tun haben. Seit ihrer Gründung arbeitet sie nun an vorbeugenden Maßnahmen gegen Vandalismus, stimuliert gute kommunikative Beziehungen zwischen den Bewohnern der unterschiedlichen sozialen und ethnischen Gruppen und insbesondere auch zwischen den Bewohnern und den "professionals". Man unterstützt die Wohnungsbauvereinigung in ihrem Bestreben einer guten Instandhaltung und beim Bemühen, Leerstand so gering wie möglich zu halten. Man wird aktiv, wenn Belästigungen auftreten, schlichtet Streit unter Nachbarn, und anderes mehr.

Dabei hat das Vor-Ort-Büro der Wohnungsbauvereinigung eine wichtige Rolle: Dort sitzt mit einem "Koordinator" ein Team von vier Instandhaltungsmitarbeitern, die auftretende Mängel sofort, d.h. noch am selben Tag beheben. In der Beginnphase gehörte zu den täglichen Aktivitäten der WAM auch die "Runde Vandalismus", wobei der Kontaktpolizist und ein Instandhaltungsmann das Gebiet inspizieren. Mittlerweile genügen derartige Rundgänge zweimal die Woche, denn die Lage hat sich verbessert.

Diese Verbesserung ist natürlich einer Vielzahl von Aktivitäten zuzuschreiben und vielleicht am meisten dem Gemeinschaftsgeist, den zu wecken der WAM gelungen ist. Zu den dabei verfolgten Grundprinzipien gehören

- Verständnis und Kenntnis in einem beidseitigen Lernprozeß derjenigen, die sich verantwortlich fühlen, wie auch der betroffenen Bewohner;
- sodann Aufklärung und edukative Hilfe;
- aber auch das Prinzip der letztlichen Verantwortung eines jeden Bewohners für sozial akzeptables Verhalten und
- schlußendlich Härte, wenn alle anderen Mittel nicht fruchten.

Als eine sinnvolle Start-Initiative stellten sich Versammlungen per Treppenaufgang heraus. Direkt nach Bezug eines fertiggestellten Hauses wurden alle Haushalte an der Treppe eingeladen, was für viele oft ein allererstes Kennenlernen mit sehr andersartigen Nachbarn, die kaum niederländisch sprachen, bedeutete. Dort wurden dann in der Gegenwart von Delegierten der WAM Probleme und mögliche Lösungen durchgesprochen.

Die WAM hat auch mehrere größere erfolgreiche Aktionen durchgeführt. So die Müllaktion, an der das gute Zusammenspiel verschiedener Dienststellen und "Aktoren" im Gebiet (in diesem Fall die Müllabfuhr, der Kontaktpolizist, die Schulen, das Nachbarschaftszentrum und die Erwachsenenbildung) illustriert werden kann: Die Gemeinde erhöhte die Häufigkeit, mit der die Müllsäcke abgeholt werden - in den niederländischen Städten wird der Müll (immer noch) in Säcken an bestimmten Tagen morgens vor die Haustür gestellt und dann im Laufe des Vormittags abgeholt. Einmal monatlich wurde an einem "verkehrten" Tag inspiziert und eingesammelt, dann aber verbunden mit Nachfragen bei Umwohnenden: Wer hat denn das hierher gestellt? Weiß sie/er denn nicht, daß nur dienstags und donnerstags abgeholt wird? Es wurden besondere Informationstage über Umweltverschmutzung abgehalten, die Nachbarschaftszeitung brachte eine Artikelserie, in den Schulen wurde eine Aufklärungskampagne durchgeführt. Die Projektgruppe Stadterneuerung wurde eingeschaltet, um halböffentliche Räume, für die sich niemand verantwortlich fühlte, abzuschließen oder angrenzenden Bewohnern in eigene Verantwortung zu geben. Aber die Strategie der WAM ist es, nicht nur sorgend und ermahnend aufzutreten, sondern dann, wenn alle Freundlichkeit nicht gefruchtet hat, auch hart zu reagieren: Die hartnäckigen Dauerverschmutzer erhielten schließlich ein Strafmandat.

Dasselbe Vorgehen kennzeichnete auch die Glasaktion: Eingeworfene Glasscheiben waren an der Tagesordnung gewesen. Mit der Glasaktion wurde der Schaden sofort ersetzt, aber man beließ es nicht bei der technischen Reparatur. Diese ging vielmehr einher mit Gesprächen mit Umwohnenden zur Ermittlung des Hergangs. Die Glasrechnung wurde den Verursachern geschickt - wenn man auch zunächst darauf verzichtete, bei Nichtbezahlung Schritte zu unternehmen. Das geschah aber dann wohl bei Wiederholungen, bei den ganz Hartnäckigen schließlich auch verbunden mit einer Anzeige.

Ein anderes Beispiel für das Auftreten in konzentrierter Aktion mit Verständnis und Härte war der Fall zweier niederländischer Familien, die ihre gesamte Nachbarschaft terrorisierten und Mitbewohner buchstäblich vertrieben. Der erst Schritt der WAM bestand in vielen Gesprächen mit Nachbarn, um sie zu ermutigen, als Zeugen aufzutreten. Denn nach dem niederländischen Recht kann erst dann eine Räumung vorgenommen werden. Eine der beiden Familien wurde aus ihrer Wohnung zwangsgeräumt. Gegen die beiden Haupttäter wurde Anzeige erstattet, was zu Gefängnisstrafen führte. Nach Vorgesprächen wurde Anwohnern der gebietsinterne Umzug ermöglicht, um diejenigen, die psychisch am wenigsten imstande waren, mit der gespannten Situation umzugehen, aus dem "Schußfeld" zu holen. Danach wurde quasi ein Revitalisierungsplan im kleinen inszeniert: Mit den Bewohnern wurde ein periodischer Plan für die Hausreinigung und die Übertragung von Verantwortung für abgegrenzte Bereiche abgesprochen. Im Sinne einer Kompensation für die erlittenen Unbilden wurden kleine Verbesserungen und Verschönerungen angebracht: hübsche Zäune, frischer Anstrich, Privatgärtchen wurden vergeben. Als einer der beiden Haupttäter nach Absitzen seiner Strafe wieder zurückkehrte, war die Situation soweit stabilisiert, daß keine Probleme mehr entstanden.

Bewertung der Erfahrungen und mögliche Perspektiven

Vielleicht haben Sie sich schon längst gefragt, was all diese Maßnahmen gekostet haben. Ist das unter dem Kostenaspekt überhaupt verallgemeinerbar?

Die Wohnungsbauvereinigung hatte durch ihr Büro vor Ort mit intensiverer Betreuung der Molenwijker Wohnungen im Durchschnitt im ersten Jahr eine jährliche Mehrbelastung von fl 328 per Wohnung. Dieser Posten sinkt im zweiten Jahr auf fl 191 hauptsächlich dadurch, daß durch die Fertigstellung weiterer Wohnungen eine bessere Auslastung der personellen Kapazität erreicht wurde. Die Instandhaltungskosten stiegen im ersten Jahr des Experiments aufgrund der effizienten Instandhaltungsstrategie um etwa ein Viertel, um sich im Jahr danach wieder zu normalisieren mit sinkender Tendenz - wenn auch in den einzelnen Teilgebieten die Ausgaben einen unsteten Verlauf zeigen. Summa summarum gibt die Wohnungsbauvereinigung ein positives Bewirtschaftungsresultat an.

Hinsichtlich der Organisation des Gebietsbüros wird die Bilanz ebenfalls positiv gesehen. Als Schlußfolgerung aus den Erfahrungen der vergangenen Jahre weist man darauf hin, daß die Motivation der Mitarbeiter eine zentrale Rolle spielt und ein gutes Verhältnis zu den Bewohnern für den Erfolg ausschlaggebend ist. Insbesondere wenn man beabsichtigt, eine solche Strategie auch in anderen Gebieten anzuwenden, ist dazu Schulung und Unterstützung der Mitarbeiter durch die Wohnungsbauvereinigung wichtig. Die Wohnungsbauvereinigung bereitet derzeit vor, auch ihre anderen Bestände auf diese Weise zu verwalten.

Auch die Gemeinde betrachtet das Experiment als geglückt: 1987 wurde im Gemeinderat beschlossen, nach dem Vorbild Molenwijk auch in anderen Gebieten der Stadt Beheer-Organisationen einzurichten, wobei jeweils 1800 bis 2000 Wohnungen zusammengefaßt werden sollten.

Man sollte meinen, daß aufgrund des Erfolges das Vorgehen in der Molenwijk zum Modell schlechthin für städtisches 'Beheer' im Lande geworden ist. Aber Holland wäre nicht Holland, wenn nicht jede Gemeinde ihre eigene, ganz auf sie zugeschnittene Vorgehensweise entwickeln müßte. Es ist wie bei den Inspraak-Verfahren: keine zwei ähneln sich. So hat denn Rotterdam ein Rotterdamer 'Beheer'-Modell entworfen, das die lokale Tradition der quartiersgerichteten Stadterneuerungsprojektgruppen weiterführt. In der Gilliswijk, einer Nachbarschaft in Delft, hatte überraschenderweise die Polizei eine Initiativrolle beim sozialen und bautechnischen Erneuerungsprozeß, und hier kristallisierten sich die Aktivitäten dann um eine Projektgruppe der Gemeinde. Das Limburgische Städtchen Brunssum hat die aus der Molenwijk bekannten Ideen angereichert mit einer weitergehenden Mittätigkeit der Bewohner bei der Planung und das Konzept stark auf eine Verbesserung der

Infrastruktur konzentriert. Diese Reihe könnte fortgesetzt werden. Wie hierzulande üblich, wird die lokale politische Kultur zum Angelpunkt konkreter Gestaltung einer Strategie, über deren Grundzüge vielerorts Übereinstimmung herrscht. Wichtig ist den pragmatischen Niederländern nicht die perfekte, allgemeingültige Lösung, sondern eine Antwort auf die Frage: Wie muß eine Vorgehensweise aussehen, damit ein möglichst breiter Konsens erreicht wird? Und: Was ist praktikabel?

Die erste Frage ist nur auf jeweils lokaler Ebene sinnvoll zu beantworten und hat zu dieser Vielzahl von Vorgehensweisen geführt, von denen die in Den Haag nur eine, wenn auch sehr ausgereifte ist. Die zweite Frage hat eine andere, interessante Entwicklung von Hilfsmitteln einer Vorbeugestrategie stimuliert, über die ich abschließend noch kurz einiges sagen will.

Die Vorbeugestrategie im Computerzeitalter

Alles weist darauf hin, daß in der Zukunft der Einsatz von Datenverarbeitungssystemen nicht unwesentlich zur Vereinfachung von Vorbeuge- und Betreuungsmaßnahmen beitragen kann. Wir sprechen in diesem Zusammenhang von Frühwarnsystemen, mit denen städtisches Beheer informativ unterstützt werden kann.

Der Grundgedanke ist der, daß bei jeder üblichen Form der Wohnungsverwaltung im professionellen Maßstab routinemäßig eine große Anzahl von Daten anfallen, die vielfach nur gelegentlich verwendet werden und hauptsächlich ihre Existenz der gesetzlichen Verpflichtung verdanken, das Nationale Statistische Amt (CBS) periodisch mit Daten über den Wohnungsbestand zu versorgen. Bei den Wohnungsbauvereinigungen kommen noch die erforderlichen Angaben hinzu, um den obligatorischen Jahresbericht an die Gemeinde zusammenstellen zu können. Alle diese Daten können, auf sinnvolle Weise befragt, auch Auskunft über 'Aufstieg oder Fall' eines Gebiets geben - ohne daß damit im Prinzip nennenswerte Mehrarbeit verbunden zu sein bräuchte.

Hinzu kommt ein weiteres: Die Einführung von automatisierten Datenverarbeitungssystemen hat sicherlich zu einem Teil zur Vereinfachung der Verwaltungstätigkeit geführt. Auf der anderen Seite aber ist mit der technischen Möglichkeit gleichzeitig eine Vervielfältigung der Datenmenge einhergegangen, die von Organisationen und Institutionen gesammelt und gespeichert werden. Diese Verfügung über Daten hat eine eigene Dynamik entwickelt, weit hinaus über den rationalen Kern von Durchsichtigkeit, Effizienz und eventuell damit verbundenem Konkurrenzvorteil. Datensammeln ist quasi zum Selbstläufer geworden. Dadurch sind paradoxerweise Datenbestände in ihrem unübersichtlichen Wildwuchs eher noch unzugänglicher geworden. Das jedenfalls hat ein ausgedehntes Forschungsprojekt zur

Informationsversorgung im städtischen Aktionsfeld ergeben, das meine Mitarbeiter und ich an der Technischen Universität Eindhoven durchgeführt haben.

Um diesen Datendschungel im Bereich der Verwaltung und planenden Sorge für Gebäude und gebaute Umwelt wieder handhabbar zu machen, ist es wünschenswert und nötig, Indikatoren-Sets von begrenztem Umfang zu definieren, die jedoch hinreichend aussagekräftig für die jeweilige Fragestellung sind. In sehr einfacher Form kann man sich dabei auf die beim Vermieter vorhandenen Daten beschränken. Im Sinne eines integrierten städtischen Beheer ist es jedoch wünschenswert, Daten aus den Beständen verschiedener 'Akteure', wie z.B. aus dem Stadtplanungsamt der Gemeinde, aus verschiedenen anderen Ämtern (Versorgung, Bildung, Erholung und Sport etc.), eventuell auch Daten der Polizeistatistik etc. mit heranzuziehen.

An solchen Modellen von möglichst einfachen (im Sinne von geringem Umfang), aber gleichzeitig auch möglichst aussagekräftigen Indikatoren-Sets wird derzeit an verschiedenen Stellen in den Niederlanden gearbeitet. Bei der Technischen Universität Eindhoven wird dabei insbesondere daran gearbeitet, solche quantitativen Modelle zu kombinieren mit qualitativer Information, die im Rahmen der Wohnungsverwaltung ebenfalls kontinuierlich anfällt, aber auch bei gebietsbezogenen Organisationen - wie etwa einer WAM - vorhanden ist. Das könnte z.B. ermöglichen, daß eine breit an der Basis angesiedelte 'Beheer'-Organisation ihre Arbeit mit einem kontinuierlichen quantitativen Informationsstrom abstützen kann, der ihr auf einfache Weise im Computer zugänglich ist und den sie strukturiert ergänzen kann durch Information, die ihr über ihre Mitglieder gegeben wird.

Nicht erst dann, wenn eine solche breite Organisation über derartige Informationen verfügen kann, aber dann vielleicht besonders augenfällig, taucht die Frage des Datenschutzes auf. Zwar ist man in den Niederlanden, einem Land, das Erfahrungen mit einem Polizeistaat nur während der deutschen Besetzung gemacht hat, in dieser Hinsicht weniger sensibel als in Deutschland. Aber es geht hier ja auch nicht um Ängste, sondern um die Absicherung von Persönlichkeitsrechten. Daher gehört die Einarbeitung von räumlichen Erhebungsmustern, die den Schutz persönlicher Daten garantieren, mit zu den Aufgabenstellungen, vor die sich die Fachleute gestellt sehen. Denn es wäre unsinnig, deswegen das Kind mit dem Bade auszuschütten und sich gegen die Verwendung von automatisierten Datensystemen bei der Vorbeugung generell auszusprechen. Es bedarf wohl keiner großen Erläuterung der Nützlichkeit derartiger Informationsmodelle für eine ständige Betreuung von Wohnquartieren, die über die klassische Wohnungsverwaltung hinausgeht und im oben beschriebenen Sinn soziale, funktionelle, kulturelle und ökonomische Aspekte mit einbezieht.

Sie können dabei eine Beheer-Organisation, wie ich sie am Fall der Molenwijk beschrieben habe, keineswegs ersetzen. Aber sie können deren Arbeit vereinfachen, und insbesondere können sie nützliche Dienste erweisen in Übergangsphasen - schließlich ist der Übergang zu einem "flächendeckenden" Netz von Beheer-Organisationen auch bei gutem politischen Willen eine langwierige Angelegenheit. Nicht allein wegen der erforderlichen finanziellen Mittel, die zunächst aufgebracht werden müssen - auch wenn sie durch spätere Einsparungen wieder "zurückverdient" werden -, sondern auch wegen der spezifischen fachlichen und menschlichen Qualifikation, über die diejenigen verfügen müssen, die in einem solch komplexen Kontext mit soviel Hautnähe zu den Bewohnern mit ihren unterschiedlichen Nöten und Verhaltensweisen arbeiten wollen.

Nun kann ich freilich den Bogen zur Frage der Obdachlosigkeit nicht einwandfrei schließen - in der Weise etwa, daß eine integrale, auf Vorbeugung gerichtete Strategie des Umgangs mit Wohnquartieren das Phänomen Obdachlosigkeit langsam, aber sicher aus der Welt schaffen könnte. Nicht allein ist die zugrundeliegende Problematik zu vielschichtig, auch der "Beobachtungszeitraum" läßt das nicht zu - schließlich hat städtisches Beheer als Vorbeugestrategie gerade erst begonnen, die Ämter zu erobern. Aber man kann einige Plausibilitätsargumente anführen für die These: Wenn die sozialen Konflikte und die Mobilität, etwa in unserem Beispiel in der Molenwijk, deutlich rückläufig sind, wird dies auch seinen positiven Einfluß auf eine Verminderung der Entstehungsursachen von Obdachlosigkeit haben. Vorbeugen ist besser als Heilen, heißt es im Sprichwort. Wenn man Obdachlosigkeit im wesentlichen kontextbedingt begreift, dann könnte - ungeachtet des sozialtechnokratischen Beigeschmacks - die geplante Vorsorge für die individuellen und kollektiven Bedingungen des Lebens in einer Nachbarschaft einen erwünschten Beitrag leisten zur Bewältigung eines Problems, das diese Gesellschaft mit ihrem Zwang zu Konsum und Konformität in stets schärferem Maß selbst produziert.

Literatur

Smeets, J. und W. de Hoop: The Future of Urban Management. Technische Universität Eindhoven, 1987

Wassenberg, F.: Stedelijk beheer in 29 gemeenten. Hrsg. vom Ministerie van Volkshuisvesting, Ruimtelijke Ordening en Milieu. Zoetermeer 1985

van Haeften, P. und P. van Os: Buurtbeheer veertien keer. Utrecht 1988

Fassbinder, H. und J. Smeets et al.: Informations- voorziening en beheerprocessen dilemmas in de jaren 90. Publikationsreihe "Bouwstenen" der Technischen Universität Eindhoven, 1988

Thomas Specht

Ohne Wohnsitz auf der Straße

Durchsetzung von Sozial- und Wohnungshilfen für alleinstehende Wohnungslose

Die Verdrängung des Problems

Ohne Wohnsitz auf der Straße - das ist eine Lebenslage in unserer Gesellschaft, in die man sich als Wohnbürger kaum hineinversetzen kann. Man begegnet zwar mal einem Bettler oder einem Punker in der Fußgängerzone, aber dieser Begegnung weichen wir alle meistens aus Hilflosigkeit, Angst oder Peinlichkeit aus. So bleibt man leicht gefangen in Unwissenheit und Klischees, die - wie zum Beispiel die überkommene Vorstellung vom verwahrlosten Penner oder Säufer oder vom Abenteuer suchenden Landstreicher - von den Medien öffentlichkeitswirksam aufbereitet und verbreitet werden.

Noch weniger als andere soziale Probleme ist die bürgerliche und politische Öffentlichkeit bereit, die Wohnungslosigkeit Alleinstehender zur Kenntnis zu nehmen. Die traurige Bilanz des Internationalen Jahres der UNO 1987 für Menschen in Wohnungsnot beweist dies überdeutlich: Schweigen bei der Bundesregierung und weitgehende Sendepause bei den Medien (Specht 1988a).

Doch auch in der Fachöffentlichkeit, die sich zwar zunehmend mit den diversen Erscheinungsformen von Armut befaßt, tauchen die extremen Benachteiligungen alleinstehender Wohnungsloser kaum auf. Dies gilt traditionell hinsichtlich ihrer Wohnungsversorgung. Die soziale Integration der sogenannten "Nichtseßhaften" und der Stadtstreicher in die Gemeinde ist noch nicht zum wohnungspolitischen Thema geworden. Dies ändert sich allmählich mit der wachsenden Wohnungsnot in der Bundesrepublik, die - nicht zuletzt durch den Zustrom von Übersiedlern, Aussiedlern und Asylanten - im Laufe der letzten Jahre für alle deutlich sichtbar geworden ist. Die Spaltung des Wohnungsmarktes mit der Folge einer immer besser versorgten Bevölkerungsmehrheit und einer immer schlechter untergebrachten Minderheit schreitet fort und verfestigt sich (Specht 1990).

Vor diesem Hintergrund erweisen sich die noch vorherrschenden Vorurteile, ja Mythen, hinsichtlich der Lebensform auf der Straße mehr denn je als systematische Barrieren eines problemangemessenen praktischen und politischen Handelns. Diese Barrieren müssen überwunden werden, soll eine angemessene Wohnungsversorgung als integraler Bestandteil der sozialen (Wieder)Eingliederung alleinstehender Wohnungsloser in das kommunale Gemeinwesen im Grundsatz anerkannt werden. Welche Defizite es hierbei zu beseitigen gibt, soll im folgenden Abschnitt anhand der gängigen Mechanismen der Ausgrenzung von normaler Wohnraumversorgung verdeutlicht werden. Im Anschluß daran werden die notwendigen Voraussetzungen zur Durchsetzung geeigneter Sozial- und Wohnungshilfen auf kommunaler Ebene diskutiert.

Barrieren der Integration alleinstehender Wohnungsloser

Die vielleicht bedeutsamste Barriere zur Integration alleinstehender Wohnungsloser ist ein seit über hundert Jahren etabliertes und unverändertes Verständnis der Probleme und ihrer Ursachen. Ein verfestigtes Problemverständnis wirkt aber wie ein Filter und schließt von vornherein angemessene und sinnvolle Lösungen für soziale Probleme aus. Dies trifft in kaum übertreffbarer Weise auf die Situation der sogenannten Nichtseßhaften zu. Eingehüllt in die Nebelschwaden gängiger Klischees bleibt die extreme Armut alleinstehender Wohnungsloser verborgen: Nach dem Grundmuster der Ausblendung sozialer Lebenswirklichkeit und Zusammenhänge werden Lebenslagen individualisiert, kommt es zur offenen Schuldzuweisung. Hierzu einige Beispiele:

- Mittellosigkeit wird übersehen, statt dessen auf mißbräuchliche Erlangung und Verwendung von Sozialhilfeleistungen verwiesen. Tatsächlich ist die Lebenslage oft durch rechtswidrige Kürzung und Verweigerung von Sozialleistungen geprägt.
- Wohnungslosigkeit wird zur fehlenden Wohnbereitschaft oder -fähigkeit umdefiniert. Tatsächlich ist die Situation durch das Fehlen preiswerten Wohnraums und unterstützender Wohnhilfen gekennzeichnet.
- Arbeitslosigkeit wird zur Arbeitsunwilligkeit. Tatsächlich sind alleinstehende Wohnungslose mit fehlenden Arbeitsmöglichkeiten auf dem allgemeinen und selbst auf dem Gelegenheits-Arbeitsmarkt konfrontiert.
- Partnerlosigkeit wird zur Bindungsunfähigkeit umgedeutet. Tatsächlich wird jedoch jeder private Raum zur Intimität verweigert. Folge: ein Armutszölibat (Specht 1988b).
- Ächtung und Verfolgung von Wohnungslosen wird zur Störung der öffentlichen Ordnung auf öffentlichen Plätzen umgemünzt. Tatsächlich gibt es eine ordnungsbehördliche Überreaktion und fehlende Hilfeangebote z.B. Tagesaufenthaltsstätten, Beratungsstellen und Wohnungen.
- Zwangswanderschaft wird zur freiwilligen Wanderschaft verklärt. Tatsächlich werden ortsfremde Arme als Hilfesuchende direkt oder indirekt abgewiesen.
- Alkoholismus wird entweder überzeichnet oder als freiwilliges Saufen stilisiert. In der Öffentlichkeit wird der Zwang zum Trinken übersehen und

die Anerkennung von Alkoholismus als Krankheit, die jedem sonst zugebilligt wird, verweigert.

Im Prinzip laufen alle Vorurteile auf die Kernaussage hinaus, daß die Betroffenen ausschließlich selbst ihre Wohnungslosigkeit verschuldet haben und sie sich zudem nicht helfen lassen wollen. Damit wird ein soziales Problem umgedeutet in schicksalhaft entstandenes Leid, für das niemand zuständig ist (Specht 1985). Jedes dieser Vorurteile kann sich als massives Hindernis bei der Planung und Durchsetzung von Integrationshilfen erweisen. Um so wichtiger wird es, daß die Verantwortlichen in Sozialarbeit und Wohnungspolitik hinter all diesen Verkleidungen und Mythen die Ursachen extremer Armut und die Unterversorgung mit sozialen Leistungen erkennen und anderen dies verdeutlichen (Bundesarbeitsgemeinschaft für Nichtseßhaftenhilfe e.V. 1985).

Am härtesten trifft die alleinstehenden Wohnungslosen die ordnungsrechtliche Verfolgung von sogenannten Störungen der öffentlichen Ordnung. Dazu zählen unter anderem das Nächtigen in Parks, der dauernde Alkoholgenuß in öffentlichen Anlagen und vor allem das Betteln. Nachdem durch die Strafrechtsreform von 1974 der Tatbestand der Landstreicherei aus dem Strafgesetzbuch gestrichen wurde, versuchen viele Kommunen durch die Verschärfung entsprechender kommunaler Satzungen die "Stadtstreicher" von öffentlichen Plätzen zu vertreiben. Das Lagern auf öffentlichen Plätzen und Anlagen ist aber zwingende Folge der fehlenden Wohnung, und Wohnungsprobleme lassen sich durch polizeiliche Maßnahmen nicht lösen.

Vertreibung demütigt, verstärkt Resignation, untergräbt den Selbsthilfewillen und nützt letztlich keinem, da das Problem an einem anderen Ort in der Stadt wieder auftaucht.

Ähnlich verhält es sich mit dem Betteln, das durch die vielerorts noch übliche Kürzung und Befristung von Sozialhilfe mitbedingt ist. Die Sozialhilfe für sogenannte "Durchwanderer" besteht vor allem in Kleinstädten und im ländlichen Raum meistens in einer sogenannten Sachleistung (z. B. einem Essensgutschein) im Wert von 3 bis 6 DM. Der Tagessatz der Sozialhilfe, auf den ein Rechtsanspruch besteht, liegt dagegen bei ca. 14 DM. Schon dieser Tagessatz unterschreitet bei weitem den täglich notwendigen Lebensbedarf eines alleinstehenden Wohnungslosen. Wird nicht einmal dieser Betrag ausgezahlt, wird Betteln zur Notwendigkeit, die Zunahme der Bettler im Straßenbild beweist uns das zur Genüge.

Der Ausschluß von angemessener Wohnversorgung und damit von der Teilhabe an städtischem oder gemeindlichem Leben vollzieht sich praktisch über die Zuweisung der alleinstehenden Wohnungslosen an Ersatzunterkünfte oder Ersatzwohnraum. Der alleinstehende Wohnungslose geht ins Nachtasyl; so war es vor 100 Jahren, und so ist es auch noch heute, auch wenn im § 3 a des Bundessozialhilfegesetzes (BSHG) seit einiger Zeit der Vorrang offener Hilfen vorgegeben ist. Dieser anscheinend eherne Mechanismus funktioniert in zweifacher Weise.

Zum einen wird in aller Regel wenig getan, um Wohnungsverluste für alleinstehende Erwachsene zu verhindern. Während zumindest in einigen Städten die Prävention für Familien verstärkt wird, werden z.B. Mietschulden nach § 15 a Bundessozialhilfegesetz (BSHG) für alleinstehende Erwachsene von vielen Sozialämtern nicht übernommen. Statt dessen werden sie an Asyle und Heime verwiesen. Die Folgekosten dieser Lösung sind enorm, und diese müssen letztlich doch vom Sozialhilfeträger aufgebracht werden (z. B. für Unterbringung, medizinische Behandlung und Therapie).

Zum anderen gilt bei der Gewährung von Hilfen in akuten Notsituationen immer noch der Vorrang der Heimunterbringung. Neben den Asylen ausschließlich für die Übernachtung gibt es eine Reihe von Einrichtungen für die Wiedereingliederung. Doch Armut und Wohnungslosigkeit lassen sich allein durch Maßnahmen, die auf die Veränderung des Verhaltens der Betroffenen abzielen, nicht aus der Welt schaffen. Dazu bedarf es der Unterstützung und Vermittlung bei der Wohnungssuche auch nach dem eventuell notwendigen Heimaufenthalt. Doch viel zu viele wohnungslose Menschen leben mangels ausreichender Beratungsangebote entgegen ihren Wünschen im Heim. Nach zu langem Heimaufenthalt müssen sie tatsächlich einiges wieder erlernen, was sie an Fähigkeiten zur Bewirtschaftung einer Wohnung verloren haben.

Eine weitere Variante des Wohnraumersatzes sind die Billigpensionen und-hotels, die kommerziell betrieben werden. Auf diesem "schwarzen Wohnungsmarkt" können derzeit höchste Renditen erzielt werden, da viele Kommunen mangels geeigneter Konzepte keinen anderen Weg sehen, als für einen sehr hohen Tagessatz obdachlose Bürger in diesen "Wohlfahrtshotels" unterzubringen.

Auf dem Wohnungsmarkt sind alle diese Wohnungslosen als Nachfrager nicht vorhanden. Sie sind ja, wenn auch mit fragwürdigem Ersatz, versorgt. Doch Heime, Asyle und Pensionen können eine an den Bedürfnissen wohnungsloser Alleinstehender orientierte Wohnungsversorgung keinesfalls ersetzen.

Alleinstehende Wohnungslose als Zielgruppe der kommunalen Wohnungspolitik

Die Abschiebung der alleinstehenden Wohnungslosen in Asyle, Heime und auf den Schwarzmarkt des Beherbungsgewerbes kann nur durchbrochen werden, wenn diese Gruppe in der kommunalen Wohnungsbedarfsplanung voll berücksichtigt wird. Entsprechende kommunale Handlungsspielräume müßten allerdings künftig genutzt werden.

Sozialplanung

Zunächst muß überall eine Fachsozialplanung für alleinstehende Wohnungslose durchgesetzt werden. Sozialplanung als Steuerungsmittel, aber auch als Mittel der Offenlegung und Diskussion vernachlässigter sozialer Probleme ist unabdingbare Voraussetzung, um potentiell und aktuell Wohnungslose als Bedarfsgruppe kommunaler Wohnungsversorgung zu integrieren. Das Wirrwarr von Zuständigkeiten, Instrumenten und Trägern muß durch einen ganzheitlichen und professionellen Ansatz geordnet werden. Wo Planungen der Obdachlosenhilfe schon existieren, müßten diese ggf. durch Erhebungen des Bedarfs alleinstehender Wohnungsloser ergänzt werden.

Notwendig ist auch der Einbezug des Wohnungsbaus in alle Phasen der Planung. Sozialplanung muß notwendigerweise auch Wohnungsprogrammplanung beinhalten. Beides ist nur durch intensive Kooperation mit den freien Trägern möglich, da diese durch ihre kategoriale Zuständigkeit faktisch eine Art Entsorgungsmonopol für arme Wohnungslose haben. Die unheilige Allianz zwischen Kommunen, die froh sind, ihre alleinstehenden Wohnungslosen in spezifische Einrichtungen einweisen zu können, und Wohlfahrtsverbänden, die froh sind, ihre Heime auslasten zu können, muß im Interesse der Betroffenen beendet werden (Strunk 1988).

Wohnungsversorgung Alleinstehender

An ihrer Stelle soll gemeinsames Handeln treten mit dem Ziel, alleinstehende Wohnungslose in die kommunale Wohnungsversorgung und -politik einzubeziehen. Das ist einfacher gefordert als durchgesetzt, denn dazu muß man nicht nur das eingangs geschilderte Problemverständnis aufgeben, sondern auch die Alleinzuständigkeit der freien Wohlfahrtspflege, deren Maßnahmen hinsichtlich der Zielsetzung der Integration Alleinstehender in normale Wohnverhältnisse völlig neu überdacht werden müssen.

In der Liegenschaftspolitik kann dann das Unterbringungsproblem nicht mehr als Standortverhandlung um ein neues Asyl auftauchen, sondern muß als eine Aufgabe der Grundstückssicherung für dezentrale Wohnungsversorgung gesehen werden. Bei Neubauvorhaben müssen Einpersonenhaushalte stärkere Berücksichtigung finden. Das wichtigste Instrument ist aber sicherlich die Nutzung des Wohnungsbestandes. Hierbei ist der Bedarf der alleinstehenden Wohnungslosen quantitativ voll zu berücksichtigen. Besonders interessant für die Integration alleinstehender Wohnungsloser in den Wohnungsmarkt sind Umbauten von alten Wohn- und Gewerbegebäuden oder auch leerstehenden öffentlichen Gebäuden wie z. B. Schulen.

Zur finanziellen und baulichen Durchführung solcher Projekte erhoffen sich die Träger der Hilfe für alleinstehende Wohnungslose die breite Unterstützung von Wohnungspolitikern und Bauexperten. Zu überlegen wäre auch die Gründung von Wohnungsbaugesellschaften, an denen sich die freie Wohlfahrtspflege beteiligt.

Umbau von Heimen

Ohne die Erfüllung einer weiteren Voraussetzung bleiben die bisher vorgeschlagenen Maßnahmen wirkungslos: Es muß ein quantitativer und ein qualitativer Umbau von Heimen stattfinden.

Vorhandene Heimplätze müssen aus ökonomischen Zwängen belegt werden, weil sonst die hohen Bau- und Betriebskosten nicht gedeckt werden können. Wenn aber die Perspektive die normale Wohnungsversorgung sein soll, dann kommt man um einen Abbau von Heimplätzen nicht herum. Natürlich kann man nicht einfach Kapazitäten abbauen und die nicht untergebrachten Wohnungslosen ihrem Schicksal überlassen. Es müssen daher - wie bereits ausgeführt - im Rahmen der Fachsozialplanung für alleinstehende Wohnungslose Alternativen auf dem Wohnungsmarkt erschlossen werden.

Sicher wird man auch in Zukunft Heime brauchen, zumindest für bestimmte Zielgruppen und bestimmte Bedarfslagen, z. B. bei krankheits- oder altersbedingter Pflege- bzw. Hilfebedürftigkeit. Doch es sollten andere, kleinere Heime sein. Hier ergibt sich ein großer Umbau-, Renovierungs- und Umgestaltungsbedarf, der von den Bedürfnissen der Heimbewohner ausgehen sollte. Auch hier sollten durch interdisziplinäre Zusammenarbeit schon im Planungsstadium nutzerfreundlichere Einrichtungen geschaffen werden. Ich frage mich, warum eigentlich so viele Heime einen langen Flur haben müssen, an dem rechts und links Wohnzellen abgehen, die wie Gefängniszellen aussehen.

Zudem sollten beim Umbau von Heimen für wohnungslose Menschen alle Arbeitsmöglichkeiten genutzt werden, die den Betroffenen auch eine Mitplanung und -gestaltung des Heimes, d. h. ihrer Wohnbedingungen, erlauben und die eine Qualifizierung und Beschäftigung eröffnen.

Kooperation der Träger kommunaler Wohnungs- und Sozialpolitik

Die wichtigste Voraussetzung von allen ist die Kooperation der verschiedenen Instanzen kommunaler Wohnungspolitik und Sozialarbeit. Es geht nicht mehr an, daß erst Wohnungspolitik gemacht und anschließend durch Sozialarbeit schnell, lautlos und möglichst ohne Kosten die ungeplanten Folgen beseitigt werden. Das heißt, daß bei der kommunalen Wohnungspolitik besonders unterstützungsbedürftige Gruppen wie Obdachlose, alleinstehende Wohnungslose und andere nicht länger nur nach dem Erfordernis der Streuung sogenannter

Problemfälle und den Kriterien der Sozialverträglichkeit betrachtet werden dürfen. Die Überlastung eines Quartiers mit sozialen Problemen ist immer schnell konstruiert, und je schärfer die Konkurrenz, desto massiver und intoleranter können angeblich soziale Entwicklungsziele zum Nachteil Armer durchgesetzt werden.

Sozialarbeit kann sicher dazu beitragen, die Toleranz gegenüber armen Menschen auf dem Wohnungsmarkt zu erhöhen, insbesondere dann, wenn die Akteure lokaler Wohnungspolitik soziale Einrichtungen und die in ihr Tätigen als fachlich kompetente Partner und gleichzeitig in ihrer Anwaltsfunktion für die Klienten akzeptieren. Die Träger der Sozialarbeit können auch als Generalmieter auftreten, um den Vermietern die erforderlichen Sicherheiten zu bieten. Sie können ebenso in Kooperation mit der Wohnungswirtschaft den Um- und Neubau von Wohnraum mitorganisieren.

Für alle diese Ansätze bedarf es der Einbindung von Sozialarbeit in Sozialplanung und Wohnungspolitik. Und vor allem müssen die Wohnbedürfnisse und Arbeitsfähigkeiten wohnungsloser Bürger stärker berücksichtigt werden. Wohnkonzepte müssen auch Raum für aus dem Rahmen fallende Wohnbedürfnisse langjähriger Stadtstreicher oder Punker haben. Beide Gruppen sind sehr wohl in der Lage zu wohnen, wenn man sie läßt. Und man sollte sehen, daß hinter dem Penner- und Landstreichermythos auch der mittellose Arbeiter versteckt ist, der sehr wohl, wenn auch zum Teil verschüttete, Qualifikationen hat, auf die man bei Selbsthilfe-Aktivierung zurückgreifen kann.

Der aktuelle Handlungs- und Entscheidungsdruck in den Kommunen, mitbedingt durch die sprunghafte Verknappung preiswerten Wohnraums, läßt die geforderten Umorientierungen noch schwieriger erscheinen als sie ohnehin schon sind. Aber das sollte das Nachdenken über menschenwürdige Alternativen zum Wohnsitz auf der Straße nicht verhindern. Allerdings wird es ohne eine Abkehr von der Illusion des sich selbst regulierenden Wohnungsmarktes nicht gehen, der jedem das Seine zuteilt, den Wohlhabenden die Komfortwohnung und den Armen die Schlichtwohnung oder das Asyl. Wenn in der Wohnungspolitik auf Bundesebene aus den eingetretenen und weiter absehbaren Fehlentwicklungen nicht bald Konsequenzen für eine sozialverträgliche Entwicklung gezogen werden, wird die Krise des Wohnungsmarktes immer breitere soziale Schichten in ihrer sozialen Existenz gefährden.

Literatur

Bundesarbeitsgemeinschaft für Nichtseßhaftenhilfe e.V. (Hrsg.): Grundsatzprogramm für die Nichtseßhaftenhilfe und die Arbeit der BAG-NH. Bielefeld 1985

Specht, Thomas: Die Situation der alleinstehenden Wohnungslosen in Hessen. Frankfurt 1985

Specht, Thomas; Manfred Schaub und Gisela Schuler-Wallner (Hrsg.): Wohnungsnot in der Bundesrepublik - Perspektiven der Wohnungspolitik und -versorgung für benachteiligte Gruppen am Wohnungsmarkt. Reihe "Materialien zur Wohnungslosenhilfe" Heft 7, Bielefeld 1988

Specht, Thomas: Partnerschaft, Liebe, Sexualität - ohne Wohnung? In: Gefährdetenhilfe Nr. 4, Bielefeld 1988, S. 103 - 106

Specht, Thomas: Spaltung im Wohnungsmarkt - Die unsichtbare Armut des Wohnens in der Bundesrepublik. In: Die Realität der Armut. Hrsg. von Döring, Hanesch und Huster. Frankfurt 1990

Strunk, Andreas: Arbeit in der Achterbahn oder: Die Verhinderung von Wohnungsverlusten bei Alleinstehenden. In: Specht u.a. (1988) S. 107-119

Andreas Kämper

Wohngemeinschaften für alleinstehende Wohnungslose

Die eigene Wohnung als Grundlage der sozialen Integration

Stadtstreicherdasein und Wohnraumversorgung

Alleinstehende Wohnungslose - Stadtstreicher - sind Obdachlose, die arbeitslos und in der Regel ohne festes Einkommen auf der Straße leben, in Abbruchhäusern, Neubauten, Tiefgaragen, Autowracks, Parkanlagen etc. "schlafen" oder, wie sie selbst sagen, "Platte machen". Auf diese Art leben zu müssen, bedeutet für die Betroffenen, keine Rückzugsmöglichkeiten, keine Privatsphäre zu haben und nicht zuletzt, gesundheitliche Folgen in Kauf nehmen zu müssen. Jahrelanges Stadtstreicherleben ruiniert den Gesundheitszustand und senkt die Lebenserwartung erheblich.

Als Stadtstreicher lebende Personen lehnen ihre Unterbringung in stationären Nichtseßhafteneinrichtungen und Obdachlosenunterkünften ab. Einrichtungen dieser Art sind für diese Männer Ausdruck von Entmündigung und Degradierung, Verlust an Individualität, Enge, Schmutz, Gedränge und Gewalt. In das Asyl, in das Obdach zu gehen, ist in diesem Milieu eine Statusfrage. Wer in das Asyl geht, der gibt sich auf, der ist völlig unten, der läßt alles mit sich machen. Solange es nur geht, wird "Platte gemacht", werden die für die Gesundheit ruinösen Lebensbedingungen in Kauf genommen.

Alleinstehende Wohnungslose gehören zu den Ärmsten der Armen. Ohne gesicherte Arbeit, Einkommen und Unterkunft gleicht ihr Leben einem Kampf ums tägliche Überleben. Und dieses spielt sich aufgrund der Wohnungslosigkeit in aller Öffentlichkeit ab. Somit werden Stadtstreicher in und für die Öffentlichkeit zwangsläufig zum allgegenwärtigen Publikum, ungepflegt und mit schäbiger Kleidung. "Sie laufen mit einer Plastiktüte durch die Gegend, sie arbeiten nicht und sitzen statt dessen stundenlang auf Parkbänken, sie betteln und trinken Alkohol", lauten die gängigen Vorurteile.

Diese Situation macht Stadtstreicher verfügbar für negative Zuschreibungen und damit auch für Stigmatisierungen. Denn kaum ein Problem in unserer Gesellschaft wird in der Öffentlichkeit mit so starker Ablehnung, Verachtung, Ächtung, Ausschluß und Schweigen behandelt wie die Wohnungslosigkeit Alleinstehender. Ängste, bis hin zu Ekelgefühlen stützen ein "Penner-

Stereotyp", nach dem in einem alleinstehenden wohnungslosen Bürger nur ein arbeitsscheuer, saufender, asozialer, krimineller und gefährlicher Stadtstreicher zu erkennen ist. Diese Vorurteile verhindern den Blick auf die Ursachen und Folgen der objektiven Armutssituation, der sich die Betroffenen ohne Perspektive ausgesetzt sehen. Sie wirken sich nachhaltig auf die Identität und das Selbstwertgefühl der als Stadtstreicher lebenden Personen aus und bestimmen ihr Verhalten, was beispielsweise auch in übermäßigem Alkoholkonsum zum Ausdruck kommt. Das Leben als Stadtstreicher ist der absolute Tiefpunkt sozialen Daseins.

Ausgangspunkt aller Überlegungen für die Entwicklung eines sinnvollen Hilfeangebotes müßte daher die Feststellung sein, daß Stadtstreicherdasein für die betroffenen Personen zunächst das Fehlen jeglicher Voraussetzung zur angemessenen Befriedigung des Grundbedürfnisses 'Wohnen' bedeutet. Da Stadtstreicher jedoch auch auf dem Wohnungsmarkt keine Wohnung bekommen oder, wenn sie eine Wohnung finden, sie diese häufig - aufgrund ihrer Milieubindung - durch mietwidriges Verhalten wieder verlieren, muß der Wohnraum bereitgestellt und die Belegung nach bestimmten Kriterien organisiert werden.

Allem voran sollte es keine Bevormundung der Bewohner geben, um das Einüben selbständiger Haushaltsführung und Lebensgestaltung überhaupt zu ermöglichen. Dieses bedingt eine erhöhte Toleranz gegenüber dem Mieterverhalten, wie z. B. das Mitbringen von Freunden, Konsumieren von Alkohol, die lockere Handhabung der Hausordnung und Mietzahlung. Diese Verhaltensweisen hängen mit der zum Teil jahrelangen Sozialisation durch das Leben auf der Straße zusammen. Eine Änderung des erlernten Verhaltens kann jedoch nicht von heute auf morgen erwartet werden.

Den Erfordernissen einer schrittweisen Wiedereingliederung wird am ehesten entsprochen, wenn einzelne Häuser speziell für die Wohnraumversorgung dieser Zielgruppe zur Verfügung gestellt und die Vermietung durch ambulante Betreuung ergänzt wird. Nach diesem Konzept wurde in Bielefeld bei der Beratungsstelle für Personen mit besonderen sozialen Schwierigkeiten das Angebot ambulanter Betreuung um das Angebot an Wohnraum erweitert. Dieses ermöglicht zum einen, Stadtstreichern überhaupt wieder einmal eine Wohnmöglichkeit zu geben, und sei es als Zwischenstation auf dem Weg in eine Wohnung im allgemeinen Wohnungsbestand. Zum anderen kann auch erstmals wohnungslos gewordenen Personen Wohnraum angeboten werden, um Stadtstreicherkarrieren zu verhindern. Für diese Aufgabe wurden vom städtischen Liegenschaftsamt zunächst zwei Gebäude und später zusätzlich zwei Wohnetagen zur Verfügung gestellt. Verwaltet werden die Objekte vom Liegenschafts- und Hochbauamt. Über die Belegung entscheidet alleine die Beratungsstelle für alleinstehende Wohnungslose nach Gesichtspunkten der sozialen Betreuung.

Wohnraum für zehn Personen in einem ehemaligen Vorortbahnhof

Die seit 1980 bestehende Beratungsstelle in Bielefeld, einer Stadt mit ca. 300 000 Einwohnern, ist die einzige Einrichtung dieser Art in der Bundesrepublik Deutschland, die ausschließlich in kommunaler Trägerschaft ist. Zu den Aufgaben der Beratungsstelle innerhalb des Amtes für Familienfürsorge/Allgemeiner sozialer Dienst gehört es zum einen, alleinstehende Wohnungslose zu beraten und zu betreuen, um Defizite in den Bereichen Einkommen, Wohnen und Arbeit abzubauen. Zum anderen gilt es, potentielle Wohnungslosigkeit und damit mögliche Stadtstreicherkarrieren zu verhindern. Die Beratungsstelle verfügt über vier Planstellen für Sozialfachkräfte, die z. Zt. mit einer Frau und drei Männern besetzt sind.

Das spezifische Wohnraumangebot für alleinstehende Wohnungslose in Bielefeld

Das erste Haus, welches der Beratungsstelle vom Liegenschaftsamt im Dezember 1980 zur Verfügung gestellt wurde, war eine alte Bäckerei. In dieses Haus zogen damals die ersten zwölf bisher als Stadtstreicher lebenden Personen - darunter auch drei Frauen - ein. Da dieses Haus im Laufe der Zeit - bedingt durch seine zentrale Lage - zur am längsten geöffneten "Kneipe" in Bielefeld und damit zur "Edelplatte" wurde, haben wir es aus unserem Angebot herausgenommen, d. h. wenn ein Bewohner auszog, wurde der Platz nicht wieder belegt. Im Sommer 1983 stand das Haus leer, und wir übernahmen ein anderes, weniger zentral gelegenes Gebäude mit abschließbaren Zimmern.

Ein unscheinbares Haus am Stadtrand mit einem großen Gemüsegarten

Bei der Belegung des zweiten Hauses (Beginn 1981) griffen wir auf Erfahrungen mit dem ersten zurück und belegten es nicht auf einmal. Sobald ein Bewohner sein Zimmer renoviert hatte, zog der nächste ein. Diese Vorgehensweise ist jedoch nur in der warmen Jahreszeit möglich. Auch für dieses Haus hat uns das Liegenschaftsamt nach einigen Jahren ein baulich besseres Objekt als Ersatz angeboten. Zu keiner Zeit hatten wir weniger als zwei Häuser zur Verfügung.

Eines der beiden Häuser, in denen wir derzeit Wohnraum anbieten (bereits das fünfte und sechste Haus), liegt in einem Vorort Bielefelds, fünf Kilometer von der Innenstadt, das andere am Stadtrand von Bielefeld, zehn Kilometer vom Zentrum entfernt. Letzteres verfügt über einen großen Garten zum Anbau von Gemüse. Beide Häuser bieten Platz für zehn Personen in abschließbaren Einzelzimmern und werden derzeit ausschließlich von Männern bewohnt. Jedes Haus verfügt über zwei Gemeinschaftsküchen sowie über sanitäre Anlagen nach heutigem Standard.

Daneben gibt es zwei Wohnetagen mit neun Plätzen über der Beratungsstelle zentral in der Innenstadt. Auch hier verfügt jeder Bewohner über ein abschließbares Einzelzimmer. Gemeinschaftsküche und sanitäre Anlagen befinden sich auf jeder Etage.

Mit allen Bewohnern werden Mietverträge mit den entsprechenden Rechten und Pflichten nach dem Bürgerlichen Gesetzbuch abgeschlossen. Finanziell sind auch alle Bewohner in der Lage, die jeweilige Miete zu bezahlen, weil sie bei fehlendem Arbeitseinkommen entweder auf Arbeitslosengeld oder Sozialhilfe Anspruch haben.

Jeweils eine Fachkraft der Beratungsstelle ist für ein Objekt zuständig, d. h., daß sie zunächst die Mietverträge abschließt und für die Angelegenheiten zuständig ist, die sich aus den Mietverträgen ergeben (Hausordnung, Mietzahlungen etc.). Über die Belegung der Häuser/Wohnetagen wird gemeinsam im Team entschieden. Zieht ein Klient innerhalb des "betreuten" Wohnungsbestandes um, so wechselt die Betreuung nicht. Sie bleibt bei demjenigen, der auch die bisherige (Erst)Beratung/Betreuung leistete, um die Kontinuität der Beratungsprozesse zu wahren.

Ambulante Betreuung heißt nicht, daß die Bewohner rund um die Uhr betreut (kontrolliert) werden, vielmehr sollen sie darin unterstützt werden, daß sie eigenverantwortlich in den Häusern/Wohnetagen wohnen und leben. Die individuelle Problemlage und Lebenssituation determiniert dabei die Art und Weise der Betreuungsform. Die Bewältigung von Überschuldung, Einsamkeit, Arbeitslosigkeit, Beziehungs- und Suchtproblemen sind die Schwerpunkte der sozialpädagogischen Betreuungs- und Beratungsarbeit.

Da alle Mieter Mietverträge und keine ihre Rechte einschränkenden sonstigen Nutzungsverhältnisse haben, wird der Konflikt, der sich aus der Betreuungs- und Vermieterrolle ergibt, versachlicht. Denn die Mitarbeiter der Beratungsstelle sind durch die Mietverträge verpflichtet, bei eklatanten Verstößen gegen den Mietvertrag förmliche Verfahren wie z. B. schriftliche Abmahnungen, schriftliche Kündigungen, Räumungsklagen usw. einzuleiten.

Da für die als Stadtstreicher lebenden Personen das Wohnen in den Häusern eine Alternative zu den stationären Nichtseßhafteneinrichtungen und Obdachlosenunterkünften darstellen soll, sollen sie - im Gegensatz zu den Wohnetagen - hier auf Dauer wohnen können. Wollen die Bewohner ausziehen, so werden sie von den Mitarbeitern der Beratungsstelle dabei unterstützt, auf dem öffentlichen oder privaten Wohnungsmarkt eine Wohnung anzumieten. Sollte der Schritt auf den Wohnungsmarkt zu groß erscheinen, so ist quasi als "Zwischenstation" das Wohnen mit einer weniger intensiven Betreuung in einer der beiden Wohnetagen über der Beratungsstelle in der Innenstadt möglich. Befürchten die Bewohner der Häuser jedoch, in einer eigenen Wohnung außerhalb alleine nicht zurechtzukommen, dann können sie, wenn sie wollen, in den Häusern der Beratungsstelle auch auf Dauer bleiben.

Die Betreuung in den Wohnetagen ist weniger intensiv als in den Häusern, da sie für Personen bestimmt sind, die erstmals wohnungslos geworden sind und auch bisher nur kurzfristig wohnungslos waren. Sie sind nicht in dem Maße durch das Leben auf der Straße geprägt worden, wie dies bei Stadtstreichern der Fall ist. So ist das Wohnen in den Wohnetagen von den Bewohnern auch nicht auf Dauer gewollt. Leider können die Auszugsbereiten nicht bedarfsgerecht vermittelt werden. Infolge von Wohnungsmangel hat sich die Zeit, die die Bewohner derzeit in den Wohnetagen verbleiben, im Vergleich zu den letzten zwei, drei Jahren wesentlich verlängert.

Zwischenbilanz

Durch die Bereitstellung von Wohnraum konnte für viele Betroffene die Voraussetzung für ein humanes, zumindest humaneres (Über-) Leben - im Vergleich zum Stadtstreicherdasein - geschaffen werden. Darüber hinaus waren die Bewohner weit weniger der Diskriminierung ausgesetzt, und ebenso verminderten sich die Gefahren des Lebens auf der Straße (Tod durch Erfrieren, Unfälle in Folge von Alkoholkonsum etc.) erheblich.

Bis heute gab es in den Häusern keine nennenswerten "Skandale" und mit der Nachbarschaft nur die allseits bekannten Schwierigkeiten. In einem Fall wurde von den Nachbarn versucht, ein Projekt zu verhindern. Nach einigen Monaten hatte sich jedoch die Aufregung gelegt. Inzwischen wurde der Beratungsstelle von den damaligen 'Beschwerdeführen' schriftlich das einvernehmliche und gute Miteinander bestätigt.

Positiv zu verzeichnen ist, daß die Bewohner begannen, mehr oder weniger realistisch ihre Zukunft zu planen, sie schöpften Hoffnung, ihr sozialer Abstieg war beendet. Das Ausbleiben von Stigmatisierungen und Diskriminierungen zog ein gesteigertes Selbstbewußtsein, Selbstwertgefühl und Wohlbefinden nach sich. Nicht zuletzt war dieses auch häufig durch einen neuen Personalausweis mit der Eintragung ihres neuen festen Wohnsitzes mitbedingt. Aus den bisherigen Erfahrungen ist zu schließen, daß durch die Bereitstellung von Wohnraum - in Verbindung mit der Sicherung von Einkommen - extreme Randständigkeit und Armut abgebaut werden können. Dieses und die Betreuung durch die Beratungsstelle helfen Voraussetzungen zu schaffen für soziale Mobilität und Partizipation in allen Lebensbereichen. So haben ehemalige Stadtstreicher wieder geheiratet und eine Familie gegründet, unbefristete Arbeitsverhältnisse aufgenommen, Freundschaften im Kollegenkreis geknüpft und sich in Vereinen und Nachbarschaftskreisen engagiert.

Bisher wohnten in den Häusern und in den Wohnetagen insgesamt 75 Personen, 66 Männer und 9 Frauen. 12 Personen verstarben. Der Tod dieser Menschen, 11 Männer und eine Frau, stand in direktem Zusammenhang mit ihrem jahrelangen, teilweise jahrzehntelangen Leben als Stadtstreicher. Die Folgen dieser ruinösen Lebensbedingungen waren Herz- und Kreislauferkrankungen, die letztendlich fast alle früh sterben ließen - nur eine Person wurde älter als 70 Jahre. Als Konsequenz hieraus boten wir verstärkt auch jenen Personen Wohnraum an, die noch nicht solange "Platte machten", um einer Potenzierung gesundheitlicher Folgen vorzubeugen.

Von 63 Personen zogen 40 - das sind nahezu zwei Drittel der von uns in den Wohnungen Betreuten - in eigene, über Mietverträge abgesicherte Wohnungen in Bielefeld ein. Schon seit Jahren leben diese Personen eigenverantwortlich und in der Regel ohne weitere persönliche Hilfen in ihren Wohnungen. Wenn man bedenkt, daß von diesen 40 Personen niemand erneut wohnungslos wurde, obwohl manche vorher jahrelang als Stadtstreicher gelebt haben, so wird die Funktion und die Bedeutung der Versorgung mit angemessenem Wohnraum für die soziale Integration von alleinstehenden Wohnungslosen überaus deutlich. Für die Arbeit von ambulanten Beratungsstellen ist es - nach unseren Erfahrungen - unabdingbar, über ein gewisses Wohnraumangebot zu verfügen, das dem Bedarf einigermaßen angemessen ist.

Für die Zielgruppe der ambulanten Beratungsstellen sollte Wohnraum aus dem normalen Wohnungsbestand bereitgestellt werden und folgenden Anforderungen genügen: Die Einzelgebäude sollten maximal acht Personen Platz bieten. Für alle Bewohner sollten zumindest je ein abschließbares Zimmer und Gemeinschaftseinrichtungen wie Küche und Bad zur Verfügung stehen, die den heutigen technischen Standards entsprechen. Hinsichtlich der Lage der Häuser sind unbedingt Standorte in der Nähe von Treffpunkten der "Szene" zu vermeiden. Auch erwiesen sich Häuser am bereits ländlich strukturierten Stadtrand als nur bedingt geeignet, da in diesem sozial überschaubaren Bereich Wohnungen aus dem allgemeinen Bestand an diesen Personenkreis nur schwer vermittelt werden konnten.

Der quantitative Bedarf an Wohnraum für die von uns betreuten Personen war bis zum Frühjahr 1989 gedeckt. Damals lebten in Bielefeld nur noch sechs Personen als Stadtstreicher. Obwohl wir auch ihnen in der Vergangenheit immer wieder in den vorhandenen Häusern Unterkunft angeboten hatten, zogen sie es vor, als Einzelgänger weiterhin auf ihrer 'Platte' zu bleiben. In der Zwischenzeit hat sich die Lage jedoch drastisch verändert. Mittlerweile leben gut 40 Personen in Bielefeld als Stadtstreicher, und es besteht somit Bedarf an weit mehr Wohnraum. Vom Liegenschaftsamt wurde uns zusätzlich ein Gebäude zur Verfügung gestellt, mit dessen Belegung wir zur Zeit befaßt sind. Weitere zwei Häuser sind noch im Gespräch.

Von der Obdachlosensiedlung zum "normalen" Wohngebiet

Die Mängel von Wohnungen und Wohnumfeld in einer herkömmlichen "Obdachlosensiedlung", mit denen die Bewohner sich herumschlagen müssen, sind offenkundig: Miserable Bausubstanz, fehlende Instandhaltung, zu kleine in der Regel überbelegte Wohnungen, schlichtester Ausstattungsstandard und ein kahles, zumeist verwahrlostes Wohnumfeld. Zu diesen defizitären physischen Wohnbedingungen kommt bei vielen Siedlungen die räumlich ausgesonderte Lage noch hinzu, die den Bewohnern weite Wege auch für die notwendigsten alltäglichen Erledigungen aufbürdet. So steht am Anfang aller Erneuerungsüberlegungen die Frage: Abreißen und die Bewohner anderswo unterbringen oder die Siedlung auf den Standard eines "normalen" Wohngebietes bringen, so daß auch Wohnungssuchende von außerhalb dort gern wohnen wollen. Nach objektiven städtebaulichen Kriterien ist diese Frage danach zu beantworten, ob der Standort überhaupt für eine Wohnnutzung taugt oder Belastungen durch Lärm und Geruchsimmissionen bzw. die Nachbarschaft zu einem Industriegebiet dies ausschließen. Auch das Fehlen der erforderlichen Wohnfolgeeinrichtungen wird dagegen sprechen, weil die Bewohner, anders als die Bewohner city-ferner Vorortgebiete, weite Wege nicht durch Fahrten mit dem Auto ausgleichen können. Vor allem aber die isolierte Lage fernab "normaler", nicht sozial diskriminierter Nachbarschaften spricht entschieden gegen eine Beibehaltung als Wohnstandort, wenn man die Bewohner nicht ohne jede Chance zur sozialen Integration lassen will. Das gilt vor allem für die in den Obdachlosensiedlungen überdurchschnittlich vertretenen Kinder. Für sie ist der ständige zwanglose Kontakt mit Gleichaltrigen aus anderen sozialen Verhältnissen und Milieus, das Knüpfen von Schulfreundschaften als Voraussetzung differenzierter sozialer Erfahrung ganz entscheidend von der räumlichen Nähe abhängig.

Die Entscheidung über das weitere Schicksal einer Siedlung kann aber nicht über den Kopf der Bewohner hinweg getroffen werden. So kommen subjektive Dinge ganz entscheidend ins Spiel. Zur Lebenswirklichkeit in den Unterkunftsgebieten gehört auch, daß sich Bewohner in vielen Fällen mit den defizitärsten Bedingungen abgefunden haben. Dem Ansinnen, ihre bisherige Heimat aufzugeben, setzen sie ihre gesammelte Lebenserfahrung entgegen: zwar schlecht und recht, aber hier kann man leben. Wie sollten sie auch unbefangen den Versprechungen eben der Verwaltung trauen, die ihnen bisher auch kleinste Instandhaltungen versagte und letzlich die Verhältnisse zu verantworten hat.

Von den Beispielen, über die hier berichtet wird, wurden in zwei Fällen die ursprünglichen Schlichtwohnungen völlig aufgelöst, in St. Herblain und in Berlin-Woltmannweg (s. die Beiträge von Mollet und Grothe-Jung). In St. Herblain gab es die Absicherung für die Bewohner, daß man "alle zusammen" umsetzen wolle. Eine neue Siedlung wurde in Absprache mit den Bewohnern konzipiert und realisiert, ihre soziale Diskriminierung bleibt aber für sie weiterhin spürbare Erfahrung. In Berlin-Woltmannweg, wo sehr günstige

Verfahrensbedingungen durchgesetzt werden konnten, waren die Bewohner mit einer verstreuten Unterbringung in einer am gleichen Standort entstehenden Neubausiedlung einverstanden. Eine Modernisierung der primitiven Schlichtbauten war von den Bewohnern ausdrücklich nicht erwünscht.

Die Regel ist jedoch der bequemere Weg: Verbesserung der Wohnbedingungen an Ort und Stelle, auch wenn die vorhandene Bausubstanz in vielen einzelnen Realisierungsschritten allmählich völlig verschwinden wird, wie es in Landau vorgesehen ist (s. den Beitrag von Bäuerlein-Gekeler). So kommt es - allen objektiven baulichen und städtebaulichen Kriterien zum Trotz - zu Sanierungsmaßnahmen in Siedlungen an belasteten Standorten. Bequemer ist dieser Weg deswegen, weil für alle Beteiligten vordergründig die Vorteile überwiegen: Die Politiker können sich auf die Wünsche der Bewohner berufen und brauchen sich nicht die Mühe zu machen, alternative Standorte gegen massive Vorbehalte aus der vorgesehenen neuen Nachbarschaft durchsetzen zu müssen. Auch Gemeinwesenarbeiter - sofern es sie überhaupt gibt -, nach beruflichem Selbstverständnis und nach ihrem Arbeitsansatz in der Rolle, die Bewohner bei der Wahrnehmung ihrer Interessen rückhaltlos zu unterstützen, tun sich leichter, wenn sie sich der vorherrschenden Bewohnermeinung anschließen. Und die Bewohner schließlich sind's auch zufrieden. Die Chance, auch Herausforderung, eines sozialen Neubeginns ist freilich vertan.

Wo die Voraussetzungen für ein "Zusammenwachsen" einer ehemaligen Obdachlosensiedlung mit ihrer Nachbarschaft gegeben sind, wie z. B. in Marburg-Waldtal, in Offenburg-Stegermatt, in Forchheim (s. die Beiträge von Severin, Voegele und Lehnen), steht zu erwarten, daß Stigmatisierungen allmählich abgebaut und soziale Diskriminierungen verwischt werden, nicht zuletzt durch die mit den Erneuerungsmaßnahmen erreichte, auch äußerlich sichtbare Qualität von Wohnungen und Wohnumfeld. Die Beispiele zeigen auch, daß die Frage Neubau oder Umbau der vorhandenen Bausubstanz dafür von eher untergeordneter Bedeutung ist. Ein entsprechend den Richtlinien des Sozialen Wohnungsbaus umgebauter Schlichtbau kann heutigen Anforderungen in qualitativer Hinsicht wie gestalterisch genauso entsprechen wie ein Neubau (s. den Beitrag von Grünenwald). Das Ergebnis hängt schließlich wesentlich davon ab, wieviel Mühe sich die Architekten dabei geben - auch wieviel Freiraum man ihnen läßt - und wie es ihnen gelingt, geeignete bauliche und räumliche Lösungen für die Anforderungen des sozialen Zusammenlebens der Bewohner zu finden.

Wolfgang Voegele

Verbesserung nach Plan

Zehn Jahre Erneuerung in einem Stadtteil mit Schlichtwohnungen

Der Stadtteil und seine Bewohner

Stegermatt ist ein Stadtteil in Randlage zur Offenburger Innenstadt, der in den zwanziger Jahren durch die Errichtung von Behelfswohnungen entstand und zur Heimat von Kinderreichen und Arbeitslosen wurde. Wohnungsnotfälle addierten sich. Nach 1950 kamen Landfahrer, Sinti, Ausländer und Obdachlose hinzu, die von der Entwicklung der aufstrebenden Stadt verdrängt und in dieses Gebiet abgeschoben wurden. Die Überbelegung, der zwangsweise Zusammenschluß unterschiedlicher ethnischer Gruppen mit differierenden Lebensgewohnheiten führte zur Auflösung der ehemals funktionierenden Gemeinschaft im Gebiet. Stegermatt wurde zur "kommunalpolitischen Schwachstelle", für die seit Anfang der 60er Jahre auf unterschiedlichen Wegen Lösungen versucht wurden.

Die Bevölkerungszahl war in den letzten Jahren rückläufig, ebenso die Zahl der Haushalte. 1984 lebten in 284 Haushalten 897 Personen (im Durchschnitt 3,1 Personen je Haushalt). Die Haushaltsgröße wird auch künftig weiter zurückgehen, weil viele Jugendliche einen eigenen Haushalt gründen und eigenständigen Wohnraum beanspruchen. Auffallend ist der hohe Anteil der Kinder und Jugendlichen (über 50 % der Einwohner sind unter 18 Jahren) und hier ganz besonders der Anteil der ausländischen Kinder. Der Anteil der Ausländer ist mit 25 % wesentlich höher als im Durchschnitt der Stadt (7,0 %). 6,5 % der Bewohner sind Sinti mit deutscher Staatsangehörigkeit.

Entgegen allgemeiner Vorurteile sind die Bewohner bemüht, ihren Lebensunterhalt unabhängig vom Sozialamt zu bestreiten. Dazu sind immerhin mehr als drei Viertel (77 %) der Haushalte in der Lage, 16 % erhalten ergänzende Hilfe zum Lebensunterhalt, und nur 7 % der Haushalte erhalten volle Hilfe für den Lebensunterhalt.

Wohnungen und Wohnverhältnisse

Die Wohnungen, überwiegend in zweigeschossigen Häusern mit Laubengangerschließung, sind aus heutiger Sicht sehr klein (zwei Zimmer mit Wohnküche, ca. 40 qm) und schlecht ausgestattet (keine oder wenig komfortable Bäder ohne Heizungsmöglichkeit). Die unzureichenden Wohnverhältnisse werden vor allem auch durch die unwahrscheinliche Überbelegung zum Problem: In der Bundesrepublik steht im Durchschnitt je Einwohner ca. 35 qm Wohnfläche zur Verfügung, im Sozialen Mietwohnungsbau immerhin noch 28 qm/EW. In der Offenburger Innenstadt (Sanierungsgebiet) sind es 23 qm/EW, in Stegermatt aber nur 7 qm/EW. Der Wohnraumbedarf ist damit trotz rückläufiger Bewohnerzahlen immer noch extrem hoch.

Als Folge der beengten Wohnverhältnisse wird der Außenraum intensiv genutzt. Arbeiten auf der Straße ist für viele Voraussetzung der Lebenssicherung, z. B. für Möbelhändler und Schrottler (s. Bild S. 85). Im Sommer werden Sitzgelegenheiten vor das Haus gestellt, die Straße als erweiterter Wohnraum genutzt. Oft werden die daraus entwickelten Lebensverhältnisse von Außenstehenden als südländisch-exotisch angesehen. Die Zwangspunkte und die sozialen Folgen werden dabei leicht übersehen.

Erste Ansätze der Erneuerung

Die 60er Jahre

Das erste Erneuerungskonzept kann umschrieben werden mit dem Begriff "Hilfe durch Verdrängung". Hohe Mieten und schlechter Wohnungszustand sollten die Mieter der städtischen Wohnungsbaugesellschaft zum Auszug bewegen. Ein Bebauungsplan sah eine städtebauliche Neuordnung nach Abriß der Siedlung vor. Über einzelne Abriß- und Neubaumaßnahmen hinaus kam die Erneuerung aber nicht in Gang, die Probleme verschärften sich eher. Das Konzept war weder finanzierbar noch sozial verträglich.

Ende der 60er, Anfang der 70er Jahre begannen private Gruppen und die Kirchen, sich um die Kinder im Gebiet zu bemühen, um ihre Sozialisationsbedingungen zu verbessern (Hausaufgabenbetreuung). Vor allem durch die "Aktionsgemeinschaft Stegermatt", eine Gruppe sozial engagierter Offenburger Bürger, die damals entstanden war, wurde darüber hinaus gemeinsam mit den Bewohnern eine Erörterung über grundlegende Verbesserungen der Lebensverhältnisse in Stegermatt in Gang gebracht. Im Gebiet selbst und bei den Helfern von außen wurde erkennbar, daß das Problemgebiet Stegermatt auch "Heimat" sein kann.

Umbruch 1976

Der damals neu gewählte Oberbürgermeister, der im Wahlkampf "Mehr Gerechtigkeit für Stegermatt" versprochen hatte, stand in der Pflicht, ohne finanzkräftige Programme von Land oder Bund als Unterstützung, die Wohn- und Lebensverhältnisse in Stegermatt zu verbessern. Mit folgenden Maßnahmen wurden die Weichen auf eine sozial verträgliche Erneuerung gestellt:

- Städtische Gemeinwesenarbeiter nahmen die Arbeit im Gebiet auf,
- ein Sozialplan wurde erstellt,
- in der Verwaltung wurde eine "Arbeitsgruppe Sanierung Stegermatt" gebildet,
- die Bewohner wurden an der Planung der Erneuerungsmaßnahmen beteiligt,
- die bisherige Planung wurde überdacht.

Koordinierte Erneuerung für das Gebiet 1978 - 1988

Nach einer ersten Bestandsaufnahme und der Analyse des bisherigen Vorgehens kam es zu einem neuen Planungsansatz, wonach "jeder zu angemessenen Bedingungen in Stegermatt verbleiben kann". Dies gab die nötige Sicherheit als Voraussetzung für eine Erneuerung unter Beteiligung der Betroffenen.

In der Arbeitsgruppe Sanierung Stegermatt wurden alle beteiligten städtischen Ämter und die städtische Wohnungsbaugesellschaft unter Führung des Oberbürgermeisters zusammengefaßt. Bewohnervertreter, aber auch Gemeinwesenarbeiter, Helfergruppen (Aktionsgemeinschaft Stegermatt) und eine freie Gruppe von Architekten/Planern als unabhängige Berater wurden in die Zielfindung und Maßnahmenberatung im Rahmen der AG Sanierung einbezogen. Die freien Planer wurden im Rahmen eines festen (wenn auch knappen) Mittelansatzes des Sozialamtes für Bewohnerbetreuung finanziert.

Dies gab ihnen einen gewissen Spielraum, die Funktion von "Anwälten" der Bewohner im Planungsprozeß wahrzunehmen.

So kam ein Prozeß in Gang, der schrittweise dazu führte, daß
- durch die Mitsprache bei den Bewohnern ein Bewußtsein für die Mitverantwortung entstand,
- Barrieren zwischen den Beteiligten am Erneuerungsprozeß abgebaut werden konnten,
- die Mieter in Stegermatt als Menschen mit Grundbedürfnissen des Wohnens akzeptiert wurden,
- Hilfe für sozial schwache Bewohner als selbstverständliche kommunale Dienstleistung verstanden und nicht nur nach entwürdigender Bittstellerei gewährt wurde.

Als mittelfristiges Programm wurde festgelegt, die schlechtesten Wohnungen schrittweise abzubrechen und durch Neubau zu ersetzen. Der verbleibende Bestand an Wohnungen sollte entsprechend einer realistischen Restnutzungsdauer modernisiert werden. Voraussetzung und sozusagen "vertrauensbildende Maßnahmen" waren dazu die Bereitstellung städtischer Mittel für die Modernisierung der Wohnungen in Verbindung mit erhöhten Instandsetzungs-

und Werterhaltungsmitteln der Wohnbaugesellschaft, ein Zuzugsstop für das Gebiet, um weitere Überbelegung zu vermeiden und die Einweisung von Problemgruppen zu verhindern und die Bestellung eines "Hausmeisters" aus dem Gebiet für die Betreuung der Wohnungen.

Wohnungsmodernisierung

Entsprechend der mittel- und langfristigen Nutzbarkeit wurden vorrangig Wärmedämm-Maßnahmen durchgeführt, Bäder eingebaut, aber auch Wohnungen zusammengelegt. Der eher bescheidene Mittelfluß von anfänglich 400 000 DM, später nur 100 000 DM jährlich erlaubte/erzwang oft fallbezogenes Vorgehen und bescherte sehr unterschiedliche Wohnungsstandards und unterschiedliche Mieten nebeneinander. Die Maßnahmen konnten nur punktuell durchgeführt werden, verteilten sich aber auf das ganze Gebiet.

Wohnumfeldverbesserung

Die Wohnumgebung hat durch die intensive Nutzung ("Wohnergänzungsflächen aufgrund fehlender Wohnfläche") einen hohen Stellenwert. Wohnwagenstellplätze, Spielplätze, Bepflanzung wurden zum Teil unter Beteiligung der Betroffenen hergestellt oder verbessert. Mietergärten wurden (mit wechselndem Erfolg) angeboten. Die Mittel für Wohnumfeldmaßnahmen waren nur spärlich und flossen aus verschiedenen Töpfen, z. B. auch dem des Gartenamtes.

Neubau

Nach den negativen Erfahrungen mit standardisiertem Wohnungsbau in Bezug zu den speziellen Wohnbedürfnissen der Bewohner in Stegermatt wurde ein Neubau vorbereitet und realisiert (vgl. den Beitrag von Dietrich Gekeler).

Alle Maßnahmen wurden in der AG Sanierung vorbereitet und mit Gruppen der Betroffenen in vielen Gesprächen und Sitzungen erörtert. Dementsprechend wurden die durchgeführten Maßnahmen von den Betroffenen mitgetragen und als Schritte für die Entwicklung des Gebietes akzeptiert. Die Zuziehung verwaltungsexterner Architekten und Planer hat diese Prozesse der Vertrauensbildung erleichtert.

Der weitere Weg der Erneuerung

Der Weg der behutsamen Erneuerung soll fortgeführt werden. Staatliche Mittel für die Modernisierung von Wohnungen und die Erneuerung des Wohnumfeldes sind seit 1988 für die nächsten fünf bis sieben Jahre durch die Aufnahme des Gebiets in das Programm Einfache Stadterneuerung (PES) des

Landes Baden-Württemberg gesichert. Durch die Landeszuschüsse werden die städtischen Mittel für Wohnumfeldmaßnahmen erheblich aufgestockt. Gleichzeitig wird das Gebiet Modernisierungsschwerpunkt, für den günstige Darlehen der Landeskreditbank bereitgestellt werden. Auf der Grundlage der bisherigen Vorarbeiten ergaben sich damit interessante und notwendige Perspektiven für das Gebiet.

Die durch das staatliche Programm vorgegebene durchgreifende Modernisierung zwingt künftig zum konzentrierten Einsatz der Mittel und läßt weniger Spielraum, auf einzelne Familienverhältnisse einzugehen. Die Modernisierung in bewohnten Wohnungen verlangt besondere bauliche Lösungen im Detail und Hilfestellungen für die betroffenen Bewohner.

Der für das Gebiet dringend notwendige Ersatzwohnungsbau ist aufgrund fehlender staatlicher Förderprogramme für den Mietwohnungsbau derzeit nicht finanzierbar. Der Erfolg der Erneuerung des Gebiets wird dadurch gefährdet und der Ablauf verzögert.

Folgerungen

- Schrittweise Erneuerung des Bestandes
Vorhandene Bausubstanz zu modernisieren ist weitaus billiger, als Neubauwohnungen zu errichten - eine wichtige Hilfe für die behutsame Erneuerung ohne Vertreibung der Bewohner. Aber auch die sozialen Bindungen und die lokale Identität können so erhalten werden und helfen, die Erneuerung auf breiter Basis zu betreiben.

- Integrativer Erneuerungsansatz und Koordination
Die Koordination aller Bemühungen, auch der privater Gruppen, für das Gebiet in einer Arbeitsgruppe hat sich bewährt. Soziale Hilfestellungen, aber auch kurzfristige Erleichterungen für den Alltag lassen sich schnell umsetzen. Erfolge sind dabei natürlich auch vom Einsatz der Beteiligten abhängig und von ihrem Willen, Lösungen zu finden.

- Einbeziehung der Betroffenen
Die Einbeziehung der Betroffenen in die Entscheidungsvorbereitung ist eine wichtige Voraussetzung, damit Maßnahmen im Gebiet akzeptiert werden und Verständnis für die Abhängigkeiten entstehen kann. Die Beteiligung der Betroffenen verlangt Hilfe zur Artikulation und Interessenvertretung durch "Anwälte", sinnvollerweise auch außerhalb der Verwaltung.

- Flexible Planung im Rahmen eines Gesamtkonzepts
Das starre, rechtlich fixierte Instrument eines Bebauungsplans ist für einen langfristigen Erneuerungsprozeß wie in Stegermatt nicht geeignet. Ein

früherer Bebauungsplan wurde vom Gemeinderat wieder aufgehoben. Viele Bereiche wurden mehrfach überplant, bevor eine sinnvolle und aktuell realisierbare Lösung gefunden wurde. Derzeit wird ein städtebaulicher Rahmenplan aufgestellt, der die notwendigen Bindungen eines Gesamtkonzeptes festlegt, aber Spielräume für die langfristige Realisierung offenhält. Wichtig sind die Strategien für die Umsetzung und weniger wichtig ist der durchgehend gestaltete, auf einen langfristigen Endzustand ausgerichtete städtebauliche Plan.

- Mietwohnungsbau im Rahmen allgemeiner Wohnungsversorgung

Für den betroffenen Personenkreis in Stegermatt ist Mietwohnungsbau auch weiterhin nicht verzichtbar, um angemessenen Wohnraum zu schaffen. Die Modernisierung allein reicht auf lange Frist nicht aus, den Wohnungsbedarf zu decken. Die vom Land geförderte Eigentumsbildung durch Wohnungsbau geht an den Interessen und Möglichkeiten der Betroffenen vorbei. Darüber hinaus bedarf es umfassender wohnungspolitischer Programme, um die Wohnungsversorgung durch die Koordination kleiner Schritte (z. B. Sicherung von Belegungsrechten, Koordinierung von Belegungen verschiedener örtlicher Wohnungsbaugesellschaften, Anreize zum Abbau von "Fehlbelegungen" etc.) zu sichern.

Literatur

Arbeitsgruppe Baltin + Voegele und Gruppe 4+ / Stadt Offenburg, Amt für Familie und Jugend, Gemeinwesenarbeit: Sanierung Offenburg-Stegermatt. Zwischenbericht 1981. In: Beispiele - Experimente - Modelle. Neue Ansätze im Wohnungsbau und Konzepte zur Wohnraumerhaltung. Lesebuch zum Kongreß in Saarbrücken. Hrsg.: Deutscher Werkbund, Darmstadt 1981, S. 141 - 160.

Arbeitsgruppe Baltin + Voegele und Gruppe 4+: Sozialwohnungen für kinderreiche Familien im Erneuerungsgebiet Offenburg-Stegermatt. In: Deutsches Architektenblatt (1985) H. 7, S. 899 - 902 (Forschungsgemeinschaft Bauen und Wohnen, Stuttgart, FBW-Blätter 4/1985)

Voegele, Wolfgang und Dietrich Gekeler: Wohnhaus in Offenburg-Stegermatt. Mietwohnungen für kinderreiche Familien. In: Baumeister (1987) H. 7, S. 48 - 53

Voegele, Wolfgang: Offenburg-Stegermatt. Zehn Jahre Erneuerungsarbeit an Schlichtwohnungen. In: werk und zeit (1989) H. 1, S. 13 f.

Isolde Bäuerlein-Gekeler

Engagement und Auftrag

Zur Rolle freier Architekten bei der Sanierung eines sozialen Brennpunktes

Ich möchte über die Sanierungsplanung für die Siedlung 'Am Dörrenberg' in Landau berichten, die heute 'Birnbachsiedlung' heißen soll, ein Versuch der Stadt, dem Gebiet zu einem neuen Image zu verhelfen. Ich kenne das Gebiet als gebürtige Landauerin aus meiner Kindheit, und damals hieß es 'Texas'. Ich kenne das Gebiet schon seit über 25 Jahren als Barackensiedlung mit miserablen Wohnverhältnissen, sanitären Mißständen, sozialem Notstand und mit den schlimmsten Vorurteilen belegt. So schlimm wie ich es in Kindheitserinnerungen hatte, zeigte es sich mir baulich ziemlich unverändert 25 Jahre später.

Das Barackengebiet liegt weit ab vom Stadtzentrum, in Randlage 'gut versteckt' zwischen französischer Garnisonskaserne, Großtankstelle und freier Landschaft. Das Gebiet ist in einem desolaten Zustand. Die Baracken, zum Teil noch ausgefachte Holzbauten, wurden über Jahrzehnte immer nur provisorisch von der Stadt instandgesetzt. Die Sanitäreinrichtungen sind völlig unzureichend. Der überwiegende Teil der Baracken hat keine Toiletten. Es gibt zusammengefaßte Außentoilettenanlagen, zwischen den Baracken in Schuppen untergebracht. Den Bewohnern wurden über Jahrzehnte Entfernun-

"Texas": Im Hintergrund vier mit baulicher Selbsthilfe errichtete neue Eigenheime, links freies Feld, rechts die französische Garnisonskaserne

gen bis zu 50 m auf den meist unbefestigten Wegen bei jeder Jahreszeit zugemutet. Einige Baracken wurden in den letzten Jahren durch Eigeninitiative der Bewohner in einen besseren Zustand gebracht. Der Wohnblock, mit dem in den 60er Jahren die Barackensiedlung erweitert wurde, ist völlig sanierungsbedürftig und ein 'Schandfleck'.

Ausgegrenzte Bewohner

Die Ursprünge der Dörrenberg-Siedlung waren Baracken, die 1924 als kurzfristige Notunterkünfte für fünf Sinti- und Landfahrerfamilien auf dem Gelände errichtet worden waren. Dabei blieb es nicht. 1938 kamen 42 Wohnparteien (Tagner, ungelernte Arbeiter und Witwen) hinzu, der Notbehelf verfestigte sich. Nach dem Krieg, in den Jahren 1954 bis 1958, wurden die Holzbaracken durch Steinbaracken ersetzt. Familien aus anderen Lagern zogen zu. Schließlich wurde die Siedlung 1960 noch durch einen viergeschossigen Wohnblock mit 24 Wohneinheiten an der Straße am Dörrenberg erweitert. Ihren Bewohnerhöchststand mit 790 Personen erreichte die Siedlung 1966. Damals mußten viele Großfamilien mit 10 und mehr Personen mit zwei Räumen auskommen. Heute leben am Dörrenberg 185 Personen in 73 Haushalten. Die Zahl der Großfamilien ist stetig zurückgegangen. Viele Familien sind aus dem Gebiet weggezogen. Die Anzahl der Einzelhaushalte ist hoch, 23 Bewohner leben alleine.

Die Bewohner sind überwiegend Jenische und Manische. Sie sind Nachfahren seßhaft gewordener Landfahrerfamilien in der dritten und vierten Generation mit gleicher ursprünglicher Sprache und Kultur. Der Dörrenberg ist ihre Heimat geworden. Sie wollen im Gebiet bleiben. Drei große Familienclans mit vielen familiären Verknüpfungen geben ihnen Zusammenhalt, die sozialen Netze sollen nicht zerstört werden. Große Angst besteht vor einer 'Umsiedlung', bei der Umgesiedelte an den Vorurteilen bzw. der Gleichgültigkeit und der Aggression der neuen Nachbarschaft langsam aber sicher verzweifeln. Viele Familien leben vom Schrotthandel. Für die Schrottler gibt es 'nur', aber immerhin, wilde Arbeits- und Lagermöglichkeiten im Gebiet, oft die einzige Grundlage für die Existenzsicherung.

Besserung ?

Seit 1970 gibt es Bemühungen, die Dinge im Gebiet zum Besseren zu wenden. Ein sozialpolitischer Arbeitskreis (SPAK) und der CVJM machten Freizeitangebote und leisteten Hausaufgabenbetreuung. Ein Bürgerausschuß bildete sich. Ein soziologisches Gutachten "Zur Obdachlosenfrage der Stadt Landau" (Prof. Klein, Universität Karlsruhe) kam 1972 zu der Empfehlung, durch Abriß, Neubau und Ergänzung der Siedlung bei Verringerung der Bewohnerdichte die Verhältnisse zu normalisieren, bewirkte aber bei der Stadt gar nichts. Schließlich wurden Mitte der siebziger Jahre in kirchlicher Trägerschaft die nötigsten sozialen Einrichtungen für das Gebiet geschaffen: ein Kindergarten, eine Lernstube, eine Beratungsstelle.

Die Stadt Landau selber konnte sich jedoch nur dazu durchringen, 1978 Planungen für neue Schlichtwohnungen auszuarbeiten, die das Land Rheinland-Pfalz aber nicht mehr wollte und daher finanziell auch nicht mehr förderte. Schließlich kam es zu dem Modellprojekt "Integrierte Förderung sozial benachteiligter Gruppen" (s. den Beitrag von Alf Kappauf). Parallel wurde eine Rahmenplanung erarbeitet. Sie entsprach jedoch nicht den Bedürfnissen der Bewohner und gab gerade den planerischen Rahmen ab für vier Einfamilienhäuser mit Selbsthilfe. Danach stagnierte wieder alles. Erst 1986, nach viel äußerem Druck, insbesondere unablässiger Bemühungen des "Freundeskreises Soziale Brennpunkte Landau", entschloß sich die Stadt, eine zweite Rahmenplanung in Auftrag zu geben. Der Freundeskreis hatte ehrenamtlich schon eine Konzeption zur Sanierung ausgearbeitet, um die eigenen Vorstellungen zu konkretisieren und die Stadt unter Zugzwang zu setzen. Durch meine Mitarbeit im Freundeskreis und an der Sanierungskonzeption wurde unser Büro, die Gruppe 4+ in Karlsruhe, mit der zweiten Rahmenplanung beauftragt.

Sanierung - ein Prozeß ...

... mit freien Architekten

Seit 1980 besteht die "Gruppe 4+" mit den vier Partnern Alexander Grünenwald, Dietrich Gekeler, Berti Heyl und mir als Bürogemeinschaft freischaffender Architekten. Unsere erste gemeinsame Arbeit nach dem Studium war die Beschäftigung mit der Sanierung des sozialen Brennpunktes Stegermatt in Offenburg. Durch die mittlerweile langjährige Planungs- und Beratungserfahrung in Stegermatt, mit ganz unterschiedlichen Arbeitsschwerpunkten und Lernprozessen wurden wir als Architekten für die Schicksale der dort lebenden Menschen sensibilisiert. Unsere Betroffenheit, die gewonnenen Erfahrungen und Ergebnisse veranlassen uns, wenn auch mit vielschichtigen Schwierigkeiten und Abhängigkeiten, uns auch weiterhin für die Verbesserung der Lebensbedingungen in solchen vernachlässigten Wohngebieten einzusetzen. In unserem Büro ist es ein wichtiger Arbeitsschwerpunkt geworden.

Für Offenburg-Stegermatt wurden wir als Architekten zur Beratung und Betreuung für die Gesamtsanierung beauftragt. Wir sind dort unabhängige Vermittler zwischen Bewohnern, Gemeinwesenarbeitern, der Verwaltung und der städtischen Wohnungsbaugesellschaft. In dieser Rolle sind wir dort inzwischen akzeptiert. Im Gegensatz dazu gibt es in anderen Gebieten, für die wir arbeiten, grundsätzlich unterschiedliche Rahmenbedingungen, die unsere Vorgehensweise bestimmen und an die wir jeweils mit spezifischen

Planungsvorschlägen anzuknüpfen versuchen (vgl. die Projektberichte von Dietrich Gekeler, Wolfgang Voegele und Alexander Grünenwald). Eine Gemeinsamkeit ist das prozeßhafte Vorgehen mit intensiver Einbeziehung der Bewohner in alle planerischen Entscheidungen. Der Sanierungsprozeß muß für die Bewohner überschaubar und nachvollziehbar sein.

... mit einem Bauträger

Die Stadt Landau beauftragte 1987 die Heimstätte Rheinland-Pfalz als größte Bauträger-Gesellschaft des Landes mit der Sanierung des Dörrenbergs. Vertraglich wurde ihr die Abwicklung der gesamten Maßnahme (Finanzierung, Planung, Abwicklung und Betreuung) für die nächsten 20 Jahre übertragen. In der Übertragung dieser Aufgaben an ein wirtschaftlich ausgerichtetes Unternehmen mit bisher anderen Arbeitsschwerpunkten und ohne Erfahrung mit der Sanierung 'Sozialer Brennpunkte' sehen Bewohner und kritische Betreuer die große Gefahr, daß sie mit ihren Interessen "überfahren" und vor vollendete Tatsachen gestellt werden.

Unser Vertragsverhältnis mit der Stadt wurde aufgrund eines von uns verfaßten kritischen 'offenen Briefes' gelöst. Daß wir trotzdem den 1. und 2. Bauabschnitt geplant haben lag daran, daß uns die Heimstätte als 'Experten' wieder hinzugezogen hat. Die Bewohner hatten große Angst vor der anonymen Wohnungsbaugesellschaft. Wir arbeiten nun seit zwei Jahren mit der Heimstätte zusammen. Wir sind beauftragt für den Entwurf, Teile der Werkplanung und als Sonderleistung mit der Bewohnerbetreuung. Wir trafen in der Heimstätte auf einige wenige fortschrittlich denkende Leute, die offen für die Aufgabenstellung waren, verantwortungsbewußt mitarbeiteten und unseren Planungsansatz unterstützten. Bei der gemeinsamen Arbeit gibt es vielschichtige Verständnis-, Koordinations- und Abwicklungsprobleme. Wir hoffen und wünschen uns, daß es bei den nächsten Bauabschnitten einfacher wird.

Daß Baubetreuung und Bauleitung nicht in unserer Zuständigkeit liegen, ist für uns als Architekten sehr schwierig, zumal schlechte Ausführungsqualitäten am Bau oft später den künftigen Nutzern als mangelnde Sorgsamkeit mit der neuen Wohnung angelastet werden. Auch in diesem Bereich hoffen wir auf mehr Einflußmöglichkeiten in der Zusammenarbeit.

Unsere Rolle als Planer und als Betreuer und Anwälte der Bewohner ist zum Teil sehr schwierig, arbeitsintensiv und frustrierend. Um die Sanierungsziele, die wir mit der Rahmenplanung festgelgt haben, zu erreichen, müssen wir ständig wachsam sein, kämpfen, erinnern und Bewohner motivieren. Manchmal fühlen wir uns mit unserem Engagement alleine gelassen. Viele Teile dieser Arbeit können nicht über Honorare und Sonderleistungen finanziell vergütet werden. Durchhaltevermögen ist angesagt.

... mit Bewohnern

Grundsätzlicher Ansatzpunkt für die Rahmenplanung zur Sanierung des Dörrenbergs war eine intensive Einbeziehung der Bewohner in die Planung und den Entwurfsprozeß. Nur auf diese Weise ist zu erreichen, daß Sanierungsinhalte, Vorgehensweise und Bildung von Sanierungsabschnitten auf die besonderen Problemstellungen, die situationsspezifischen Anforderungen an Wohnung und Wohnumfeld abgestimmt sind. Wir sehen in dieser Einbeziehung der Betroffenen die Chance, daß der Teufelskreis aus Diskriminierung und Resignation durchbrochen werden kann, daß sich das Gebiet Am Dörrenberg schrittweise 'stabilisieren' kann.

... und mit Gemeinwesenarbeitern

Die soziale Stabilisierung des Dörrenberg und die Verbesserung der sozialen Verhältnisse seiner Bewohner ist letztlich die Voraussetzung, daß die bauliche Sanierung und die Verbesserung der Wohnverhältnisse dauerhaft ein Erfolg werden kann. Dies erfordert ein langfristig angelegtes Konzept der sozialen Betreuung mit dem Ziel, die eigenen Kräfte der Bewohner zu mobilisieren und zu fördern. Auch die personelle Kontinuität der sozialen Betreuung ist wichtig, weil es Zeit braucht, um persönliche Kontakte aufzubauen und das Vertrauen der Bewohner zu gewinnen, aber auch, um sich in die komplexen Probleme eines Gebietes wie des Dörrenbergs einzuarbeiten. So fing nach Beendigung des vierjährigen Modellversuchs die neue Gemeinwesenarbeiterin des ökumenischen Sozialzentrums praktisch wieder bei Null an ... Kontinuität der Gemeinwesenarbeit ist auch für ihre Vermittlerrolle bei der Erneuerungsplanung erforderlich, weil über aktuellen Tagesfragen hinaus auch die langfristige soziale Entwicklung des Gebietes im Auge behalten und der langwierige Entscheidungs- und Realisierungsprozeß kontrollierend begleitet werden muß. Ohne fachliche Unterstützung und die organisatorische Hilfe der Gemeinwesenarbeit wären die Bewohner allein damit überfordert.

Ein Rahmenplan für ein Gebiet und seine Bewohner

Anknüpfungspunkte

Für die Rahmenplanung waren mehrere Ortsbegehungen, die sorgfältige Kartierung des Bestandes sowie viele intensive Gespräche mit den Bewohnern und mit der im Gebiet tätigen Sozialarbeiterin erforderlich. Sie waren Voraussetzung und Grundlage für planerische Vorschläge, die an die positiven Eigenarten der Siedlung anknüpfen und Lebensgewohnheiten, Wünsche und Interessen der Bewohner aufgreifen sollten. Ein Anknüpfungspunkt für die Rahmenplanung war die eingeschossige Bauweise und die spezifische und

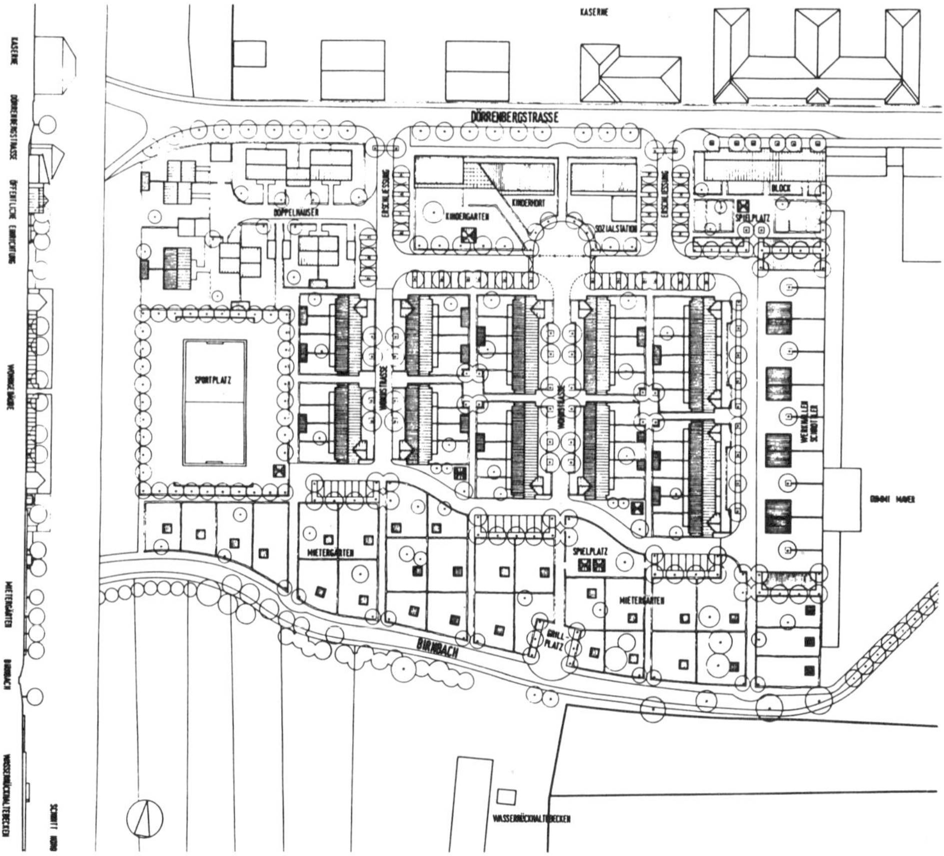

Der Rahmenplan von 1987 für die Neubebauung. Er ermöglicht eine Realisierung in mehreren Bauabschnitten.

intensive Nutzung der Außenbereiche. Die meisten eingeschossigen Baracken haben mit Bretterzäunen eingefaßte Vorzonen, die das äußere Erscheinungsbild der Siedlung bestimmen ('Texas'). Zum Teil sind diese Vorzonen liebevoll ausgebaut und gepflegt, als überdachte Vorhöfe, als Zier- und Nutzgärten, als Spielbereiche und zur Haltung von Kleintieren. Häufig werden sie jedoch auch aus Platzmangel als Abstellfläche und Schrottlagerplätze genutzt. Diese Vorbereiche werden von den Bewohnern als eine der Qualitäten der Siedlung angesehen, als Möglichkeit der unreglementierten Eigeninitiative und der Identifikation mit 'ihrem' Wohnbereich. Als eine weitere Qualität der Siedlung werden von den Bewohnern immer wieder die Bedingungen für Kinder hervorgehoben, "man kann sie gefahrlos vor das Haus lassen".

Wohnstraßen, Wohnwege, direkte Hausvorzonen als Wohn- und Gartenhöfe haben wir als wichtige 'soziale Architekturelemente' des Dörrenberg respektiert und bei der Rahmenplanung berücksichtigt.

Planung

Bei der Rahmenplanung war davon auszugehen, daß alle Baracken abgerissen werden sollten und die gesamte Fläche zur Disposition stand. Lediglich die beiden in Selbsthilfe errichteten neuen Doppelhäuser (vgl. den Beitrag von Alf Kappauf) und der Wohnblock sollten erhalten bleiben. Ein wichtiges Planungskriterium war, daß Abbruch und Erneuerung schrittweise erfolgen können und entsprechende Freilegungs- und Bauabschnitte vorgesehen wurden. Großes Gewicht hatten die Ergebnisse unserer Bestandsanalysen und die vielen Gespräche, die wir im Gebiet geführt hatten. Die baulich-räumliche Umsetzung dieser Ergebnisse führte im wesentlichen zu folgendem Planungskonzept:

- Eingeschossige Haustypen mit ausgebautem Dachgeschoß; separate Erschließung über eine Vorzone als Hof oder Vorgarten, rückwärtiger Gartenbereich als umgrenzter Wohnhof mit einem Abstellschuppen,
- Hausgruppen mit differenziertem Wohnungsangebot,
- klare Abgrenzung von Straßenraum und Gartenzone,
- differenziertes Erschließungsnetz aus verkehrsberuhigten Wohnstraßen und Gartenwegen,
- Bezugnahme auf die vorhandene Erschließungs- und Grundstücksstruktur, um eine abschnittsweise Realisierung von Ost nach West zu ermöglichen,
- Ergänzung der bestehenden beiden Doppelhäuser (der Eigentumsmaßnahme) durch weitere acht Wohneinheiten zu einer Hausgruppe,
- Umnutzung des vorhandenen Wohnblocks als Sozialzentrum (Kindergarten, Kinderhort, Bewohner- und Jugendräume),
- gewerbliche Nutzflächen für 'Schrottler' und evtl. andere Kleingewerbe am östlichen Gebietsrand mit separater Erschließung und direkter Zuordnung von Wohnungen für diese Bewohnergruppe.

Realisierung

Baubeginn für die ersten 15 Wohneinheiten sollte Frühjahr 1988 sein, es wurde November. Zum Jahresende 1989 wurden die ersten 7 Wohnungen bezogen. Der zweite Bauabschnitt mit weiteren 12 Wohnungen soll im Frühjahr 1990 begonnen werden. Und in etwa 7 Jahren soll die bauliche Sanierung der gesamten Siedlung abgeschlossen sein ... (?)

Einschränkende rechtliche und finanzielle Rahmenbedingungen

Starre Wohnungsbau-Förderungsrichtlinien

Die Förderrichtlinien für den Sozialen Wohnungsbau in Rheinland-Pfalz verhindern - eng ausgelegt - einige unserer Planungsansätze, wie z. B.:

- Wohnungsgrundrisse mit gleichgroßen, nutzungsneutralen Raumeinheiten, die bei sich wandelnden Familienverhältnissen variabler genutzt werden können.

- Größere Wohnküchen, in denen Bewohner ihre bisherigen Lebensgewohnheiten beibehalten können. Die Küche sollte gemeinsamer Aufenthaltsbereich, Eßplatz, Hausarbeitsraum und 'Familientreffpunkt' sein können und nicht nur ein abgekoppelter Kochplatz.
- Das Wohnzimmer, 'die gute Stube', auf die die Bewohner Wert legen, müßte nicht der größte Raum der Wohnung sein.
- Wohnungen für 1-Personen-Haushalte mit - nach den Richtlinien - mindestens 40 m^2 Wohnfläche, sind für bestimmte Personengruppen zu groß, weil die Miete zu hoch wird.
- Einige Ansätze zur Verringerung der Baukosten (z.B. Dachflächenfenster statt Gauben) sind nach den Richtlinien nicht zulässig.

Insgesamt wünschen wir uns mehr Offenheit innerhalb der Richtlinien, um bedürfnisgerechter planen zu können.

Fehlende Sonderförderprogramme

Für die Sanierung 'Sozialer Brennpunkte' gibt es keine ausreichenden Finanzierungs- und Fördergrundlagen. Der erforderliche Mehraufwand wie z.B. in Landau für die eineinhalbgeschossige Bauweise als 'Reihenhaus', die autarken Wohnungen, die zugeordneten privaten Außenbereiche (Hof und Garten), die besonderen Anforderungen an das Wohnumfeld, Zusatzeinrichtungen für gewerbliche Nutzflächen für Bewohner und vieles mehr ist finanziell nicht abgesichert, und so konnten diese wesentlichen Planungsziele mangels Finanzierungsmöglichkeiten bisher nicht realisiert werden. Ausgegangen wird immer vom 'üblichen' Standard des Sozialen Wohnungsbaus, und der sieht in der ebenso üblichen Realität 'gestapelte' Geschoßwohnungen mit neutralem Freiraum vor.

Die neuen Reihenhäuser des ersten Bauabschnitts. Mai 1990

Selbsthilfemaßnahmen und Projekte mit Bewohnerbeteiligung bedürfen kontinuierlicher, qualifizierter Sozialarbeit, sie sind schwierig zu organisieren und zu finanzieren. Absichtserklärungen der Stadt und der Baugesellschaft für viele Maßnahmen scheitern immer wieder an der Finanzierung und der politischen Durchsetzbarkeit. Das politische Problembewußtsein ist bei Politikern und Verwaltungen mit sehr vielen Vorurteilen belegt und emotionalisiert. Entsprechende Förderprogramme, von 'höherer Ebene' unterstützt, könnten Zeichen setzen, Unterstützung bieten und Verwaltungsorgane motivieren.

Honorare nur für eng definierte Architektenleistungen

Die Frage von Kollegen "macht ihr vieles auch ehrenamtlich?" kennzeichnet einen wichtigen Konflikt unserer Tätigkeit. Die Vergütung der klassischen Architektenleistungen Entwurf und Realisierung wird in der Regel mit dem untersten Honorarsatz (III unten) der Honorarordnung (HOAI) vergütet und entspricht nicht dem Arbeitsaufwand. Vorschläge für kostensparende Bauweisen, die zu einer Senkung der Baukosten führen, werden mit einer Kürzung des Honorars 'belohnt', weil dieses nach der Höhe der Bausumme bestimmt wird. Bewohnerarbeit als notwendige Zusatzleistung erfordert Sondervereinbarungen mit Vertrag entweder nach Aufwand oder gegen Pauschalvergütung pro Wohneinheit. Oft sind schwierige Vertragsverhandlungen Voraussetzung für die Beauftragung. Die Notwendigkeit solcher Zusatzhonorare wird von Auftraggeberseite anders eingestuft und bewertet. 'Ehrenamtlich' ist natürlich unser Engagement über das Vertragsverhältnis hinaus. Dafür werden wir nur selten gelobt, jedoch häufig genug kritisiert.

Literatur

Klein, Hans-Joachim: Gutachten zur Obdachlosenhilfe in der Stadt Landau. Karlsruhe 1973

Ministerium für Soziales, Gesundheit und Umwelt; Rheinland-Pfalz (Hrsg.): Modellversuch "Integrierte Förderung sozial benachteiligter Gruppen" in Landau/Pfalz. Sachstandsberichte für die Haushaltsjahre 1980 - 1984, hekt. Man., Mainz 1981 - 1985

Freundeskreis Soziale Brennpunkte Landau: Konzept zur Sanierung der sozialen Brennpunkte in Landau. Landau 1986

Schilling, Hans / Heimstätte Rheinland-Pfalz: Sanierung einer Siedlung für Problemfamilien in Landau/Pfalz. In: Mitteilungen der Heimstätten und Landesentwicklungsgesellschaften (1987) H. 4, S. 19 - 22

Alexander Grünenwald

Modernisierung und Neubau

Ein angepaßtes Sanierungskonzept für ein Schlichtwohnungsgebiet

Ein einfaches Wohngebiet wird zum Problemgebiet

Idylle und Ghetto

'Hinter der Ohrenbrücke' ist ein Wohngebiet in ruhiger, landschaftlich reizvoller Hanglage im Selztal, umgeben von Obstbaumwiesen und Weinbergen, am südwestlichen Stadtrand von Ingelheim. Die etwa 50 Kinder (bei 23 Haushalten und 83 Bewohnern) haben hier genügend sichere Freibereiche für Abenteuerspiele. Sie spielen aber stets unter sich. 'Hinter der Ohrenbrücke' hat sich zu Ingelheims Obdachlosensiedlung entwickelt.

Das Gebiet ist in einem desolaten Zustand. Die Konzentration von sozialen Problemfällen stellt das Zusammenleben der Bewohner täglich auf eine harte Probe. Trotzdem funktioniert in der kleinen überschaubaren Siedlung so etwas wie eine 'unfreiwillige Notgemeinschaft'. Das Bewußtsein fehlender Alternativen, die intensive Kommunikation und das Wissen um die Probleme des anderen erhöhen die Bereitschaft zu Toleranz und Solidarität. Verbittert sind die wenigen verbliebenen Bewohner aus der Anfangszeit darüber, daß die Stadt in den vergangenen Jahren in der Siedlung vor allem ihre sozialen Problemfälle unterbrachte, ein Umstand, dem sie auch die zunehmende Verwahrlosung im Gebiet zuschreiben. Ihre gepflegten Gärten und mit viel Mühe und Eigenleistung in Schuß gehaltenen Wohnungen belegen ihren Willen, nach wie vor im Gebiet heimisch zu bleiben. Verbundenheit mit der Siedlung zeigen auch erwachsen gewordene Kinder von Familien aus der Siedlung, die hier eine eigene Wohnung suchen. Es gibt auch einige Familien, die aus der Siedlung weggezogen sind, aber nach einer Sanierung gerne wieder zurückkehren möchten.

Ein Pferdelazarett

Vier Holzbaracken eines ehemaligen Pferdelazaretts, abseits von Wohngebieten errichtet, waren Ausgangspunkt der kleinen Siedlung. Hier waren gleich nach dem 2. Weltkrieg provisorische Notunterkünfte für einfache Arbeiter und Arbeitslose eingerichtet worden. Sechzehn Familien brachte man unter. 1957 wurden die Notunterkünfte abgerissen und an gleicher Stelle und in gleicher

Form durch gemauerte, eingeschossige 'Schlichtwohnungen' in einfachster Bauweise und Ausstattung ersetzt. Mit zwei weiteren Gebäudeteilen waren sechs annähernd gleiche Hauszeilen entstanden. In jeder Hauszeile werden über kleine Treppchen jeweils vier Wohnungen mit ca. 40 m^2 Wohnfläche erschlossen. Mit der Erweiterung erhöhte sich die Zahl der Familien auf vierundzwanzig. 1960 kamen zwei zweigeschossige Gebäude mit jeweils drei Wohnungen je Geschoß, also insgesamt zwölf Wohnungen, noch hinzu. Die Mittelwohnung ist ohne Querlüftung. Die Wohnungen haben ungünstige Grundrisse und sind ohne Balkon oder direkten Zugang zum Garten. Von den Bewohnern werden diese Wohnungen am wenigsten geschätzt. Für die Zukunft steht der Bau einer Umgehungsstraße an, die unmittelbar am nördlichen Rand des Gebietes vorbeiführen soll. Aus Schallschutzgründen soll zwar ein Lärmschutzwall aufgeschüttet werden, die räumliche Ausgrenzung des Gebietes, das derzeit in die freie Landschaft übergeht, wäre damit aber perfekt.

Städtische Einweisungspolitik

Bis Mitte der 70er Jahre war für die Betreuung der Bewohner in allen sozialen Fragen eine Sozialarbeiterin der 'Familienfürsorge' zuständig. Danach wurde die Zuständigkeit auf vier verschiedene Institutionen aufgeteilt: Jugendamt, Sozialamt, Gesundheitsamt, Diakonisches Werk. Die Wohnungsverwaltung wurde vom Sozialamt an das städtische Liegenschaftsamt übergeben. Seitdem hat sich die Situation ständig verschlechtert. Problemfälle aus dem gesamten Stadtgebiet werden in der Siedlung untergebracht. Arbeitslose, Obdachlose, Alkoholabhängige, Zahlungsunfähige, kinderreiche und unvollständige Familien finden hier - meist unfreiwillig - ihre neue Unterkunft. Die abschreckende Wirkung des mittlerweile heruntergekommenen Gebietes und seiner vernachlässigte Bausubstanz ist einkalkuliert.

Die Folge ist, daß viele sogenannte 'Normalfamilien' das Gebiet verlassen. Solche Familien, die bisher immer in ordentlichen Mietverhältnissen lebten, machen nur noch die Hälfte der Haushalte aus. Die für das Gebiet verhängnisvolle Einweisungspolitik der Stadt hat sichtbare Folgen. Zunehmend verwahrlosen die Nutzgärten und der gemeinsame Freiraum. Unkontrolliert werden Verschläge und Schuppen errichtet, Schrottlagerflächen breiten sich aus. Der ohnehin bauphysikalisch mangelhafte Wohnungsbestand unterliegt durch intensive Nutzung und häufigem Bewohnerwechsel einem hohen Verschleiß; wichtige Instandsetzungsarbeiten aber unterbleiben. Die Bewohner leiden unter der 'schlechten Adresse', sind aber nicht in der Lage, aus eigener Kraft etwas zu verändern.

Hilfen von außen

Eine vom Diakonischen Werk ins Leben gerufene Lern- und Spielstube, eingerichtet in einer Erdgeschoßwohnung, arbeitet seit einigen Jahren mit

Die Schlichtbauten "Hinter der Ohrenbrücke" von 1957

großem Erfolg und Zuspruch und hat zumindest die Chancen der Kinder und Jugendlichen zur Bewältigung schulischer Anforderungen erheblich verbessern können. Im Zusammenhang mit der anstehenden Sanierung wurde 1986 halbtags eine Sozialarbeiterin eingestellt (AB-Maßnahme), der eine freie Wohnung im Gebiet als Büro zur Verfügung steht.

Das Gebiet heute

Bewohner und Wohnverhältnisse

1987 lebten hinter der Ohrenbrücke 83 Personen in 23 Haushalten (davon 34 Erwachsene und 49 Kinder). Viele leben allein. Der Arbeitslosenanteil ist hoch. Ein großer Teil der Bewohner verdient seinen Lebensunterhalt als Schausteller oder Schrotthändler. Bei insgesamt 1 260 m^2 Wohnfläche stehen durchschnittlich ca. 15,2 m^2 Wohnfläche pro Person zur Verfügung. In den Reihenhäusern haben sechs Haushalte weder Bad noch Dusche; sechs nachträglich eingebaute Duschen werden von 38 Personen benutzt.

Veränderungen und Umbauten

In allen Gebäuden wurden im Laufe der Zeit Größe und Zuschnitt verändert. Durch Zusammenlegung ganzer Wohnungen, Abtrennung von Zimmern oder auch durch Wohnungsteilung entstanden völlig neue Grundrisse und Aufteilungen. Aus den ursprünglich ca. 37-46 m^2 großen relativ einheitlichen

Wohnungen der Reihenhäuser ist mittlerweile ein differenziertes Wohnungsgemenge entstanden: die kleinste Einheit, eine Ein-Zimmer-Wohnung ohne eigenen Eingang und Klo, hat 14,6 m^2, die größte, eine Wohnung mit drei Eingängen und drei Klos, insgesamt 121,3 m^2 Wohnfläche.

Da diese Veränderungen durch die Zufälligkeiten der Anlässe, z.B. nach einem Mieterwechsel, bei Familienveränderungen etc. bestimmt waren, entstanden zum Teil sehr problematische Grundrisse mit oft mehrfach gefangenen Räumen (durch mehrere Trennwanddurchbrüche), mit mehreren Klos aber ohne Bad, mit toten Fluren und stillgelegten Eingängen. Der Umbau der Wohnungen ermöglichte andererseits, veränderten Familiensituationen Rechnung zu tragen. So konnte oft ein Umzug oder Auszug aus dem Gebiet vermieden werden. Auch für die künftige Neubebauung ist von einem Bedarf an unterschiedlichen Wohnungsgrößen und einer hohen Nutzungsflexibilität der Grundrisse und der einzelnen Räume auszugehen.

Die Freiflächen sind größtenteils ungeordnet, ehemalige Nutzgärten verwahrlost. Auch die öffentlichen Bereiche sind in schlechtem Zustand. Niemand fühlt sich zuständig. Fehlende Abgrenzungen und Nutzungsregelungen (z.B. der Spiel- und Aufenthaltsbereiche, der Flächen für Schrottverwertung etc.) führen immer wieder zu Konflikten unter den Bewohnern.

Planung

Einbeziehung der Bewohner

Im Frühjahr 1987 beauftragte die Stadt Ingelheim unser Büro (Gruppe 4+) mit der Rahmenplanung für die Sanierung. Der Kontakt mit der Gemeinde Ingelheim war über eine vorausgegangene Dorferneuerungsplanung zustandegekommen. Informationen über unsere Sanierungsarbeit in Offenburg-Stegermatt hatten den Gedanken zu einer Sanierung des eigenen sozialen Brennpunktes in ähnlicher Form angeregt. So wurde auch schnell Einigung darüber erzielt, daß ein wesentliches Ziel für das weitere Vorgehen die umfassende Information und Einbeziehung der Bewohner in den bevorstehenden Planungs- und Sanierungsprozeß sein mußte. Ein sofortiger Zuzugsstop verhinderte, daß im Gebiet weitere Problemfälle konzentriert wurden.

Bei mehreren Gebietsbegehungen wurden die baulichen Verhältnisse aller Wohnungen erfaßt. Mit allen Bewohnern wurden längere Einzelgespräche geführt, bei denen neben den persönlichen Daten auch die Beziehung zum Gebiet erfragt wurde. Das Ergebnis war eindeutig. Die überwiegende Mehrzahl der Bewohner wollte auch künftig im Gebiet bleiben. Die allgemeine Bewertung durch die Bewohner fiel weitaus positiver aus als erwartet.

Vervollständigung des Wohnquartiers

In einem differenzierten Sanierungskonzept schlugen wir vor, das Siedlungsgebiet zu vergrößern und die mehr zufällig entstandenen Siedlungselemente zu einem funktionsfähigen Wohngebiet zu vervollständigen mit gestalteten Wegen und Freiräumen, geordneten Gärten, gemeinschaftlichen Spielbereichen und einem Gemeinschaftshaus. Schon im Frühstadium der Planung hatten wir der Stadt nahegelegt, Grundstücke im Norden des Gebietes zur Selz hin für einen ersten Neubauabschnitt zu erwerben. Dies konnte kurzfristig verwirklicht werden. Für eine erste Neubaumaßnahme war nun nicht erst der Abriß vorhandener Wohnungen erforderlich, alle Bewohner konnten somit im Gebiet bleiben. Durch die Vergrößerung des Wohnungsbestandes um einen Neubau mit acht Wohnungen wird bei weiteren Sanierungen ein Ringtausch im Bestand möglich. Ehemalige Bewohner können sogar wieder ins Gebiet zurückkehren. Insgesamt ist eine Stabilisierung der Bewohnerstruktur zu erwarten. Weiterhin ist zu erwarten, daß die Erweiterung des Angebots an Wohnungen insgesamt zu einer Gebietsaufwertung beiträgt.

Sanierung in mehreren Stufen

Geplant ist eine schrittweise Sanierung des gesamten Gebiets in einem Zeitraum von fünf bis sechs Jahren. Dabei wird je nach dem Zustand der Gebäude von drei Kategorien von Maßnahmen ausgegangen:

- Notwendigste Instandsetzungsarbeiten bei Gebäuden mit der schlechtesten Bausubstanz für eine noch anzusetzende Restnutzungsdauer, danach Abriß und Neubebauung an gleicher Stelle.
- Umfassende Modernisierungsmaßnahmen bei Gebäuden mit erhaltenswerter Bausubstanz. Bei der Entscheidung zugunsten einer Modernisierung sind nicht nur wirtschaftliche Gesichtspunkte ausschlaggebend, sondern vor allem die Tatsache bestehender alter Nachbarschaften, die Verwurzelung der älteren Bewohner, die sich widerspiegelt in der liebevoll gepflegten Gesamtsituation von Wohnung, Gärten und Vorgärten, vor allem im Süden des Gebietes. Hierdurch wird nicht zuletzt ein positives Element des Gebiets und seiner Geschichte erhalten.
- Neubaumaßnahmen mit insgesamt 16 - 20 neuen Wohnungen. Die Neubauten bieten zunächst zusätzlichen Wohnraum und sollen anschließend den schlechtesten Teil der Bebauung ersetzen. Erschließungsform und äußeres Erscheinungsbild sind in Anlehnung an die vorhandenen Reihenhäuser entwickelt.

Allen Wohnungen sollen Gärten zugeordnet werden. Soweit möglich, sollen diese direkt von der Wohnung aus zugänglich sein. Zusätzlich können weitere Mietergärten angeboten werden. Für den Bau von Schuppen werden bestimmte Zonen ausgewiesen.

Im Norden des Gebietes, gegen die vorgesehene Umgehungsstraße, ist eine Reihe von Werkstattbereichen mit vorgelagerten Höfen geplant, in denen künftig vor allem die Schrottverwerter einen festen Platz erhalten werden. Für die Schausteller wird eine bereits jetzt genutzte Fläche im Süden mit Einzäunung, Befestigung und Eingrünung sowie einer kleinen Werkstatthalle hergerichtet. Weiterhin ist ein Gemeinschaftshaus vorgesehen, in dem Einrichtungen wie die Lern- und Spielstube sowie Räume für die Beratung der Bewohner untergebracht werden sollen, wo aber auch Bewohnerversammlungen und Feste stattfinden können.

Insgesamt ist zu erwarten, daß am Ende der Sanierung ca. 14 Wohneinheiten zusätzlich im Gebiet angeboten werden können, was zu einer deutlich geringeren Belegungsdichte und zum Zuzug weiterer Familien führen wird.

Ein angepaßter Neubau

Für die Neubebauung wurde ein Gebäudetyp entwickelt, der sich in die räumliche Situation einfügen und Merkmale der vorhandenen Bebauung aufgreifen soll. Sein Erscheinungsbild (tiefe Traufe, Obergeschoß als Fensterband abgesetzt, flaches ausgebautes Satteldach) und die klaren, linear addierten Baukörper entsprechen den vorhandenen eingeschossigen Reihenhäusern. Wie bei diesen hat jede Wohnung einen vorgelagerten Erschließungshof mit Eingangstreppen.

Jede Wohnung, auch im Obergeschoß, ist direkt von außen erschlossen. Die Wohnungen entsprechen den Richtlinien des öffentlich geförderten Wohnungsbaus, weichen aber in entscheidenden Nutzungsqualitäten von der 'Norm' ab:

- Zugunsten der größeren Wohnküche wird auf das sonst relativ üppige Wohnzimmer verzichtet.
- Die Küchen haben einen direkten Zugang nach draußen.
- Die Kinderzimmer im Obergeschoß sind im Raster der Fensterpfosten unterteilbar und damit an veränderte Ansprüche anpaßbar; Eltern- und Kinderbereiche sind austauschbar.
- Neben einer Zentralheizung (Gastherme) hat jede Wohnung einen zentral angeordneten Festbrennstoffofen.

Die Wohnungsgrößen entsprechen der im Gebiet vorhandenen Bewohnerstruktur. Bei den ersten acht Wohneinheiten, die im Frühjahr 1990 errichtet werden sollen, sind vier Wohnungen mit 110 m^2, zwei Wohnungen mit 55 und zwei Wohnungen mit 25 m^2 Wohnfläche vorgesehen.

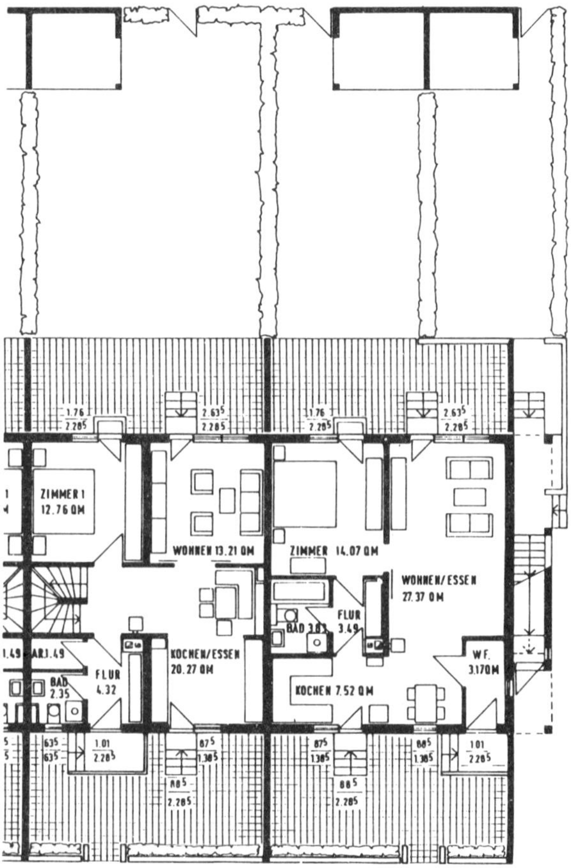

6-Zi-Wohnung 107,32 m2 2-Zi-Wohnung 57,62 m2

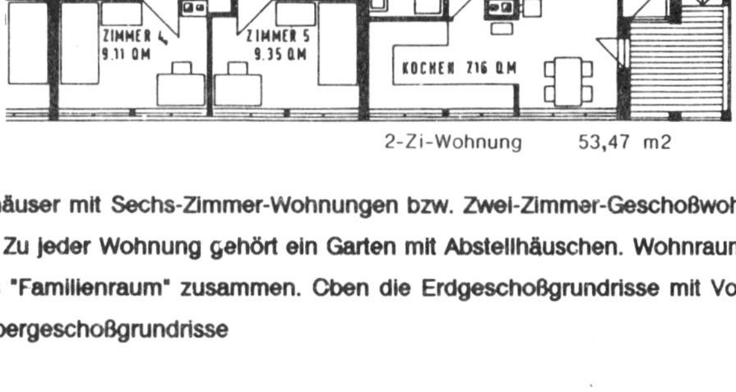

2-Zi-Wohnung 53,47 m2

Die geplanten neuen Reihenhäuser mit Sechs-Zimmer-Wohnungen bzw. Zwei-Zimmer-Geschoßwohnungen bei den Endhäusern. Zu jeder Wohnung gehört ein Garten mit Abstellhäuschen. Wohnraum, Eßplatz und Küche liegen als "Familienraum" zusammen. Oben die Erdgeschoßgrundrisse mit Vorzone und Garten, unten die Obergeschoßgrundrisse

Realisierung

Einschaltung eines Bauträgers

Ursprünglich hatte die Stadt vor, die Sanierung des Gebietes im wesentlichen aus eigenen Mitteln zu finanzieren. Hohe Gewerbesteuereinbußen zwingen die Stadt jedoch, einen Bauträger einzuschalten, um die Finanzierung der Sanierung zu gewährleisten. So wurde nach Abschluß der Rahmenplanung die Heimstätte Rheinland-Pfalz mit der Sanierungsbetreuung und -durchführung beauftragt. Auf Wunsch der Stadt übertrug die Heimstätte die Architektenleistungen sowie die Bewohnerarbeit der Gruppe 4+. Eine Tochtergesellschaft der Heimstätte (die GESIWO) wird die Wohnungsverwaltung und Bewirtschaftung auf eine Zeit von ca. 20 Jahren übernehmen. Danach sollen die Wohnungen an die Stadt zurückübertragen werden.

Finanzierung und Miete

Finanziert werden die Sanierungsmaßnahmen zu 50 - 60 % mit öffentlichen Mitteln, zu 20 % mit Eigenmitteln der GESIWO und zu 10 - 15 % mit Kapitalmarktmitteln. Die Restfinanzierung übernimmt die Stadt. Die Stadt übernimmt auch die Kosten für die unrentierliche Bewohnerarbeit sowie das Mietausfallwagnis. Bei der Miete wird von einer Ertragssubvention von 6,50 auf 5,50 (bzw. 5,10) DM/m^2 durch die Stadt ausgegangen.

Beispielrechnung:
Bei einer Wohnung von 107 m^2 ist von einer Grundmiete in Höhe von rund 550 DM auszugehen. Hinzu kommen Nebenkosten (ohne Heizung) in Höhe von etwa 180 DM, das macht zusammen 730 DM. Eine Familie mit sieben Personen und einem monatlichen Einkommen von 2 800 DM brutto (850 DM Kindergeld eingerechnet) erhält 364 DM Wohngeld. Ihre Mietbelastung wird danach 366 DM betragen.

Beteiligung der Bewohner

Hinter der Ohrenbrücke fand bisher eine ganze Reihe von Bewohnerabenden zu Fragen der Sanierung statt. Bei vielen Besuchen im Gebiet haben wir mit den Bewohnern ausführliche Gespräche geführt. Ihr Interesse und ihre Beteiligung sind bisher auffallend kontinuierlich und intensiv.

Bisher waren bei jeder Bewohnerversammlung in Ingelheim die Sozialdezernentin, der Bauamtsleiter und ein bis zwei Vertreter des Liegenschaftsamtes (Wohnungsverwaltung) sowie ein bis zwei Vertreter der Architekten anwesend, weiterhin seit Einschaltung des Bauträgers je zwei Vertreter der Heimstätte. Die damit versammelte Entscheidungskompetenz wirkt motivierend auf alle Anwesenden und ersetzt zusätzliche Gremien, z.B. eine 'AG Sanierung' wie in Offenburg und Landau.

Es fehlt jedoch die Unterstützung einer kontinuierlichen und mit dem Gebiet vertrauten Sozialarbeit. Zwei Sozialarbeiterinnen auf ABM-Stellen haben bzw. wurden jeweils nach einem halben Jahr gekündigt, noch ehe sie die Chance hatten sich einzuarbeiten. Bewohnerkontakte, Motivierung und Programmgestaltung für die Versammlungen mußten daher bisher überwiegend von uns Architekten bestritten werden.

Stand der Dinge

Der noch für Ende Sommer 1989 vorgesehene Beginn der 1. Baumaßnahme hat sich verzögert. Die vom Bauträger sehr optimistisch veranschlagten Baukosten sind nach aktuellem Stand auch bei Einsparungen nicht zu halten. Die beantragten Mittel für die umfassende Sanierung der beiden Wohnblocks als 2. Baumaßnahme waren für 1989 nicht bewilligt worden. Ein zügiges Vorgehen mit ineinandergreifenden Einzelmaßnahmen und damit auch eine kontinuierliche Arbeit mit den Bewohnern ist bis auf weiteres in Frage gestellt.

Zusammenarbeit mit Verwaltung, Bauträger und Bewohnern

Die Sanierung eines sozialen Brennpunktes stellt an alle Beteiligte ungewohnte Anforderungen. Einsicht in die Notwendigkeit einer schnellen und nachhaltigen Behebung der Mißstände im Problemgebiet der Stadt verändert nicht zwangsläufig eingefahrene Vorurteile und Einschätzungen. Bei Mitgliedern der politischen Gremien und bei Mitarbeitern der städtischen Ämter bestand von Anfang an eher Skepsis und wenig Wohlwollen, die Sanierung und das Experiment "Bewohnermitsprache" zu unterstützen (man kennt doch die Leute, weiß, was man erwarten kann und wie mit ihnen umzugehen ist). Bei einigen war die Einstellung auch bestimmt von der Überzeugung, daß solche Gebiete ihren Sinn darin erfüllen, daß sie abschreckend wirken und sich damit auf die Mietzahlungsmoral erzieherisch auswirkten.

Die Gespräche mit den Bewohnern ergaben dagegen ein ganz anderes Bild; die Bereitschaft, die Miete zu bezahlen, wird gerade ganz entscheidend durch die offensichtliche Vernachlässigung der Wohnungen untergraben. Resignation ist auch bei den Bewohnern festzustellen. Trotz vieler Versprechungen im Lauf der Jahre blieb für sie im besten Fall alles gleich. Entsprechend skeptisch standen sie den Planungsansätzen gegenüber. Hinzu kommt bei den Bewohnern ein Unverständnis für Planung und vor allem für die damit verbundenen Umsetzungszeiträume: "Was zu tun ist, sieht man auch so" und: "Gut zwei Jahre habt ihr außer viel Papier nichts erreicht".

Das Hinzuziehen des Bauträgers brachte entscheidende Änderungen. Die Koordination wurde zunächst erheblich erschwert, Zuständigkeiten waren neu zu regeln - für die Bewohner ein bis heute kaum durchschaubarer Zusammenhang. Mit der Beendigung des Auftragsverhältnisses zwischen Stadt und Architekten war auch die bis dahin unmittelbare inhaltliche Abstimmung zu Ende.

Die Stadt sah im Bauträger die Chance, die nicht mehr überschaubaren Finanzierungsprobleme loswerden zu können. Eine sinnvolle Leistungsaufteilung zwischen Architekt und Bauträger wurde vorausgesetzt. Die Tätigkeit des Bauträgers unterliegt aber unternehmerischen Zielsetzungen. Er will einen möglichst hohen Teil der Leistungen selbst erbringen, um seine eigene Planungskapazität zu nutzen und auszulasten. Dies konkurriert mit unserem Interesse, als Architekten auch für die Ausführungsplanung zuständig zu bleiben, um die gemeinsam mit den Bewohnern ausgearbeitete Planung bis zur endgültigen Fertigstellung fachlich begleiten zu können. Die Aufteilung der Architektenleistungen zwischen unserem Büro und den Planungsabteilungen des Bauträgers erfordert Kompromisse und Mehraufwand auf beiden Seiten. Die hierarchisch organisierte Entscheidungsstruktur des Bauträgers und seine wirtschaftlichen Interessen stehen einer auf gemeinsamen Einsichten beruhenden Zusammenarbeit zwischen uns und den Mitarbeitern des Bauträgers entgegen. Es wird Zeit brauchen, um hier im Interesse der Bewohner zu einer produktiven Zusammenarbeit zu kommen.

Literatur

Grünenwald, Alexander: Sanierung in Ingelheim 'Hinter der Ohrenbrücke'. In: werk und zeit (1989) H. 1, S. 15

Problemgebiet 'Hinter der Ohrenbrücke'. In: Mitteilungen der Heimstätten und Landesentwicklungsgesellschaften (1989) Heft 3, S. 21 f.

Albert Mollet

Beteiligung: Mit wem?

Erfahrungen bei der Sanierung von Schlichtwohngebieten in Frankreich

Die beiden Beispiele von Sanierungsmaßnahmen für Schlichtwohnungsgebiete in Frankreich[1], über die hier berichtet werden soll, folgen gegensätzlichen Konzepten: Im einen Fall, in Saint-Herblain bei Nantes, wurde eine alte Barackensiedlung abgerissen und durch eine kleine Einfamilienhaus-Siedlung an einem neuen Standort ersetzt, im anderen Fall, in Dreux, fiel die Entscheidung zugunsten einer Modernisierung der bisher bewohnten Wohnungen. In beiden Fällen wurden die Bewohner in Planung und Durchführung der Maßnahmen einbezogen. Bei aller Gegensätzlichkeit der Sanierungskonzepte sind die bei diesen wie auch bei weiteren vergleichbaren Maßnahmen gewonnenen Erfahrungen, soweit sie die Beteiligung sozial benachteiligter Bewohner bei der Verbesserung ihrer Wohnverhältnisse betreffen, in vieler Hinsicht verallgemeinerbar.

Saint Herblain

Die Siedlung Blanchard

Die Siedlung Blanchard war eine Ansammlung von Baracken und Behelfsbauten, von denen die ältesten aus dem Jahr 1915 stammten. Noch 1980 hatten die damals 150 Bewohner innerhalb ihrer Wohnungen keine sanitären Einrichtungen, in einigen gab es weder fließendes Wasser noch elektrischen Strom. Die Zuständigkeiten waren etwas verwickelt, denn das Gelände der Siedlung - in der Nachbarschaft von Hafen und Industriegebiet - lag auf dem Gebiet der Gemeinde Saint-Herblain, gehörte jedoch der Stadt Nantes, die es dazu nutzte, um dort ihre Räumungsfälle unterzubringen. 1978 kaufte die Gemeinde Saint-Herblain der Stadt Nantes das Gelände ab und verpflichtete sich, für die Bewohner, die sich auf Initiative von Sozialarbeitern zu einer Bewohnerinitiative ("comité de defense") zusammengeschlossen hatten, neue

---

1 Beide Maßnahmen wurden als Versuchs- und Modellvorhaben von "Plan Construction et Habitat" einer dem französischen Bauministerium (Ministère de l'Equipement et du Logement) zugeordneten interministeriellen Forschungseinrichtung technisch und finanzell unterstützt und über Forschungsaufträge (vgl. Mollet 1986) wissenschaftlich begleitet.

Wohnungen zu bauen. Die Bewohnerinitiative forderte, daß alle Bewohner gemeinsam und in der Nähe umgesiedelt werden sollten. 1980 beschloß die Gemeinde, in diesem Sinne tätig zu werden.

Zur Durchführung der vorgesehenen Maßnahme gab sie bei einer Gruppe von Soziologen und Architekten eine vorbereitende Untersuchung in Auftrag, die vom französischen Bauministerium finanziert wurde. Die Arbeit der Soziologen bestand darin, das innere "Funktionieren" der Siedlung Blanchard zu erfassen und das Netz der verwandtschaftlichen Beziehungen aber auch Widersprüchlichkeiten und Konflikte aufzudecken. Sie ermittelten, welche Möglichkeiten zu Selbstversorgung und Erwerbstätigkeit in der Siedlung für die Lebensweise der Bewohner von besonderer Bedeutung waren: Gartenbau, Kleintierhaltung, Altmetallverwertung, Reparaturarbeiten. Und sie diskutierten mit den Bewohnern deren Erwartungen an die neuen Wohnungen und an den Standort für die neue Siedlung.

Die Analyse brachte auch zutage, daß hinter einer vordergründigen Einheitlichkeit der Bewohnerschaft und dem ausdrücklichen Wunsch "gemeinsam, alle zusammen" umgesiedelt zu werden, erhebliche soziale Differenzierungen zwischen den Bewohnern bestanden aufgrund der Umstände, unter denen sie in die Siedlung gekommen waren. So gab es dort drei Gruppen von Bewohnern:

- Die erste Gruppe, die am längsten in der Siedlung beheimatet war, ging auf Familien ländlicher Herkunft zurück, die von den industriellen Arbeitsplätzen in Nantes angezogen worden waren. Sie waren in der Siedlung ansässig geworden und wegen ihrer ländlich geprägten Lebensgewohnheiten kamen für sie Geschoßwohnungen in Mehrfamilienhäusern als Alternative nicht in Frage.
- Die zweite Gruppe umfaßte Familien, die in den Kriegsjahren 1944 - 1945 ausgebombt worden waren und danach keine andere Wohnung mehr bekommen hatten.
- Schließlich kamen seit 1970 zunehmend Menschen in die Siedlung, die aus Sozialwohnungen (HLM)[1] entweder ausgewiesen worden waren oder dort nicht aufgenommen wurden, entweder weil sie die Mieten nicht zahlen konnten oder weil sie wegen ihrer Lebensweise nicht akzeptiert wurden.

Zwischen diesen drei Gruppen bestand eine soziale Hierarchie: Die jeweils später Zugezogenen haben bei den schon länger Ansässigen ein geringeres Ansehen. Sie werfen ihnen vor, daß durch sie das Image der Siedlung verschlechtert würde.

---

[1] Habitat à Loyer Moderé - Wohnungsbau zu ermäßigten Mieten, das französische Pendant zum deutschen Sozialen Wohnungsbau mit entsprechenden aber absolut wie relativ deutlich niedrigeren Einkommensgrenzen.

Die neue Siedlung "Village de la Bernardière"

Die größte Schwierigkeit zu Beginn der Maßnahme war, den Bewohnern glaubhaft zu machen, daß die Gemeinde diese auch tatsächlich durchführen wollte. Die Bewohner trauten den Versprechungen nicht, weil in früheren Jahren Zusagen nie eingehalten worden waren. Es dauerte fast ein halbes Jahr, bis die Idee der Umsiedlung für die Bewohner konkret Gestalt annahm, und die Diskussion über die neuen Wohnungen und die Gestaltung der Siedlung anlaufen konnten. Um Konflikte zwischen den Bewohnern zu vermeiden, mußten diese Diskussionen sowohl individuell mit jeder Familie als auch gemeinsam mit der Bewohnerschaft insgesamt geführt werden. Damit sie sich selbst ein Bild davon machen konnten, wie die neue Siedlung aussehen sollte, besuchten die Bewohner mehrere neue Siedlungen in der Region und diskutierten mit den dortigen Bewohnern über deren Erfahrungen. Damit war der Bann endgültig gebrochen und die Architekten konnten beginnen, Wohnungsgrundrisse zu zeichnen, sie den Familien vorzulegen und darüber individuell und in der Gruppe zu diskutieren.

Die Bewohner legten entscheidenden Wert auf erdgeschossige Wohnungen - Fortbestehen einer ländlichen Lebens- und Wohnform - und auf möglichst niedrige Betriebskosten. Zur Energieeinsparung schlugen die Architekten für die Wohnungen passive Solarenergienutzung vor (Süd-Orientierung der Wohnräume mit Glasvorbauten), was aber von dem für die Planung und die künftige Bewirtschaftung der Wohnungen zuständigen HLM-Wohnungsbauunternehmen abgelehnt wurde.

Von zentraler Bedeutung war die Aufstellung des Bebauungsplans, in dem in den Augen der Bewohner die zwischenmenschlichen Beziehungen und die Zugehörigkeit zu dieser oder jener Gruppe in räumliche Zuordnungen übersetzt werden sollten. Der Bebauungsplan, in dem die Lage der künftigen Wohnung für jeden Haushalt eingetragen war, wurde in einem öffentlich zugänglichen Raum ausgehängt. Die räumlichen Zuordnungen von Familien und Wohnungen wurden in einem längeren Prozeß unaufhörlicher Änderungen öffentlich ausgehandelt. Allmählich bildeten sich dabei die künftigen Nachbarschaftseinheiten heraus.

Den Ansprüchen der Bewohner an die Freiflächen bei den Wohnungen wurde nach Möglichkeit Rechnung getragen. So konnten Familien einen Kleingarten erhalten, die wie bisher Gemüse und Obst für ihren Eigenbedarf selbst anbauen wollten. Für zwei Familien, die von Kraftfahrzeug-Reparaturarbeiten lebten, wurden dafür gemeinsame Räumlichkeiten vorgesehen, die ausreichend abgelegen waren, um andere nicht zu stören.

Ende 1983 zogen die Bewohner in die neue Siedlung ein. Drei Jahre danach

Saint Herblain. Die neue Siedlung "Village de la Bernardière": die herausgeputzte Vorderseite ...

kam die Gruppe der Soziologen zu einer Nachuntersuchung, um zu sehen, wie sich die Dinge in der neuen Siedlung entwickelt hatten.

"Vorher hatten wir nichts, heute haben wir alles"

An erster Stelle der positiven Einschätzung stehen der Komfort und die solide Ausführung der Wohnungen. Dabei handelt es sich vordergründig um einen materiellen Aspekt, der aber auch eine psychologische Dimension hat: Die neue Wohnung ist Zeichen der erworbenen sozialen Achtbarkeit, der wiedergefundenen Würde. Der Stolz darauf ist umso größer, als es sich bei den Wohnungen um Einfamilienhäuser handelt, die ihnen von den Bewohnern in den benachbarten HLM-Sozialwohnungen ein wenig geneidet werden.

Der neu gewonnene Komfort führte anfangs gelegentlich zu Schwierigkeiten, weil einige Bewohner die Rechnungen für Wasser und Strom nicht zahlen konnten. Die Hilfen des Wohnungsunternehmens und vor allem der sozialen Dienste haben es aber ermöglicht, diese Dinge zu regeln. Einige Bewohner haben sich für ihre Einrichtung stark verschuldet, für Möbel, Haushaltsausstattung, Fernseher etc., was die Haushaltsführung schwierig machte.

Netze nachbarschaftlicher Beziehungen

Die Möglichkeit, die Lage der Wohnung auszuhandeln und damit seine Nachbarn selbst auszuwählen, hat lebendige und ausgewogene Nachbarschaftseinheiten entstehen lassen, mit denen die Bewohner zufrieden sind. Andererseits hat diese Lösung dazu geführt, daß die Differenzierungen zwischen den Gruppen räumlich reproduziert und verfestigt wurden, was dem Gemeinschaftsleben der Siedlung als Ganzes abträglich ist.

... und der intime rückwärtige Gartenbereich

Neue Regeln für das soziale Leben

Planung und Ausgestaltung der Fassaden und der kleinen Vorgärten sind - sehr verallgemeinert - auch Ausdruck der sozialen Zusammengehörigkeit und dienen dazu, die soziale Identität als Gruppe zu demonstrieren. So hat der Bewohnerrat eine Regelung eingeführt, mit der in der früheren Siedlung übliche Nutzungen unterbunden werden sollen, von denen man befürchtet, daß sie dem Image der Siedlung schaden könnten. Danach soll es von außen sichtbare Anbauten an die Häuser, wie z. B. Hühnerställe oder Schuppen, nicht mehr geben. Einige haben daraufhin die Kleintierhaltung aufgegeben. Nur die Bewohner am Rand der Siedlung, deren Gärten hinter dem Haus nach außen liegen, können ihre Freiflächen uneingeschränkt nutzen.

Schwierigkeiten der sozialen Integration

Der Umstand, es zu einem neuen Haus in der Siedlung gebracht zu haben, hat nichts an dem negativen Image der Bewohner bei der umgebenden Bevölkerung geändert. Die Bewohner empfinden dies als bedrückend und neigen dazu, die Vorurteile, die ihnen entgegenschlagen, auf die am stärksten Benachteiligten bzw. die "Randgruppen" der Siedlung abzuwälzen. So versuchen sie, eine "Normalisierung" der Lebensweisen in der Siedlung zu erzwingen, um die Wahrnehmung der Siedlung durch die umgebende Bevölkerung zu korrigieren. Die anhaltende Diskriminierung belastet die Bewohner vor allem, weil das Fortbestehen eines negativen Images ihrem Wunsch nach sozialem Aufstieg entgegensteht, den sie mit dem Einzug in die neue Wohnung bereits erreicht glaubten.

Dreux

Die Siedlung Prodhomme

Die Siedlung Prodhomme besteht aus 200 Einfamilienhäusern, die in den 50er Jahren als Ersatz für Baracken aus den Kriegsjahren errichtet worden waren. Es war ein Notbehelf in Massivbauweise. Ein Text der Stadtverwaltung aus jenen Jahren gibt an, daß es sich um "Unterkünfte für Asoziale und diesen gleichgestellte Räumungsbetroffene" handele, wie es sich gehört, am Rand der Stadt gelegen. Ein guter Teil der Mieter wohnt dort von Anfang an; nur ein Drittel der Erwachsenen geht einer Beschäftigung nach und verfügt damit über regelmäßige - wenn auch geringe - Einkünfte. Die Bevölkerung ist in ihrer Mehrheit französisch. Sie kam im Laufe der Jahre in die Siedlung wegen mangelnder Mietzahlungsfähigkeit oder weil sie in anderen HLM-Wohnungsbeständen abgewiesen wurden. Dennoch sind die Bewohner in der Siedlung stark verwurzelt und wollen hier bleiben. Der heruntergekommene Zustand der Gebäude liegt auch an der schon von Anfang an schlechten Bausubstanz und der unterlassenen Instandhaltung durch den Eigentümer, während andererseits die Mieter versuchen, ihre Wohnung so gut es geht instand zu halten oder zu verbessern.

Angesichts dieser Lage war die Stadtverwaltung bei Überlegungen zu Sanierungsmaßnahmen im Zwiespalt: Nach strikt wirtschaftlichen und stadtplanerischen Gesichtspunkten schien es vorteilhafter, die Siedlung abzubrechen und die Bewohner in ein neues Wohngebiet umzusetzen. Aber die Bewohner selber fürchteten den Abriß der Siedlung, der für sie gleichbedeutend damit war, auseinandergerissen und vor erhebliche Anpassungsschwierigkeiten gestellt zu werden, und sie waren auch nicht davon überzeugt, daß die Stadt sie wirklich anderswo unterbringen wollte.

Unter diesen Bedingungen schlug der Geschäftsführer des Wohnungsunternehmens (Office HLM), zu dem die Siedlung gehörte, vor, die Wohnungen zu modernisieren und die Bewohner an der Planung der Arbeiten zu beteiligen. Wie in Saint-Herblain wurde eine interdisziplinäre Gruppe von Soziologen und Architekten beauftragt, mit der Bevölkerung die Bedingungen der Durchführung des Arbeitsprogrammes zu diskutieren.

Sehr schnell wurden dabei soziale Differenzierungen im Inneren der Siedlung deutlich, die insgesamt in sieben hierarchisch strukturierte Familienclans aufgeteilt ist. Die Arbeitsgruppe, die mit der Bauleitung beauftragt war, versuchte mit Familien aus jedem der Clans Kontakte herzustellen, um ihren Willen zur Beteiligung der Bewohner zu unterstreichen. Sie schlug vor, in drei Wohnungen, deren Bewohner damit einverstanden waren, einen ersten Probedurchlauf zu machen. Diese drei Wohnungen wurden aus drei unterschiedlichen Clans ausgewählt, um zu vermeiden, daß die Beteiligung und die Modernisierungsmaßnahmen nur einer einzigen Gruppe zugute kämen.

Schon in diesem Stadium versuchten die Planer und das Wohnungsunternehmen die Bewohner, von denen viele arbeitslos waren, an den Bauarbeiten zu beteiligen. Von den Sozialarbeitern wurde ein "Verein Arbeitsexperiment" ("association experimentale du travail") gegründet. Das Wohnungsunternehmen handelte mit dem Generalunternehmer, der mit den Rohbauarbeiten beauftragt werden sollte, eine Aufteilung der Arbeiten aus, dergestalt, daß die Bewohner bei den Ausbauarbeiten tätig werden konnten.

Der Test mit den ersten drei Wohnungen überzeugte auch andere Bewohner, als sie das Ergebnis der erreichten Verbesserungsmaßnahmen sahen. Einige wollten selbst die Arbeiten durchführen und dazu mußte mit ihnen aus Gründen der Sicherheit auch die Planung der Arbeiten durchgesprochen werden. In kurzer Zeit verlangten 80 Familien die Modernisierung ihrer Häuser. Wegen der Beengtheit der Wohnungen nutzte man - soweit verfügbar - angrenzende freie Wohnungen zur Erweiterung der Wohnflächen. Wo dies nicht möglich war, wurden die Häuser durch rückwärtige Anbauten, z. B. für eine Küche oder ein Badezimmer, vergrößert.

Das Modernisierungsprogramm ließ sich relativ problemlos mit den Bewohnern nach ihren Bedürfnissen, Wünschen und Möglichkeiten korrigieren und anpassen. Die Durchführung wurde jedoch durch Kostensteigerungen erheblich verzögert. Gegenüber einem von der Verwaltung bewilligten Höchstbetrag von 70 000 F waren die tatsächlichen Kosten je Wohnung auf 140 000 F angestiegen. Auf der anderen Seite führte der Kostenanstieg zu einer für die Mieter nicht mehr tragbaren Mieterhöhung. Es wurde daher erforderlich, zunächst die Bewilligung der Verwaltung für Gesamtkosten von 140 000 F zu erreichen, und dann mußte bei den diversen Partnern um Subventionen nachgesucht werden, um die Miete senken zu können. Im Endeffekt wurde die Maßnahme zu 55 % bezuschußt. Diese Verhandlungen zogen sich einschließlich der Absprachen mit den Unternehmern über ein ganzes Jahr hin. Die Verzögerung führte bei den Bewohnern zu einer großen Entmutigung und ließ das Gerücht aufkommen, der Träger wolle das Projekt aufgeben. Die Soziologen-Architekten-Gruppe brachte dies in große Schwierigkeiten, weil sie das Vertrauen der Bewohner verlor.

Schließlich konnten die Arbeiten jedoch für eine Gesamtzahl von 80 Wohnungen beginnen mit dem gleichen Verfahren der Beteiligung von Arbeitssuchenden bei den Bauarbeiten. Die Begleitgruppe schlug darüber hinaus vor, die Maßnahme auf die gesamte Siedlung auszudehnen und durch ein kleines Wohnungs-Neubauprogramm zu ergänzen, um die Voraussetzungen zu schaffen, daß sich Familienverbände lösen und eigenständige Haushalte gebildet werden konnten.

Die Wahlen von 1983 brachten jedoch eine neue, politisch rechts bis rechtsextreme Gemeindeverwaltung ins Amt, die die Maßnahme aufgab. Im Gefolge dieser politischen Wende mußte auch der Direktor des Wohnungsbauunternehmens seinen Hut nehmen. Seitdem wurde in der Siedlung nichts mehr unternommen.

Erfahrungen

Beteiligung: Mit wem?

Entgegen der bei den verantwortlichen Fachleuten und Entscheidungsträgern vorherrschenden Meinung, daß sozial benachteiligte Bewohnerschaften aufgelöst und die Haushalte räumlich verteilt untergebracht werden sollten, um eine Ghettoisierung zu vermeiden, wurde bei den durchgeführten Maßnahmen die Entscheidung zugunsten einer Erhaltung der vorhandenen sozialen Strukturen getroffen. In der Tat entsprach dies auch der ausdrücklichen Forderung der Bewohner. Dies bedeutet aber keinesfalls, daß in den Siedlungen eine "harmonische" Gemeinschaft ohne Konflikte bestünde.

Obwohl eher im Dunkeln gelassen oder gar geleugnet, haben diese Siedlungen eine Geschichte: Sie ist zugleich die Geschichte der Siedlung selbst, ihrer Ursprünge, ihrer Veränderungen, ihrer Bezüge zur Umgebung, wie die Geschichte der Individuen, der Familien und sozialen Gruppen, denen sie angehören, der Verbindungen, die sie geknüpft haben, der Netze gegenseitiger Hilfen und des gegenseitigen Austauschs, auf die sie angewiesen sind, um überleben zu können. Auch wenn Einmütigkeit demonstriert wird für ein Zusammenbleiben an Ort und Stelle wie in Dreux oder für eine Umsiedlung "alle zusammen" wie in Saint-Herblain, darf diese Einmütigkeit weder Illusionen über die Unterschiedlichkeit der Wünsche aufkommen lassen, die sich dahinter verbergen, noch über die tiefen Spaltungen die sie verdeckt. Die Bewohnerschaften in beiden Siedlungen sind in Wirklichkeit sehr heterogen, und die Gruppierungen und Verflechtungen der Bewohner untereinander, die in den Siedlungen bestehen, beruhen auf sehr unterschiedlichen Faktoren.

Die Untersuchung der Siedlungen bringt eine starke Ambivalenz zum Vorschein: eine reale kollektive Aneignung der Siedlung einerseits und eine spezifische Form der sozialen Integration andererseits. Auch wenn einige Familien als Sündenböcke dienen oder allgemein der untersten Stufe der sozialen Rangfolge der Siedlung zugeordnet werden, gibt es keine Personen oder Familien, die vollständig isoliert sind. Auf der anderen Seite bestehen Spaltungen, die sowohl in Feindseligkeiten wie auch in einer hierarchischen Ordnung der Gruppen zum Ausdruck kommen. Dies zeigt sich in ganz besonderer Weise in dem Bereich, um den es hier geht, bei den Wohnungen, die manchmal sehr gepflegt und in beachtlicher Weise verbessert wurden oder im Gegenteil verwahrlosen und damit auch ihre Bewohner stigmatisieren.

Sind unter diesen Verhältnissen, wo Erscheinungsformen der Ausgrenzung sowohl innerhalb wie von außerhalb der Siedlungen wirksam sind, Beteiligungsverfahren mit den Bewohnern überhaupt möglich? Und wenn ja, worum kann es dabei gehen?

Schwierigkeiten bei der Beteiligung benachteiligter Gruppen

Die Beteiligungsverfahren in den Siedlungen haben eine Besonderheit dieser Gruppen zutage gebracht: Es gibt zwar nur selten organisierte Formen des Gemeinschaftslebens wie etwa Vereine, aber dafür finden sich spontane und oftmals viel ausgeprägtere Formen im Alltagsleben. Die informellen Netze gegenseitiger Austauschbeziehungen, die Familienbindungen sind umso notwendiger, als sie die Voraussetzung für Dienstleistungen sind. Und dieses Gemeinschaftsleben schafft eine außerordentlich reiche Grundlage für Beteiligungsprozesse.

Andererseits äußern die benachteiligten Gruppen im Unterschied zu den Mittelschichten kein "Bedürfnis" nach Beteiligung. Sie haben zu sehr das Gefühl, ausgeschlossen zu sein, abgewiesen zu werden, sowohl von den Institutionen als auch von der öffentlichen Meinung. Und überdies haben sie immer die Befürchtung, daß ein Vorschlag zur Verbesserung der Wohnungen nur dazu führt, sie dort hinauszudrängen. Die erste Aufgabe zu Beginn von Erneuerungsmaßnahmen ist daher, diese glaubwürdig zu machen, und die Bewohner davon zu überzeugen, daß sie künftig wirklich als Partner betrachtet werden. Schon dies stellt einen grundlegenden Wandel dar.

Schließlich dürfen bei der Durchführung der Maßnahme selber, wo es den Bewohnern schwer fällt, Wünsche anzumelden, wo die sozio-kulturelle Kluft zwischen Technikern und Bewohnern sich auswirkt, nicht allein die verbal ausgedrückten Wünsche und Bedürfnisse berücksichtigt werden, die im übrigen zu verschiedenen Zeitpunkten widersprüchlich sein können. Man muß vielmehr die Lebensweisen beobachten, das alltägliche Verhalten, um besser unterscheiden zu können, was wesentlich ist. Man muß aber auch versuchen, symbolische Aspekte aufzugreifen, die Ausdrucksformen der Vorstellungswelten, die zweifellos oft trübe und schillernd sind, und diese in Raumzuordnungen und architektonische Zeichen "übersetzen". Und man muß während der gesamten Durchführung der Arbeiten eine ausreichende Flexibilität der Planungsvorgaben bewahren, um neu auftauchende oder sich ändernde Bedürfnisse berücksichtigen zu können. Unter diesem Gesichtspunkt ermöglicht die schrittweise Durchführung der Arbeiten in aufeinanderfolgenden Phasen eine bessere Anpassung an die tatsächlichen Erfordernisse und vermeidet die immer viel zu großen Zeitverschiebungen zwischen Planung und Fertigstellung.

Die Bedeutsamkeit der Zeit

Wenn eine Maßnahme erst einmal im Prinzip befürwortet wurde, läuft das technische und administrative Verfahren in vier Phasen ab:
- Vorbereitung und Planung des Vorhabens,
- Verhandlungen und endgültige Entscheidung über seine Durchführung,
- Durchführung,
- Bewirtschaftung und Verwaltung.

Die Beteiligung der Bewohner läßt Vorbereitung, Planung und Durchführung einer Maßnahme zu einem vielschichtigen Prozeß werden, bei dem eine bedeutsame Zeitverschiebung zu Tage tritt: Die Zeit der Bewohner ist nicht die der Techniker und Verwaltungsfachleute, und dies erweist sich in doppelter Hinsicht.

Als erste Annäherung stellt man fest, daß Techniker und Bewohner sich vor allem bei den ersten beiden Phasen unterscheiden. Bewohner beanspruchen für die Phase der Vorbereitung und Planung einen längeren Zeitraum, weil ein kollektiver Prozeß in Gang kommt; aus der Sicht der Techniker ist dies jedoch zumeist die Phase, die sie auf ein Minimum abkürzen möchten. Im Gegensatz dazu ist die zweite, manchmal sehr lange Phase der Verhandlungen und Entscheidungen für die Bewohner unverständlich, während die Techniker daran gewöhnt sind und sich damit abgefunden haben: Fristen für die Verhandlungen mit den politischen Entscheidungsträgern, mit Verwaltungs- und Finanzierungsstellen um Baugenehmigung, Finanzierung, Förderungsanträge .... Zwischen dem Zeitpunkt, zu dem das Projekt ausgearbeitet ist und dem Beginn der Bauarbeiten kann gelegentlich ein ganzes Jahr verstreichen. Dabei gilt dies nur für Baumaßnahmen, bei Planungen können die Fristen sehr viel länger sein. Für die Bewohner ist dies eine tote Zeit in der "nichts geschieht". Es ist eine Zeit der Ermattung und der Entmutigung.

Der zweite Unterschied ist vielleicht noch bedeutsamer, wenn auch am Anfang weniger wahrnehmbar. Für die Techniker sind diese Phasen des Ablaufs einer Maßnahme klar unterscheidbar, umso mehr, als unterschiedliche Fachleute dafür zuständig sind: Architekten und Bauträger für die erste, Verwaltungs- und Finanzierungsfachleute für die zweite, Unternehmer für die dritte und Verwaltungsfachleute für die letzte. Vor allem, wenn der Zusammenhang zwischen den drei ersten Phasen dadurch gewährleistet wird, daß sie in der Hand eines Bauträgers liegen, ist dieser keineswegs in allen Fällen auch für die anschließende Verwaltung und Bewirtschaftung zuständig. Gerade diese wird aber sehr oft bei den vorangehenden Phasen nur ungenügend in die Überlegungen einbezogen. Die Bewohner fordern dagegen

Kontinuität und haben insbesondere ein wachsames Auge auf das, was hinterher, d. h. zum Zeitpunkt der Bewirtschaftung, auf sie zukommt. Auf diese Weise steht einer technisch-administrativen Logik, die die Maßnahme in Phasen zerlegt, eine Logik der Nutzer gegenüber, die der Kontinuität Vorrang gibt.

Ist dieser Gegensatz der Sichtweisen unüberbrückbar? Tatsächlich gab es bei einer großen Zahl von Maßnahmen in dieser Hinsicht erhebliche Schwierigkeiten, bei einigen ist aber anzuerkennen, daß eigenständige Vorgehensweisen entwickelt wurden, die man auf den Begriff bringen kann: behutsame und stetige Erneuerung.

Dabei geht es in erster Linie darum sicherzustellen, daß ein Vorhaben sowohl bei der Planung wie bei der Durchführung in seinen wesentlichen Bestandteilen veränderbar bleibt. Dazu muß die Durchführung des Vorhabens notwendigerweise in einzelne Schritte zerlegt werden, um sowohl den Bewohnern als auch den Verantwortlichen zu ermöglichen, die Ergebnisse der einzelnen Schritte jeweils auszuwerten und gegebenenfalls den Fortgang der Maßnahme zu korrigieren. Und solange wie möglich muß während der Bauzeit die Möglichkeit bestehen bleiben, Einzelheiten zu verändern, um den Entwicklungen von Anforderungen und Bedarf Rechnung tragen zu können.

Literatur

Mollet, Albert (Hrsg.): Droit de Cité. A la rencontre des habitants des banlieues delaissées. Paris 1986

Dietrich Grothe-Jung

Von der "Mau-Mau-Siedlung" zum bevorzugten Wohngebiet

Die Auflösung einer Kleinraumsiedlung als Sanierungsmaßnahme

Beim Sanierungsgebiet Steglitz-Woltmannweg in Berlin-Lichterfelde handelt es sich um ein Projekt, mit dem der Verfasser 16 Jahre als Sozialplaner bzw. Gemeinwesenarbeiter nachhaltig verbracht hat. Die Höhen und Tiefen, das Scheitern und Wiederbeleben, die Konflikt- und Konsensprozesse und die thematische Vielfalt auf diesem langen Weg lassen sich hier nicht annähernd darstellen. Daher wird das Projekt in Ausgangslage, Ziel und Weg sowie Ergebnis schlaglichtartig umrissen. Daraus kann leicht der Eindruck eines autodynamischen Ablaufs entstehen. Aber autodynamisch lief hier gar nichts ab. Das sei pauschal vorweggeschickt, um nicht die Legende von den "traumhaften Bedingungen" am Woltmannweg auch noch zu fördern, die heute angesichts der erreichten Ergebnisse gern von Dritten unterstellt werden.

Richtig verstanden kann diese Vorbemerkung auch Mut machen: Die konkrete Utopie vom Wandel eines baulich desolaten und sozial erdrückenden Wohngebiets in das schöne Gegenteil sollte auch woanders zu verwirklichen sein. Stehvermögen wird allerdings mindestens empfohlen (es müssen ja nicht gleich 16 Jahre sein ...).

Ausgangslage 1

1952 - 54 wurde eine sogenannte Kleinraumsiedlung (KRS) mit 20 Blöcken und 458 Wohneinheiten in zweigeschossigen Hauszeilen auf Brachland am West-Berliner Stadtrand gestellt, das Ganze in "Schlichtbauweise" für "vorübergehend unverschuldet in Not Geratene". Hier zog man nicht hin, sondern wurde von Bezirksämtern eingewiesen. Ursachen waren in der Regel temporäre wirtschaftliche Schwierigkeiten oder Durchsetzungsdefizite der Betroffenen auf dem angespannten "Wohnungsmarkt". Es traf häufig kinderreiche Familien oder Teilfamilien, so daß die Primitivwohnungen von höchstens 47 m^2 nicht selten mit zehn oder auch zwölf Personen belegt wurden. Feucht - kalt - eng - laut, das sind die äußerlichen Merkmale, mit denen die damaligen Wohnbedingungen in der Siedlung mit ihren bis zu 2 000 Einwohnern kurz und schmerzlich zu beschreiben wären (vgl. zu den damaligen Verhältnissen auch Becker u. a. 1975). Ein Obdach im rechtlichen

Die ehemalige Kleinraumsiedlung aus den 50er Jahren

oder statistischen (!) Sinne war das aber nicht. Es gab abgeschlossene Wohneinheiten mit Küche und Bad, alles Substandard, aber immerhin. Hierfür wurden Nutzungsverträge vergeben, die über ein Jahr liefen, in dem sich die Betroffenen wohl unter dem Druck der baulichen und sozialen Mißverhältnisse "normalisieren" sollten.

Statt dessen geriet die Siedlung bei der "normalen" Bevölkerung umgehend zum Projektionsbereich für allgegenwärtigen sozialen Ausgrenzungs- und Diskriminierungsbedarf. "Mau-Mau-Siedlung", befand der Volksmund, sei das treffende Schimpfwort, das die Bewohner auch entsprechend traf und unter dem die Siedlung bald stadtweit bekannt war. Wer nun mit dieser Adresse um Wohnung (oder Arbeitsplatz) nachsuchte, hatte schlechte Karten. So betrug denn die durchschnittliche Verweildauer im Gebiet 1971 nicht das vertragliche eine Jahr, sondern schon über zehn Jahre. Ein großer Teil der Bewohner war inzwischen hier geboren und aufgewachsen.

Das Leben in der KRS war, not - gedrungen, konfliktreicher, abweichendes Verhalten bei der Zusammenballung von Menschen auf engstem Raum natürlich auffälliger als woanders. Wer aber die Situation von innen kennenlernte, konnte feststellen, daß sich der weitaus überwiegende Anteil der Bevölkerung - trotz der miserablen kollektiven Ausgangslage - in beachtlicher Weise individuell wieder auf solide wirtschaftliche und soziale Beine gestellt hatte.

Viele alleinerziehende Mütter gingen einer regelmäßigen Berufstätigkeit nach und verzichteten bewußt auf ihren Sozialhilfeanspruch. Auch das soziale Klima konnte unter bestimmten Aspekten positiv beeindrucken: Praktische Toleranz gegenüber schwierigen Mitmenschen und "selbstverständliche" Nachbarschaftshilfe waren hier in einer Weise ausgeprägt, wie man sie anderen Wohngebieten gelegentlich nur wünschen kann.

Aber das war weder vorurteilskonform, noch wurde es von außen überhaupt erkannt oder gar honoriert. Das "Mau-Mau"-Stigma saß kollektiv, resigniert oder trotzig verinnerlicht auch von den Bewohnern, und die Siedlung behielt ihren Ghetto-Charakter bis in die 70er Jahre.

Ausgangslage 2

1971 bahnte sich eine historische Wende auf zwei Ebenen an, ohne daß diese zunächst einen Bezug zueinander hatten:

Zum einen ruhte plötzlich das Auge der Stadtplanung auf dem Gebiet. Der Drang zum Hochhaus am Stadtrand war noch ungebrochen, und in der unmittelbaren Nachbarschaft wurde gerade die "Thermometersiedlung" mit bis zu 21 Stockwerken in die Höhe getrieben. Ähnliches sollte nun auf dem Gelände der KRS fortgesetzt werden, die den Grund und Boden mit ihrer Geschoßflächenzahl (GFZ) von 0,28 nun auch wahrlich nicht optimal auslastete.

Zum anderen entschloß sich gleichzeitig die gebietszuständige evangelische Petrus-Gemeinde, eine Stelle für Gemeinwesenarbeit (GWA) einzurichten, von der aus mit den Bewohnern in der KRS und für sie Segensreiches bewirkt werden sollte. Einen planerischen Bezug zu den noch inoffiziellen Bodennutzungs-Absichten der Stadt hatte die Gemeindestelle aber fürs erste nicht. (Das sollte sich später grundlegend ändern).

Das Ziel 1

"Der Schandfleck muß Weg", denn "so wie die Häuser sind, sind auch die Menschen" befand im Wahlkampf 1971 ein späterer Bezirksbürgermeister prägnant. Sein Kollege Baustadtrat legte umgehend ein "Drei-Schienen-Konzept" vor: Verdünnung - Abriß - Neubau, wobei mit Verdünnung keine Flüssigkeit gemeint war, sondern das wahllose Umsetzen der KRS-Bewohner in andere Wohnungen und Stadtteile. Was das für soziale Folgen haben könnte, warum das plötzlich so leicht möglich war und wieso den KRS-Bewohnern nicht schon früher oder überhaupt gleich richtige Wohnungen angeboten worden waren - diese Fragen blieben offen im politischen Raum stehen. Jedenfalls lag dem Bezirksamt damals nichts ferner, als etwa eine Sanierung auch für die Bewohner und mit deren Beteiligung hier durchzuführen. Der "Schandfleck" sollte komplett und schnell "weg", und zwar möglichst geräuschlos.

Das Ziel 2

Statt dessen nahm 1973 eine erhebliche kommunalpolitische Geräuschentfaltung um das Gebiet ihren Lauf. Im Rahmen eines Projekts der Friedens- und Konfliktforschung, durch das der Verfasser unter dem Aspekt "strukturelle Gewalt" mit der KRS zu tun bekam, wurden die Bewohner erstmals über die Planungsabsichten des Bezirks informiert.

Die "Mietergruppe Mitbestimmung" wurde gegründet mit dem Ziel, doch einmal auszuloten, was bei einer durchgreifenden Sanierung wohl für die Menschen im Gebiet - und nicht ohne oder gegen sie - zu erreichen wäre.

Dabei gab es von vornherein eine klare Übereinstimmung mit der Verwaltung: An der Erhaltung der KRS hatten auch die Mieter kein Interesse. Zu schlecht war die Bausubstanz in vielen Blöcken, zu lähmend lastete der "Mau-Mau"-Stempel auf der Siedlung. Abriß und Neubau war also Konsens. Aber beim entscheidenden "wie und für wen" gab es über lange Zeit keinerlei Gemeinsamkeiten.

Ziele der GWA im Verbund mit den Mietern waren:
- Wenn Sanierung mit Neubau, dann unter Anwendung des Städtebauförderungsgesetzes (StBauFG, das war damals noch ganz frisch), um ein Mindestmaß an formalen Rahmenbedingungen für die sozialen Aspekte sicherzustellen. (Das ging laut Senatsgutachten keinesfalls, weil es sich bei der KRS ja um ein Neubaugebiet handelte. Es ging dann aber, nach geförderter politischer Entscheidung, ein Jahr später doch.)

- Alle Mieter, die im Gebiet bleiben wollten, sollten auch die Möglichkeit dazu und später hier eine Wohnung nach Maß erhalten. Denn es hatten sich eben, allen Mißlichkeiten zum Trotz, in der KRS auch positive "örtliche Bindungen und soziale Verflechtungen" (§ 8 StBauFG) herausgebildet. Ferner war in Fachkreisen bekannt, daß das wahllose und vereinzelnde Umsetzen von Menschen aus "sozialen Brennpunkten" in fremde Wohngebiete nicht nur einseitigen Anpassungsdruck erzeugt, der oft zu neuen wirtschaftlichen Problemen führt. Es war auch stets von einer mitziehenden Diskriminierung mit Isolationswirkung für die umgesetzten Betroffenen auszugehen. (Das wurde 1977 mit einer Studie der Petrus-Gemeinde über 74 mühsam ausfindig gemachte Umsetzmieter aus der KRS nachdrücklich bestätigt.)

- Statt dessen sollten die KRS-Mieter bei einer Sanierung ihres Gebiets "Heimvorteil" haben. Das integrative Konzept mit mehrheitlich neu hinzuziehenden Mietern sollte auf Gegenseitigkeit beruhen, mit einem gewissen Bonus für die alteingesessenen KRS-Mieter. Positive Merkmale und Strukturen aus der KRS sollten bei der Sanierung möglichst erhalten und Voraussetzungen für weitere konstruktive soziale Prozesse planerisch geschaffen werden.

Um diese Art behutsamer Stadterneuerung in einem Neubauverfahren zu sichern, ergab sich ein generelles Planungsprinzip aus Sicht der GWA: Hohe Qualität und menschliches Maß in allen Bereichen. Formale Kriterien hierfür waren u. a.:

- Höchstens fünf Geschosse (statt der geplanten Hochhäuser)
- gemäßigte Verdichtung (Geschoßflächenzahl 0,7 statt 1,0)
- familiengerechte Wohnungen, auch zahlreiche 5- und 6-Zimmer-Wohnungen
- das Ganze modellhaft zu bezahlbaren Mieten ("Drei-Mark-Miete")
- zeitgleiche Erstellung der benötigten sozialen Einrichtungen
- Fernwärme statt Ölheizung (Emissionen und Mietnebenkosen reduzieren)
- Optimierung der Nahversorgung und sonstigen Infrastruktur
- kein Autoverkehr im Wohnbereich
- Mietergärten an allen Erdgeschoßwohnungen
- und - man nannte es noch nicht so - ökologisch orientierte, für Natur und Menschen verträgliche Freiflächengestaltung.

Die letzten beiden Aspekte waren beispielsweise Merkmale des "genius loci" der KRS: Mietergärten hatten sich die Bewohner selbst angeeignet, auch als räumliche Erweiterung der beengten Wohnverhältnisse. Das waren im Sommer kleine Zentren sozialer Aktivitäten. Die naturnahen Freiflächen andererseits mit ihren artenreichen Staudenwiesen und robusten, verdichteten Gehölzzonen waren eigentlich ein Produkt jahrelanger Pflege-Einsparungen des Bezirksamts. Nur unter diesem Gesichtspunkt wurden sie auch von den Bewohnern zunächst eingeschätzt: Alles Unkraut. Über Beobachtungen des Gemeinwesenarbeiters und Erörterungen mit den Mietern wurde aber bald festgestellt, daß die vielfältigen Wiesen in einer Stadt eigentlich und "natürlich" eine wesentlich höhere Lebensqualität hatten, als ein vermeintlich prestigeträchtiger Mono-Rasen.

Der Weg

Auf Ziel <u>und</u> Weg - Umsetzung der Zielvorstellungen in planerische und kommunalpolitische Realität - kam es gleichermaßen an. Rollen, Funktionen, Strukturen, Methoden, Strategien mußten gefunden, ein System der Interessenrealisierung mußte entwickelt werden. Die Darstellung dieses Prozesses würde den Rahmen dieses Beitrags um ein Vielfaches sprengen. Daher werden im Folgenden nur einige prinzipielle und strukturelle Aspekte angerissen.

Zusammenfassend bleibt festzustellen: Der Weg war steinig, steil (aufwärts wie gelegentlich abwärts) und lang. Aber er führte schließlich immerhin tatsächlich zum Ziel.

Hart stießen sich also die Planungsziele jahrelang im Raum. Denn abgesehen von dem einen Konsens - Abriß und Neubau - entsprachen die Zielvorstellungen der GWA/Mieter-Fraktion den amtlichen Planungszielen zunächst überhaupt nicht. Und was vor allem ganz und gar nicht vorgesehen war, fand nun besonders vehement statt: Die Betroffenen mischten sich in die Planung ein, stellten plausible Forderungen und pochten auf Rechte bzw. legitime Ansprüche.

Dabei hatten sie durch die kirchliche GWA professionelle Unterstützung, Beratung, Förderung und Außenvertretung, die aufgrund der Unabhängigkeit des Trägers auch in z.T. extremen öffentlichen Konfrontationen nicht "von oben" zu kujonieren war - eine essentielle Voraussetzung für das konfliktfeste Gelingen des Projekts.

Die öffentliche Hand verlor nun, aufgrund dieser und anderer Umstände, im Laufe der 70er Jahre jegliches Interesse am Projekt Woltmannweg, das mehrfach als "gestorben" galt und mit entsprechendem Aufwand wiederbelebt werden mußte (Näheres zur Vorgeschichte vgl. Grothe-Jung 1977, S. 41 ff). Parallel dazu, paradoxe Realität, erkannten aber zuständige Stellen beim Senator für Bau- und Wohnungswesen, daß hier ein wohnungs- und sozialpolitischer Modellfall vorlag, an dem Sanierung - wenn sie denn stattfände - mit intensiver sozialplanerischer Begleitung zu erproben wäre.

Das Produkt dieser Erkenntnis und der dazugehörenden informellen Abstimmungsprozesse war schließlich 1978 die Einsetzung des "Team Sozialplanung Woltmannweg" - öffentlich finanziert aus Städtebauförderungsmitteln, angestellt aber beim evangelischen Kirchenkreis Steglitz, der gemäß Geschäftsbesorgungsvertrag "die Aufgaben der Sozialplanung selbständig wahrnahm". Damit konnte gewährleistet werden, daß die professionelle sozialplanerische Einwirkung auf den Sanierungsprozeß im Interesse der Betroffenen wiederum - analog zur GWA der Petrus-Gemeinde - von einem Träger verantwortet wurde, der von den übrigen Planungsbeteiligten unabhängig und dabei gesellschaftlich sanktioniert war.

Das Team Sozialplanung war interdisziplinär zusammengesetzt (Architektur, Stadtplanung, Soziologie, Sozialarbeit), wobei die repräsentierten Fachrichtungen in den Personen jeweils mit dem hier notwendigen gesellschaftspolitischen Engagement und projektbezogener Lernfähigkeit verbunden waren. Von 1978 bis 1987 wirkte das Team Sozialplanung also - erst mit zwei, später mit vier Stellen - auf den Sanierungsprozeß nach Kräften in ständiger Rückkopplung mit den Mietern ein. Das hieß vor allem, daß die oben dargestellten

Sanierungsziele - einige waren im Laufe der Jahre schon in die verhaltene öffentliche Planung eingesickert - en gros und en detail zu realisieren und zu verfeinern waren, immer wieder gegen den formierten Widerstand mächtiger Fraktionen und Koalitionen im Sanierungsgeschäft.

Andererseits entwickelten sich im Laufe der Zeit, phasen-, institutionen- oder personenbezogen, auch solide Kooperationsstrukturen, durch die in wohltuender Weise Probleme mit rational-vereinten Kräften gelöst und Ziele kritisch-einvernehmlich angestrebt werden konnten. Ohne diese konstruktiven Netzwerke, die meist über längere Phasen der Akzeptanz- und Vertrauensbildung entwickelt wurden, wäre das Projekt auch nicht realisierbar gewesen. Denn Konflikte in der jeweiligen Sache, generelle wie spezielle Interessenwidersprüche sind kein zufälliger oder willkürlicher, sondern systematischer Bestandteil umfassender Planungs- und Sanierungsprozesse. Die qualifizierte, rationale Verarbeitung der Widersprüche setzt von Fall zu Fall stabile Konfliktfestigkeit wie solide Kooperationsfähigkeit gleichermaßen voraus (Merkmale demokratisch-politischer Praxis, für die - sicher nicht nur aus Sicht der Sozialplanung Woltmannweg - im gesellschaftlichen Macht- und Zuständigkeitsgefüge noch erheblicher Entwicklungsspielraum besteht).

Über die neun Jahre der Tätigkeit des Teams Sozialplanung Woltmannweg gibt es einen Projektbericht, der in geraffter Form Bilanz zieht und damit immer noch 300 Seiten umfaßt (Grothe-Jung/Hanneman/Hoffmann 1988).

Ergebnisse

Als 1979 der Baubeginn des ersten Bauabschnitts mit einer raumgreifenden öffentlichen Kampagne endlich durchgesetzt war (das Ganze drohte wieder einmal an der Finanzierung zu scheitern), lag ein begrüßenswertes städtebauliches Konzept schon längere Zeit vor. Nach zwei Anläufen war ein Architekt gefunden worden (Uwe Hameyer), der die richtige Antenne für das hier Angestrebte mitbrachte. Sein Entwurf konnte nun kooperativ weiterentwickelt und im Detail verfeinert werden, vor allem aber im Laufe des Projekts gegen zeitgeistig gewendete Planungsabsichten wiederholt verteidigt werden. So ergibt sich in Stichworten heute etwa folgendes Bild (vgl. Grothe-Jung/Hannemann/Hoffmann 1988, S. 277 ff.):

Räumliche Gliederung

Wesentlich ist die Gliederung des Gebietes in vier Bereichsteile in Nordwest-Südostrichtung (A-D, vgl. Plan S. 131):
- Straßenrandbereich (A) entlang der Osdorfer Straße. Zurücklegen der Gebäude, Nutzung der Distanzfläche für PKW-Stellplätze, Lärmschutzwälle,

Das neue Wohngebiet Steglitz-Woltmannweg

Mietergärten, Abenteuerspielplatz mit Abschirmung gegen angrenzende Gebäude,

- Promenadenbereich (B) als autofreies Erschließungsrückgrat, enge Gebäudestellung und mehrere platzartige Erweiterungen (zentral: Marktplatz),
- Innenbereiche (C), ruhige Innenzone mit ringartiger, aber offener Bebauung, "Grünhöfe", erreichbar durch viele Hausdurchgänge, Höhengliederung durch erdgedeckte Garagen,
- Öffentlicher Grünzug (D), Distanz zur angrenzenden Einfamilienhausbebauung mit öffentlichen Spielplätzen, wertvollem Baumbestand, artenreicher Staudenwiese.

Siedlungsform, Architektur

- GFZ 0,7 statt 1,0,
- keine Hochhäuser, sondern mittelhohe Bebauung, überwiegend drei-, maximal fünfgeschossig,
- weiträumige, ruhige Innenbereiche ("Grünhöfe"),
- differenzierte Gebäudekonturen,
- gestaffelte Dachlandschaft,
- kontrastrierende Außenraumfolgen,
- Fußgänger-"Promenade" als zentrale Erschließung,
- Kleinteiligkeit und optische Vielfalt bei einheitlichem städtebaulichem Konzept,
- Verknüpfung von Außenraum/Innenraum u.a. durch Mietergärten,
- gestaffelte Gebäudeköpfe an den Hausenden statt geschlossener Giebelwände,
- keine aufgesetzten Stilelemente ohne Nutzungsinhalt,
- Umgestaltung der Scheelestraße, einer breiten ehemaligen Verkehrsstraße, zum vielfach nutzbaren Siedlungsmittelpunkt: Marktplatz und Erweiterung der Grünflächen durch weitgehende Erdüberschüttung und Bepflanzung, am Marktplatz Überpflasterung der Asphaltpiste.

Wohnungsplanung

- Familiengerechte Wohnungen,
- differenziertes Wohnungsangebot, Grundrißvielfalt, auch Maisonette-, Split-Level und Reihenhaus-Lösungen,
- keine serielle Addition gleicher Wohnungstypen (differenziertes Wohnungsgemenge),
- vielfältige Beziehungen zum Außenbereich; unterste Ebene: Mietergärten, oberste Ebene: Dachterrassen,
- Sonderwohnformen für Jugendliche, Frauen und Behinderte,
- überdurchschnittlich hoher Anteil großer Wohnungen (mehr als drei Zimmer),
- spezielles Wohnungsprogramm mit unterschiedlichen Grundrißformen für kinderreiche Familien (fünf und sechs Zimmer).

Erschließung

- Kein Autoverkehr in der Siedlung,
- PKW-Erschließung durch erdgedeckte Stellplätze (bandartig unter den Gebäuden),
- offene Stellplätze nur in den Randzonen zu den Verkehrsstraßen,
- Zugänglichkeit aller Siedlungsbereiche (auch der Freiflächen) für Rollstühle und Kinderwagen (Rampen zusätzlich zu Treppen).

Umweltschutz

- BEWAG-Fernwärme statt Ölzentralheizung,
- Schutz vorhandener Wildwiesen, Strauchgruppen und aller Bäume (auch solcher, die nicht in die Baumschutzverordnung fallen),
- weitgehende Orientierung der Baukörper an vorhandener Vegetation,
- Umsetzen von Bäumen und Büschen, "Transplantation" von Wildwiesen,
- Ergänzung gewachsener Pflanzengemeinschaften,
- Kompostierung von Gartenabfällen im Gebiet,
- extensive Pflege der Freiflächen,
- Anlage von Feuchtwiesen-Biotopen / Teichen,
- Lärmschutzmaßnahmen,
- Dach- und Fassadenbegrünung,
- kein Industrie-, sondern Gewerbegebiet in der Nachbarschaft,
- Erhaltung des "durchgrünten" Gewerbegebiets mit wohnungsnahen Arbeitsplätzen und Freizeitangeboten (Planungsziel).

Gemeinbedarfseinrichtungen

- Fertigstellung zeitgleich mit Wohnungsbau (auch zur Nachversorgung der angrenzenden Thermometersiedlung),
- Gemeinschaftsräume in den Wohnhäusern,
- Kindertagesstätten,
- Jugendfreizeitheim mit Abenteuerspielplatz,
- Sportanlage mit Sporthalle,
- Seniorenfreizeitstätte,
- Gesundheitszentrum,
- Sozialstation,
- Wochenmarkt und Ladenzentrum,
- Ärztehaus,
- Neubau des Jugend- und Kinderhauses der evangelischen Kirchengemeinde.

Die Ziele der Mieter-/GWA-/Sozialplaner-Fraktion von anno 73 - 78 wurden schließlich alle erreicht und noch ein paar mehr. Heute, Ende 1989, sind drei Bauabschnitte fertiggestellt, der vierte und letzte befindet sich im Endspurt der Planung (Finanzierungsprobleme gibt es z.Zt. überhaupt nicht ...).

Bisher sind 845 Wohnungen gebaut und von 1981 bis 1987 bezogen worden, darin 15 rollstuhlgerechte Wohnungen, drei Sonderwohnformen (Jugend-Wohngemeinschaft, Frauenhaus II. Phase, Behindertenwohnungen) und vier Gästewohnungen. Alle Mieter der KRS, die zum Zeitpunkt der förmlichen Festlegung des Sanierungsgebiets (1977) in der Siedlung lebten und im Gebiet bleiben wollten, erhielten hier eine Wohnung nach Maß. Auch sogenannte "Rückführer", bereits umgesetzte Mieter, hatten diese Möglichkeit unter bestimmten Voraussetzungen.

Ca. 2 200 Menschen leben jetzt im Gebiet, darunter etwa 400 aus der ehemaligen Kleinraumsiedlung. Die wechselseitige Integration und Bildung neuer Nachbarschaften hat noch besser funktioniert, als selbst Optimisten bei der Formulierung jener Sanierungsziele im Sinne der KRS-Bewohner seinerzeit erwartet hatten. Die besondere Qualität des städtebaulichen Konzepts, der Wohnungen und des Wohnumfeldes hat dies zweifellos entscheidend gefördert und führt zu einer hohen allgemeinen Wohnzufriedenheit, was auch durch eine empirische Studie belegt wurde (Grothe-Jung 1987).

Zwei Schwerpunkte aus dem umfassenden Aufgabenkatalog der Sozialplanung Woltmannweg (von der Einzelfallhilfe bis zur Bauleitplanung) sollen zum Schluß noch kurz hervorgehoben werden:

Mietpreisbegrenzung

Eine hohe Wohnqualität nutzt dem Mieter auf die Dauer nichts, wenn er die Miete nicht bezahlen kann. Dieser schlichte Grundsatz war schon 1973 klar, als die zentralen Sanierungsziele von der GWA definiert wurden. Folglich gehörte schon damals die Forderung nach der "Drei-Mark-Miete" dazu. Dieses konkret-utopische Ziel wurde nach neun Jahren politischer Grob- und Feinarbeit 1982 erreicht. Die Erläuterung der Begründungszusammenhänge (z.B. Finanzierungssystem des Sozialen Wohnungsbaus, soziale und finanzielle

Die Drei-Mark-Miete: Wohnqualität nutzt dem Mieter nichts, wenn er sie nicht bezahlen kann

Kosten von Exmittierungen) würde hier zu weit führen, ebenso die Erläuterung des schließlich recht komplizierten Förderungsmodells (vgl. Riese 1983, S. 27 ff.).

Unter dem Strich zahlen (leider nur) die Sanierungsbetroffenen, unabhängig von ihrem aktuellen Einkommen, über 15 Jahre 2,05 DM weniger als die vergleichbare Normalmiete ausmacht. Darüber hinaus greift, bei individuellen Einkommensvoraussetzungen, der Härteausgleich nach § 85 StBauFG bzw. § 181 BauGB (Baugesetzbuch, seit 1986) "Modell Steglitz-Woltmannweg", der hier nicht in den üblichen 20 %-Sprüngen jährlich abgebaut wird. Für alle Mieter gilt, daß es bei entsprechender Kinderzahl und Wohnungsgröße in Berlin einen Aufwendungszuschuß für familiengerechte Wohnungen (AZFam) gibt, der bis zu 1,50 DM pro m^2 und Monat ausmacht (abhängig vom Zeitpunkt der Förderungsbewilligung für die Wohnung). Die Durchsetzung der BEWAG-Fernwärmeversorgung für das Sanierungsgebiet bewirkte schließlich im Bereich Mietnebenkosten eine Reduzierung um rund 0,50 DM/m^2 und Monat für alle Mieter.

Ergebnis: Seit Einzug mußte kein ehemaliger Mieter der KRS seine neue Wohnung im Sanierungsgebiet aufgeben, weil die Miete zu hoch gewesen wäre.

Freiraumplanung mit Mieterbeteiligung

Diese Aufgabe hat das Team Sozialplanung in enger Abstimmung mit dem Landschaftsplaner des Sanierungsträgers (Paul-Heinz Gischow) und weiteren Experten über neun Jahre intensiv verfolgt. Folgende Aspekte führten zu dieser Schwerpunktsetzung:

- Die Bedeutung der Qualität des Wohnumfeldes für Akzeptanz und Wohnzufriedenheit als praktisch gleichrangig mit der Qualität von Gebäuden und Wohnungen dürfte heute allseits anerkannt sein.
- Über Akzeptanz hinausgehende Identifikation der Bewohner mit ihrem Gebiet aber läßt sich besonders durch ihre kontinuierliche und verbindliche Mitwirkung gerade an der Freiraumplanung erreichen, wenn dies von allen Beteiligten als gemeinsamer Lern- und Umsetzungsprozeß begriffen wird. (Das will allerdings wohl organisiert, koordiniert und auch über Konflikte und Ermüdungserscheinungen durchgehalten werden; für Sozialplaner gibt's da viel zu tun).
- Dieser Planungssektor ist für Identifikationsprozesse über wirksame Mieterbeteiligung besonders geeignet,
- weil er vielfältig und anschaulich ist und jeder eine mehr oder weniger emotionale Beziehung dazu hat,
- weil man das Geplante buchstäblich wachsen sehen kann,

Die Freiflächen bieten vielfältige Spielmöglichkeiten für Kinder - auch außerhalb der eigentlichen Spielplätze

- weil er reversibel ist - Veränderungen können relativ problemlos und erfolgversprechend vorgenommen werden,
- weil auch "80 %-Lösungen" oder prozessuale Kompromisse hier durchaus zufriedenstellend sein können (in anderen Bereichen gibt es oft nur "ganz oder gar nicht"-Alternativen),
- weil er Lernangebote in Sachen Umgang mit Natur und Material bietet, die für die Beteiligten auch im übrigen Alltag von (Öko-)Nutzen sind.

Im Sanierungsgebiet Woltmannweg ist vorhandene Vegetation zum planungsbestimmenden Faktor geworden, indem z.B. geplante Baukörper filigran vorhandenen Gehölzzonen angepaßt wurden (bis hin zur kompletten Umplanung eines großen in zwei kleinere Gebäude). Das hat maßgeblich zum unverwechselbaren, organischen Erscheinungsbild der neuen Wohnanlage beigetragen.

Neben Büschen und Bäumen, die nicht an ihrem Standort bleiben konnten, wurden auch große Partien der naturwüchsigen Staudenwiese innerhalb des Gebiets umgepflanzt. Der Grünhof im ersten Bauabschnitt mit Teich und Wäldchen lebt heute vor allem von der umgesetzten KRS-Wiese, die in ihrem jährlichen und jahreszeitlichen Variationsreichtum ungeahnte Erlebnisse für Erwachsene und Kinder bietet.

Der gesamte Freiflächenkomplex in dem autofreien Wohngebiet ist nach dem Prinzip "Spiel-Raum für Mensch und Natur" konzipiert, mit extensiver Pflege und ohne Nutzungsverbote. Wo bestimmte Nutzungsarten vermieden werden sollen (Fußballspielen im Innenbereich - Bolzplätze sind am Rand des Gebiets), wird dies ausschließlich durch Geländemodellierung und Staudenwuchs gesteuert - und es funktioniert "natürlich" (vgl. Grothe-Jung/Hannemann 1988).

Ziemlich kurzes Schlußwort

Die "Mau-Mau"-Geschichte kann bereits heute als konstruktiv aufgearbeitet, als weitgehend "erledigt" gelten. Vor allem die Betroffenen sehen das, auf individuell unterschiedliche Weise, schon längst so. In diesem Zusammenhang ist ein neues, "bevorzugtes" Wohngebiet entstanden, das auch ohne die soziodramatische Vorgeschichte hervorragende Qualitäten hätte - nur wäre es ohne diese spezifisch-historische Ausgangslage so nie zustande gekommen (kommunalpolitische Dialektik eines sozialen Brennpunkts, die zu nutzen ist).

Die komplizierten Realisierungsprozesse wurden (der Verfasser spricht hier ohne Umschweife pro domo) von einem Faktor entscheidend bestimmt: Den Profis in den planenden Behörden, in den übrigen Verwaltungen, beim Sanierungsträger und bei diversen sonstigen Interessenten standen im Projekt Woltmannweg auf Seiten der Betroffenen mit der eigenständigen Sozialplanung / GWA ebenfalls Profis gegenüber. Die konnten sich, voll-beschäftigt, konzentriert mit diesem Gebiet und engagiert mit der Wahrung der Mieterinteressen im Sanierungsgetümmel befassen, in permanenter Rückkoppelung mit der Zielgruppe. Die Rollen bzw. Funktionen der Sozialplaner/Gemeinwesenarbeiter als Koordinatoren, Ermutiger, Konfliktmanager, Gegenplaner, Fortbilder, Durchsetzer, Berater, Anwälte, Kontrolleure, Forscher, ruhender oder aktivierender Pol wurden von allen Beteiligten ausgiebig und mit unterschiedlicher Wertschätzung wahrgenommen.

Dadurch lief im kommunalpolitischen Planungs- und Finanzierungs-Gefüge hier vieles völlig anders, als es der übliche Machtvollzug sonst "machbar" erscheinen läßt. Daß dabei auf ungewohntem und anstrengendem Weg schließlich für alle etwas Besseres herausgekommen sein muß, läßt sich vielleicht am deutlichsten daran nachweisen, daß der Erfolg auch hier heute viele Väter findet. Gut so. Das Modellhafte dieses Projekts - inzwischen oft beschworen und mehrmals prämiiert - besteht aber eben nicht nur im preiswürdigen Ergebnis, sondern gerade auch und vor allem im spezifischen Weg dorthin.

Insofern harrt das "Modell Woltmannweg" weiterhin seiner Wiederverwendung und Erprobung an neuen Aufgaben.

Literatur

Becker, Heidede; Dorothea Herberg, K. Dieter Keim u.a./Deutsches Institut für Urbanistik: Sozialstudie im Rahmen der vorbereitenden Untersuchungen (§ 4 StBauFG). Untersuchungsbereich Steglitz-Woltmannweg (Berlin). Berlin 1975

Grothe-Jung, Dietrich: "Ach, Sie meinen die Mau-Mau-Siedlung ...?" Erfahrungsbericht eines Gemeinwesenarbeiters aus einer vom Abbruch bedrohten "Kleinraumsiedlung" am Rande Berlins. In: ARCH+ (1977) H. 34, S. 41-49

Becker, Horst: Archetypus Haus. Ergebnisse des Bundeswettbewerbs 1984 "Familienwohnung und Familienheim". Teil 2: Wohnen am Woltmannweg. In: Bundesbaublatt (1984) H.9, S. 593 - 597

Grothe-Jung, Dietrich: Zwischenbilanz zur Wohnzufriedenheit im Sanierungsgebiet Steglitz-Woltmannweg. Auswertung einer Umfrage. Berlin 1987

Grothe-Jung, Dietrich und Christine Hannemann: Siedlung Woltmannweg Berlin Steglitz. Ein Jahrzehnt Freiraumplanung mit Mieterbeteiligung, eingebettet in die Sozialplanung eines Stadterneuerungsprojektes. Ein Erfahrungsbericht. In: Garten + Landschaft 98 (1988) H. 6, S. 50-55

Grothe-Jung, Dietrich; Christiane Hannemann, Heinz E. Hoffmann/Team Sozialplanung Woltmannweg: Sozialplanung Sanierungsgebiet Steglitz-Woltmannweg. Auswertung/Erfahrungsbericht. Berlin 1988

Riese, Horst: Mieter planen mit. Die Drei-Mark-Sozialbaumiete. In: Mieter-Magazin (1983) H. 12, S. 27-29

Planen und Bauen mit Bewohnern

So gravierend die baulichen und städtebaulichen Defizite von Obdachlosensiedlungen auch sein mögen, wenn es um neue Perspektiven für Obdachlosensiedlungen geht, stellen bauliche Fragen noch die geringsten Probleme. Schon gar nicht stellt sich die Aufgabe "Sonderwohnformen" für Obdachlose zu entwickeln. Vielmehr sind jene Wohnungsqualitäten gefragt, die den Wohnbedürfnissen von Familien und deren Veränderungen im Familienzyklus, dem nachbarschaftlichen Zusammenleben, dem Wechselspiel von Gemeinschaftlichkeit und individuellem Rückzug Rechnung tragen, wie sie gute "soziale" Architektur auszeichnet (s. den Beitrag von Gekeler).

Gegen die Container- und Barackenarchitektur, die die Bewohner herkömmlicher Obdachlosensiedlungen außerhalb der Wohnungen in ein ödes Wohnumfeld entläßt, für das niemand zuständig scheint, setzen die vorgestellten Beispiele auf Individualisierung und Differenzierung, Kompetenz für räumliche Bereiche auch außerhalb der Wohnung, Vorzonen und Mietergärten. Den einzelnen Bewohnern übertragene Zuständigkeiten schaffen individuelle Verantwortlichkeiten, die nach bestem Vermögen auch wahrgenommen werden. Gerade die "Spießigkeit", die das individuelle Gestalten der Bewohner zum Ausdruck bringt, ist letztlich ein Ausdruck neu gewonnener "Normalität". Sie ermöglicht die Entfaltung jener Symbolik, die die Zuordnung zu einer bestimmten sozialen Schicht ausdrückt, ob man nun dazugehört oder dazugehören will. Es ist ein legitimes Bemühen um soziale Anerkennung und bestimmt kein Anlaß zum Naserümpfen. Erst die Freiheit, die eigenen Wohnbedingungen mitzugestalten, bringt bisher versagte Bedürfnisse zum Vorschein, auch "falsche". Das ist in St. Herblain in Frankreich, wo man "schmuddlige" und "rückständige" Nutzungen wie Kleintierhaltung und Schrottler an den Rand verbannte, nicht anders als in Bremen-Reiherstraße, wo man den örtlichen Baumarkt als Quelle der Verschönerung nutzen lernte (s. die Beiträge von Mollet und Viets).

Wo man sich zur Erneuerung am vorhandenen Standort entschlossen hatte, war notgedrungen ein langer Atem nötig. Nicht nur aus finanziellen Gründen, auch praktisch ist es nicht möglich eine ganze Obdachlosensiedlung in eine Großbaustelle zu verwandeln, wenn das gewohnte Leben der Bewohner weitergehen soll. Zu schwerwiegend sind in der Regel die baulichen Mängel, als daß in bewohnten Wohnungen modernisiert werden könnte. So ergeben sich Erneuerungsprozesse in vielen kleinen Schritten, deren Realisierung sich über Jahre hinziehen können und auch nach 15 Jahren noch nicht abgeschlossen sind - mit allen Möglichkeiten, um aus Fehlern zu lernen, bauliche Lösungen zu modifizieren, aber auch zum Abwarten, wenn die Entwicklung einem Teil der Bewohner zu schnell geht (s. den Beitrag von Severin). Voraussetzung ist allerdings ein Rahmenkonzept, das die Berücksichtigung der städtebaulichen Zusammenhänge - auch bei Planänderungen - sicherstellt (s. den Beitrag von Voegele).

Verbunden mit dem Erneuerungsverfahren ist ein langjähriger Lernprozeß für die Bewohner, die sich mit neuartigen technischen Fragestellungen, aber auch mit ihren eigenen Wünschen und Lebensperspektiven auseinanderzusetzen haben. Ihre Beteiligung am Planungsprozeß ist daher mehr als eine Planungsformalität. Sie ist die Grundlage von Wohnzufriedeneheit und Verantwortlichkeit für das Ergebnis. Daß dabei "angemessenere" Lösungen zustande kommen ist vielleicht sogar zweitrangig. Wichtiger ist es, daß sie sich ernst genommen fühlen können und Behördenvertreter nicht nur als versagend oder gewährend, sondern als Partner erleben können, die auch ihre Meinung gelten lassen.

Die Beteiligung von sozial benachteiligten Bewohnern, ungeübt eigene Wünsche zu verbalisieren und zumeist ohne eigene Anschauung "besserer" Wohnbedingungen, fordert ein besonderes Einfühlungsvermögen der Planer und Verantwortlichen. Nicht das buchstäbliche Umsetzen verbal geäußerter Wünsche, sondern das Erfassen der gesamten Lebenswirklichkeit, der konkreten Nutzungen von Räumen und Flächen, der uneingestandenen Wünsche ebenso wie der komplexen Bezüge des Zusammenlebens ist gefordert (s. den Beitrag von Mollet). Erst alles zusammen genommen - symbolische Bedeutungen, Gruppenmeinungen und die ganz privaten Erwägungen - machen die Wirklichkeit aus, die mit einer konkreten baulichen Umsetzung zusammen passen muß. Und dies formiert sich erst allmählich, durch Erörterungen, Anschauung, eigene praktische Erfahrung. Vor allem für Gemeinwesenarbeiter stellen sich hier wesentliche, auch semantische Vermittlungsaufgaben.

Keine Siedlung ist wie die andere und auch die Fähigkeiten und Kompetenzen der Bewohner sind individuell unterschiedlich. So gibt es viele Formen und Stufen der Beteiligung, die von fürsorglicher Information über intensive Planungsbeteiligung bis zur Selbsthilfe in der eigenen (Miet-)Wohnung oder gar zur Rolle als Bauherrn eines eigenen Hauses reichen kann. Die Eröffnung aller Chancen der Mitwirkung hat aber auch den Preis der sozialen Differenzierung oder gar Entsolidarisierung - wie das Beispiel Bremen-Reiherstraße deutlich macht - und kann die Bewohner an den Rand der Überforderung führen, wie bei den Selbsthilfemaßnahmen in Landau (s. die Beiträge von Viets und Kappauf). Negative Erfahrungen sind aber kein Argument gegen diese Erneuerungsansätze, sondern lediglich nachdrücklicher Beleg dafür, daß man die Bewohner mit gänzlich ungewohnten Aufgaben nicht allein lassen und den baulichen Erneuerungszielen deren soziale Zwecke nicht nachordnen darf.

Ulrich Severin
Arbeitskreis Soziale Brennpunkte
Marburg

Information - Abstimmung - Kontrolle

Modernisierung mit Bewohnern in einem sozialen Brennpunkt

Die Erneuerung der ehemaligen Schlichtwohnungen am Ginseldorfer Weg im Marburger Stadtteil Waldtal ist ein Beispiel dafür, wie die Lebensbedingungen in einem sozialen Brennpunkt allmählich stabilisiert und die Wohnverhältnisse normalisiert werden können. Die unmittelbare Nachbarschaft zu einem "normalen" Wohngebiet - ursprünglich ein wichtiger Anlaß für die Aufwertung des Schlichtwohngebiets - bietet zudem relativ günstige Voraussetzungen für die soziale Integration der Bewohner und zur Überwindung ihrer sozialen Ausgrenzung. Sie sind dafür aber keine Garantie. Es wird auch nach einer Normalisierung der Wohnverhältnisse im Waldtal erheblicher Anstrengungen bedürfen, die sozialen Chancen der benachteiligten Bewohner zu verbessern.

Ein Entwicklungsprogramm für den Stadtteil

Der politische Anstoß zur Modernisierung des Waldtals

Die Anfänge der Gemeinwesenarbeit im Waldtal reichen zurück bis zu einer studentischen Projektgruppe, die 1965 in der damaligen Marburger Barackensiedlung "Im Krekel" tätig wurde. Etwa 1967 organisierte sich die Projektgruppe unter Mitwirkung weiterer Marburger Bürger und Bewohner des Krekels als "Arbeitskreis Notunterkünfte Marburg e.V." und wurde Trägerverein für Vorschul- und Hausaufgabenbetreuung. Bei der Auflösung des Krekels (in den Jahren 1971 - 1973) sah sich der Verein als Interessenvertretung der Bewohner gegenüber der Stadt Marburg - mit unterschiedlichem Erfolg. Daß in Marburg noch 1973/74 die letzten Schlichtwohnungen für Obdachlose mit Zuschüssen aus dem auslaufenden Landesprogramm - statt normaler Sozialwohnungen - gebaut wurden, konnte der Arbeitskreis nicht verhindern.

1972 nahm der Arbeitskreis im Waldtal seine Arbeit mit einer Spiel- und Lernstube auf. Schon in den ersten Jahren wurde immer deutlicher, daß sozialpädagogische Arbeit alleine zur Verbesserung der Situation der Kinder und Jugendlichen in diesem Stadtteil nicht ausreichte. Solange sechs- bis achtköpfige Familien in kleinen Zwei-Zimmer-Wohnungen von ca. 45 m^2 leben mußten, blieb der pädagogische Erfolg fraglich. Zur schlechten Wohnsituation kam die ungesicherte wirtschaftliche Lage der meisten Haushalte hinzu. Aus Unkenntnis, aber auch durch die Ämter abgeschreckt, nahmen die Bewohner staatliche Hilfen kaum in Anspruch. Weitgehend herrschte Hoffnungs- und Perspektivelosigkeit.

Um ein genaueres Bild der desolaten häuslichen und sozialen Situation der Bewohner und damit eine Grundlage für Forderungen und Überlegungen zur weiteren Entwicklung der Siedlung zu bekommen, führte der Arbeitskreis, der sich 1973 in "Arbeitskreis Soziale Brennpunkte Marburg e.V." (AKSB) umbenannt hatte, eine Befragung im Waldtal durch. Diese Erhebung sollte vor allem auch aktivierend wirken; möglichst viele Bewohner sollten den Eindruck gewinnen, daß sich in Zukunft etwas bewegen würde. Die Folge war, daß sich nun alle Hoffnungen der Bewohner auf Veränderung auf den AKSB richteten: "Wenn sich hier etwas ändern soll, dann mit denen ...".

Die Wende zum Besseren brachte schließlich ein neues Konzept der Stadt zur Stadtentwicklung. Ausgangspunkt war ein Bebauungsplan vom Mai 1974 für etwa 150 Wohneinheiten im Sozialen Wohnungsbau auf dem Gebiet "Am Rain", unmittelbar im Anschluß an das bestehende Schlichtwohnungsgebiet. Da der Investor, die Neue Heimat, an diesem Standort Verwertungsprobleme sah, der AKSB seinerseits die Trommel für eine Verbesserung der Lebensverhältnisse der Bewohner der Schlichtwohnungen rührte und die Stadt vermeiden wollte, daß durch kraß unterschiedliche Wohnbedingungen in unmittelbarer Nachbarschaft sozialer Zündstoff zwischen alten und neuen Bewohnern gelegt würde, beschloß die Stadt im Februar 1975 das "Waldtal-Entwicklungsprogramm". Es sah vor, die Infrastruktur des Statdtteils insgesamt zu verbessern und insbesondere die Schlichtwohnungen durchgreifend zu modernisieren (s. den Beitrag von Gotthold).

Zusammenarbeit und Zuständigkeiten bei der Modernisierung

Für die Ausarbeitung des Waldtal-Entwicklungsprogramms hatte der Magistrat 1974 die Arbeitsgruppe Waldtal einberufen, die auch in der Folgezeit, bei der Realisierung des Programms und insbesondere bei der Durchführung der baulichen Sanierungsmaßnahmen zu einer wichtigen Schaltstelle zwischen Bewohnern und Verwaltung wurde. In der Arbeitsgruppe Waldtal sind sowohl alle zuständigen Ämter (Amt für Stadtentwicklung und Statistik - federführend -, Sozial-, Jugend-, Bau-, Garten- und Friedhofsamt) als auch Bewohnergruppen und Institutionen aus dem Stadtteil vertreten (Ökumenisches

Zentrum St. Martin-Haus, Deutscher Kinderschutzbund - DKSB -, AKSB, Pfarrer, Waltalgemeinde[1]). Geschäftsgrundlage für die Arbeitsgruppe, die alle vier bis sechs Wochen zusammentrifft, ist das Waldtal-Entwicklungsprogramm mit den darin festgelegten Einzelmaßnahmen. Dadurch daß alle Beteiligten an einem Tisch zusammenkommen und in den Entscheidungsprozeß eingebunden sind, sollen Reibungsverluste, Fehlplanungen und Verzögerungen soweit wie möglich vermieden werden. Die Zusammensetzung der Arbeitsgruppe soll insbesondere auch ermöglichen, daß die Wünsche und Bedürfnisse der Bewohner berücksichtigt werden. In der Arbeitsgruppe wird das Programm aber auch konzeptionell weiterentwickelt, und es werden Fragestellungen behandelt, die in den letzten Jahren an Bedeutung gewonnen haben, z. B. die Ausbildungssituation Jugendlicher, die Möglichkeit von Beschäftigungsinitiativen nach § 19 BSHG etc.

Da Grundstücke und Wohngebäude in städtischem Eigentum waren, konnte die Stadt Marburg Planung und Durchführung der Modernisierungsmaßnahmen am Ginseldorfer Weg in eigener Regie betreiben. Für die beteiligten städtischen Ämter war die Arbeitsgruppe Waldtal das entscheidende Koordinationsgremium. Gewissermaßen als "Bauherr" fungierte das Liegenschaftsamt, als "Architekt" das Bauamt. Bei der Belegung der Wohnungen war die städtische Wohnungsvermittlungsstelle eingeschaltet sowie das Ordnungsamt, das darauf drang, daß die Bewohner Mietverträge bekamen, also nicht länger als Obdachlose geführt werden mußten. Dazu mußten gemeinsam mit dem Sozialamt Lösungen gefunden werden, um insbesondere die künftige Mietzahlung zu sichern.

Dem AKSB kam bei der Durchführung der Modernisierungsmaßnahmen vor allem die Aufgabe zu, die Beteiligung und Einbeziehung der Bewohner in den Entscheidungsprozeß zu organisieren und ggf. als Vermittler aufzutreten. Sein Ziel war, daß die Bewohner möglichst unbürokratisch und unmittelbar über alle sie betreffenden Planungen und Maßnahmen umfassend informiert sein sollten und ein Höchstmaß an Transparenz im Entscheidungsprozeß erreicht wurde.

Die Bewohner haben sich von Anfang an sehr intensiv mit den Modernisierungsmaßnahmen auseinandergesetzt. Sie haben sich in die Bauzeichnungen hineingelesen und sich bei den Sachbearbeitern des für die Modernisierungsarbeiten zuständigen Hochbauamtes sachkundig gemacht. Viele

---

1 Die Waldtalgemeinde ist - wie auch andere Stadtteilgemeinden in Marburg - ein Zusammenschluß von Bewohnern zur Vertretung von Stadtteilinteressen, im Waldtal bisher vorwiegend der Bewohner außerhalb des sozialen Brennpunkts.

Vorschläge für Verbesserungen und Alternativen gehen auf die Bewohner zurück und wurden in den folgenden Jahren vom Hochbauamt als Standardlösungen übernommen. Während anfangs der AKSB noch eine Menge zwischen Hochbauamt, ausführenden Firmen und Bewohnern zu vermitteln hatte, verhandeln heute die Betroffenen überwiegend unmittelbar. Im Laufe der Jahre hat sich auch das Verhältnis zwischen Bewohnern und Handwerkern der bauausführenden Firmen verändert. Kam es anfangs zu Auseinandersetzungen und weigerte sich schon einmal der eine oder andere Handwerker im Waldtal zu arbeiten, so haben sich mittlerweile sogar Bekanntschaften ergeben, die auch über die Zeit der Arbeit im Waldtal anhielten.

Die Modernisierung der städtischen Wohnungen von 1976 bis 1988

Abfolge der Maßnahmen

Von 1976 bis 1988 wurden jährlich zwei Wohnblöcke mit je zwölf Wohneinheiten modernisiert. Als erste Modernisierungsmaßnahme wurden 1976 die städtischen Häuser Ginseldorfer Weg 26/28 erneuert. Dem waren ausführliche Erörterungen mit den Bewohnern über die Einzelheiten der Durchführung vorangegangen. Dabei gab es auch Widerstände gegen eine Modernisierung der Wohngebäude, hauptsächlich von älteren Bewohnern. Sie fürchteten vor allem die Umstände, die mit dem Auszug und einer - wenn auch vorübergehenden - Unterbringung in einer anderen Wohnung, womöglich sogar außerhalb des Stadtteils, verbunden waren. Sie hatten nun über 20 Jahre in den Wohnungen gelebt, und Gewöhnung und Anpassung an die Verhältnisse, meinten sie, würden sie auch die nächsten Jahre überstehen lassen. Diese Einstellung änderte sich jedoch sehr bald, wenn die Bewohner mit dem Fortschreiten der Bauarbeiten sehen konnten, was die Modernisierung tatsächlich an Verbesserung brachte.

Das schrittweise Vorgehen bei der Modernisierung von jährlich nur zwei Wohnblöcken, hatte den Vorteil, daß bei solchen anfänglichen Vorbehalten den Bewohnern Zeit gelassen und Gebäude vorgezogen werden konnten, wo die Bewohner solche Vorbehalte nicht hatten. So ergab sich die Abfolge der Modernisierungsmaßnahmen in Absprache zwischen der Stadt Marburg und dem AKSB danach, daß sich die betreffenden Bewohner jeweils möglichst einhellig und gemeinsam für eine Modernisierung ausgesprochen hatten.

Die Belegung der Häuser

Bisherige Mieter haben selbstverständlich einen Rechtsanspruch aus ihrem Mietvertrag, nach der Modernisierung wieder in die gleiche Wohnung einziehen zu können. Die Arbeitsgruppe Waldtal hatte sich darüber hinaus darauf geeinigt, daß auch bisher obdachlose Bewohner mit Nutzungsverträgen den Mietern gleichgestellt sein sollten. Beim Wiedereinzug in ihre modernisierte Wohnung, erhielten auch sie einen Mietvertrag, wobei allerdings der Ausgleich aufgelaufener Mietschulden vorher zu regeln war und die künftige Mietzahlung sichergestellt sein mußte.

Wenn bisherige Bewohner darauf verzichteten, in ihre Wohnungen wieder einzuziehen, oder ihre Wohnung lieber etwas kleiner haben wollten, konnte der frei werdende Wohnraum neu verteilt werden. Dabei wurde zunächst geprüft, ob bei den übrigen Hausbewohnern Bedarf für eine Wohnungsvergrößerung bestand. Die jeweils zwei Wohnungen einer Etage konnten z. B. zu einer großen (Doppel-)Wohnung zusamengeschlossen werden, es konnten aber auch einzelne Räume der jeweils anderen Wohnung zugeschlagen werden. Wenn danach noch Wohnungen zu vergeben waren, so wurde mit der Hausgemeinschaft abgesprochen, ob aus ihrem Freundes- und Verwandtenkreis im Waldtal jemand daran interessiert war, der zu der Hausgemeinschaft passen würde. Dies wurde als Chance gesehen, die Hausgemeinschaften zu stabilisieren und künftige Konflikte gering zu halten. Bevorzugt wurden weiterhin Mieter aus den jeweils nächsten zur Modernisierung anstehenden Wohnblöcken, um auch dort etwas mehr Flexibilität bei der Belegung zu haben.

In den Jahren 1976 - 1979 zog eine Reihe von Familien vom Ginseldorfer Weg in Sozialwohnungen, die damals in dem angrenzenden Baugebiet "Am Rain" bezugsfertig wurden. Danach konnte ein erheblicher Teil an Überbelegung abgebaut werden; die Wohnungsversorgung der bleibenden Bewohner verbesserte sich fühlbar.

Räumung der Gebäude und Beschaffung von Ersatzwohnraum

Wegen dem Umfang der Baumaßnahmen mußten in jedem Fall die Gebäude vorher völlig geräumt sein. In der Regel bis Anfang April, mußten alle Mieter in eine andere Wohnung umgezogen sein. Dem AKSB kam dabei die Aufgabe zu, alle Fragen, die mit einem Wohnungswechsel oder einer Zwischenunterbringung verbunden waren mit den Bewohnern zu erörtern, und gemeinsam mit ihnen Lösungen zu finden, die sie akzeptieren konnten. Der überwiegende Teil der Bewohner konnte in Wohnhäusern in der Nachbarschaft untergebracht werden, nur ein kleiner Teil mußte in Wohnungen außerhalb des Stadtteils umziehen. Auch in den Ersatzwohnungen zahlten die Mieter höchstens ihre bisherige Miete, die Differenz übernahm die Stadt Marburg.

Ein Teil der Mieter fand selber provisorische Unterkünfte, z. B. in Gartenhäuschen, kam bei Verwandten unter oder zog in einen Wohnwagen unmittelbar vor das Haus, ein WC gab es dann im Keller des Hauses. Dies war vor allem für die ehemaligen (oder z. T. gelegentlich noch aktiven)

Reisenden unter den Bewohnern (Schausteller, ehemalige Zirkusleute, Schrotthändler etc.) interessant, die wenn auch alte so doch komfortable große Wohnwagen besaßen und es gewohnt waren, sich darin mit der ganzen Familie auch über längere Zeit zu arrangieren. Bewohner, die sich auf diese Weise selbst Ersatzwohnraum beschafft hatten, konnten ihre Möbel kostenlos in einem Lager unterstellen. Da selbstverständlich in dieser Zeit die Miete wegfiel, war dies für einige Familien finanziell attraktiv.

Weil solche Provisorien im Winter weder möglich noch zumutbar waren, andererseits die Zwischenunterbringung der Bewohner während der Bauarbeiten ganz erheblich erleichterten, wurden ab 1978 die Baumaßnahmen nur noch in den Sommermonaten durchgeführt. Die Umzüge organisierten sich die Bewohner nach Möglichkeit selber, soweit sie einen LKW auftreiben und genügend Helfer in der Verwandschaft oder Nachbarschaft mobilisieren konnten.

"Feinabstimmung" mit den Bewohnern während der Baumaßnahmen

Während der Bauarbeiten fanden die Bewohner schnell Kontakt zu den Handwerkern der beauftragten Firmen und "kontrollierten" dabei natürlich auch die Bauarbeiten. Fast täglich erschien der Bauleiter der Stadt Marburg auf der Baustelle. Traten Fehler auf oder bei Problemen wurde kurzerhand zwischen Bauleiter, Handwerkern und den künftigen Bewohnern beraten. Auch Änderungswünsche der Bewohner z. B. hinsichtlich der Heizungsinstallation, der Lage von Steckdosen, Telefon- und Antennenanschlüssen, der Anordnung von Türen etc. konnten so noch berücksichtigt werden.

Die Stadt ließ im übrigen auch Sonderausstattungen zu, z. B. teurere Fußbodenbeläge, Kacheln nach eigener Wahl, andere Sanitärobjekte etc. Die Bewohner mußten dann lediglich die Mehrkosten gegenüber den vorgesehenen Standardlösungen unmittelbar an die ausführende Firma bezahlen.

Abschließende Mängelkontrolle

Die Beteiligung der Bewohner und die Möglichkeiten, die damit gegeben waren, auf die Arbeiten in ihrem Sinne Einfluß zu nehmen, führten dazu, daß die Bewohner mit den modernisierten Wohnungen in der Regel sehr zufrieden waren. Lediglich Details der Bauausführung gab es zu bemängeln. Im Laufe der Jahre hat sich ein Verfahren herausgebildet, wie derartige Mängel erfaßt werden. Bei einer Belegung werden dazu etwa zwei Monate nach Baufertigstellung vom AKSB alle Wohnungen gemeinsam mit den Mietern besichtigt. Die dabei festgestellten Mängel werden in einen vorbereiteten Fragebogen eingetragen und dem Hochbauamt zugeleitet. Das Hochbauamt veranlaßt dann die beauftragten Firmen zu den Nachbesserungsarbeiten im Rahmen ihrer Gewährleistungspflicht.

Zeitlicher Ablauf der Modernisierungsmaßnahmen

Sommer des Vorjahres

Festlegung des zu modernisierenden Häuserblocks in der AG Walttal

Herbst des Vorjahres

Festlegung der Mieter, die in das Haus nach der Modernisierung einziehen. Letzte Entscheidung über die Belegung durch das Liegenschaftsamt in Abstimmung mit dem Wohnungsamt, dem Ordnungsamt und dem AKSB

Oktober des Vorjahres

Planung der Räumung der Häuser, Feststellung des Bedarfs an Ersatzwohnungen und der Möglichkeiten zur sonstigen Unterbringung (Wohnwagen/ Bekannte/Verwandte, Unterstellen der Möbel etc.)

November des Vorjahres

Ermittlung des aktuellen Bauzustandes, Planung der erforderlichen Grundrißänderungen

November/Dezember des Vorjahres

Die zukünftigen Mieter erhalten die Pläne und werden aufgefordert, ihre Wünsche einzutragen

Dezember/Januar

Erste Sitzung mit Vertretern des Hochbauamtes und den Mietern; Absprache über wesentliche bauliche Veränderungen und endgültige Festlegung der Wohnungsgrundrisse

Januar

Die Mieter erhalten die Pläne mit den eingezeichneten Veränderungen zurück. Überprüfung der Pläne und Anmeldung weiterer Wünsche

Januar/Februar

Das Bauamt schreibt die Arbeiten aus und vergibt die Aufträge

Februar/März

Räumung der Häuser, Umzüge

April

Beginn der Bauarbeiten

April bis September

Während der Bauzeit: Die Bauaufsicht hält zur "Feinabstimmung" ständig Kontakt zum AKSB und zu den künftigen Mietern. Einzelheiten können noch geändert werden

September/Oktober

Das modernisierte Gebäude wird bezogen

Oktober

Mietvertragsbeginn. Für alle modernisierten Wohnungen werden Mietverträge abgeschlossen, auch mit Haushalten, die zuvor obdachlos waren.

Was die Modernisierung gebracht hat ...

... ein besseres und differenzierteres Wohnungsangebot

Durch die Modernisierungsmaßnahmen wurde - wie im Waldtalentwicklungsprogramm vorgesehen - der ehemals krasse Unterschied in Qualität und Ausstattung der Wohnungen am Ginseldorfer Weg gegenüber den Neubauten im angrenzenden Baugebiet "Am Rain" weitgehend eingeebnet. Im ehemaligen Schlichtwohngebiet, dem "Sozialen Brennpunkt Waldtal", ist Ende der 80er Jahre - verglichen mit den Marburger Wohnverhältnissen insgesamt - die Wohnungsversorgung mindestens durchschnittlich. Einzelne Gruppen wie z. B. alleinstehende alte Menschen und Großfamilien dürften im Waldtal besser versorgt sein.

Mit der Modernisierung ist aus dem ursprünglichen Bestand einheitlich geschnittener Zwei- und Drei-Zimmer-Wohnungen mit 44 bzw. 55 m^2 Wohnfläche ein nach Ausstattung und Wohnungsgrößen differenziertes Wohnungsangebot entstanden. Wohnungen wurden zusammengelegt, Teilflächen von Wohnungen abgetrennt und der Nachbarwohnung zugeschlagen. Die größte Wohnung ist heute eine Sechs-Zimmer-Wohnung mit 110 m^2. Insgesamt ist auf diese Weise die Zahl der Wohnungen von zu Beginn der Maßnahmen 110 auf 83 verringert worden. Im Bereich der Sozialwohnungen der städti-

Aus Schlichtwohnungen wurden Sozialwohnungen mit angemessenen Raumgrößen, Balkons, Zentralheizung, Wärmeisolierung ... Modernisierungsmaßnahme der GEWOBAU von 1988/89

schen gemeinnützigen Wohnungsbaugesellschaft ist die Sozialmiete von in Marburg derzeit 5,50 DM (einschließlich Betriebskosten etwa 7,60 DM) zu zahlen, die in Hessen für Minderbemittelte bzw. Familien mit vier und mehr Kindern auf 4,50 bzw. 4,00 DM reduziert werden kann. Für die modernisierten städtischen Schlichtwohnungen wird dagegen generell nur eine Miete von 4 DM/m^2 verlangt. Der Standard ist dabei nur unwesentlich geringer: Zentralheizung mit Festbrennstoff- statt Gasfeuerung, keine Balkons, Wohnungszuschnitte mit gefangenen Zimmern, kleinere Wohnräume.

... Mietverträge und regelmäßige Mietzahlungen

Durch die Modernisierungsmaßnahmen wurde der Schlichtwohnungsbestand im Waldtal auf normalen Standard gebracht, aus Unterkünften wurden Mietwohnungen. Zuvor war ein größerer Teil der Bewohner obdachlos und hatte lediglich Nutzungsverträge. Eine ganze Reihe von Bewohnern zahlte keine Miete ("... nicht für so eine Bruchbude"). Da bei Wiederbezug der modernisierten Wohnung alle Bewohner einen Mietvertrag erhielten, auch die Bewohner, die bisher nur Nutzungsverträge hatten, verringerte sich kontinuierlich die Obdachlosenrate. Der Abbau von Obdachlosigkeit durch Übernahme in Mietverhältnisse war aber keineswegs nur eine "kosmetische" Maßnahme zur Verschönerung der Statistik. Es zeigte sich, daß die Bewohner - nach der Regelung ihrer bisher angelaufenen Mietrückstände - durchaus bereit waren, für eine ordentliche Wohnung auch ordnungsgemäß Miete zu bezahlen. Auch die intensive Beteiligung der Bewohner an Planung und Durchführung der Maßnahmen mag zu diesem Einstellungswandel beigetragen haben.

Die Bewohner akzeptierten auch, daß die Miete nach der Modernisierung zunächst um 0,50 DM/m^2 und nach weiteren 18 Monaten noch einmal um 0,50 DM/m^2 angehoben wurde. (Die Stadt hätte die Miete zwar gleich um 1,50 DM/m^2 anheben können, unterließ dies aber aus sozialpolitischen Erwägungen).

Daß alle Bewohner der modernisierten Häuser Mietverträge erhielten, brachte im Prinzip die Gefahr mit sich, daß sie bei Zahlungsrückstand von zwei Monatsmieten obdachlos werden können, mit der Folge von Zwangsräumungsverfahren und Wiedereinweisung oder Einweisung in eine andere städtische Notunterkunft. Dazu ist es nach der Modernisierung aber nicht in einem einizigen Fall gekommen. Heute, etwa zwölf Jahre nach Beginn der Sanierung, haben von ca. 70 Mietern im Bereich der modernisierten Wohnungen nur fünf Mietrückstände. Lediglich eine einzige Familie, die in den letzten Jahren wiederholt Rückstände von mehreren Monatsmieten hatte, war von Obdachlosigkeit bedroht.

... geringerer Verschleiß

Durch die Beteiligung der Bewohner bei der Planung der Modernisierung wurden in der Regel zweckmäßige Lösungen gefunden. Viele haben auch selbst in erheblichem Umfang in ihre Wohnung investiert. Die Zufriedenheit der Bewohner mit dem Ergebnis führte dazu, daß die Wohnungen und die gemeinschaftlichen Bereiche weit weniger abgenutzt werden als früher. Der Anreiz, die Wohnung zu pflegen und instandzuhalten, ist entsprechend höher. Die Zahl der Reparaturen an den Häusern und damit die Instandsetzungskosten sind gegenüber früheren Verhältnissen deutlich zurückgegangen. Auch in dem zuerst modernisierten Gebäude, wo die Modernisierungsarbeiten mittlerweile vierzehn Jahre zurückliegen, mußten lediglich die nach Fristenplan fälligen Schönheitsreparaturen in den Treppenhäusern und Kellervorräumen durchgeführt werden.

... engagierte Mieter

Es ist heute für die Bewohner des Waldtals eine Selbstverständlichkeit, daß sie als Mieter bei der Modernisierung "ihrer" Wohnungen ein entscheidendes Wörtchen mitzureden haben und auf Ausstattungsstandard, Modernisierungsumfang und -zeitraum, Ersatzwohnraumbeschaffung und Zusammensetzung der Hausgemeinschaft Einfluß nehmen können. Für die Modernisierung der Wohnungen der stadteigenen Gemeinnützigen Wohnungsbau GmbH Marburg-Lahn (GEWOBAU) wurden von den Mietern selbst Mitwirkungsrechte beansprucht; schon in einer ersten Mieterversammlung wurden mit der Geschäftsführung des Wohnungsbau-Unternehmens dazu verbindliche Vereinbarungen getroffen.

... Stadtteilaktivitäten

In den letzten Jahren haben sich im Waldtal Initiativen entwickelt, die ohne Mitwirkung der Bewohner bei der Modernisierung so nicht ohne weiteres vorstellbar wären:

- Bewohner starteten von sich aus eine Initiative zur Verkehrsberuhigung des häufig rasant befahrenen Ginseldorfer Wegs,
- Bewohner sammelten Unterschriften für Verschönerungs- und Renovierungsarbeiten an den Häusern,
- Bewohner forderten Verbesserungen des Wohnumfeldes,
- Bewohner kümmern sich um die Auswahl neuer Bewohner ihrer Häuser und nehmen Einfluß auf die Vermietung der Wohnungen,
- Bewohner organisieren sich, um Feste zu feiern, Theater zu spielen; eine Musikgruppe entsteht.

Zu beobachten ist auf der anderen Seite aber auch, daß Bewohner, die sehr aktiv bei der Gestaltung des Waldtal-Entwicklungsprogramms und der

Modernisierung mitgearbeitet haben, sich zurückziehen und sich ihren "Privatinteressen" widmen. Es hat eine Zeitlang gedauert, bis dies von den übrigen Bewohnern und den Mitarbeitern des AKSB akzeptiert wurde. Ein Teil dieser Bewohner kommt jetzt - nach einigen Jahren "der Ruhe" - wieder mit Forderungen und Vorschlägen für Aktivitäten auf den AKSB zu. Es zeigte sich auch, daß eine Reihe von Anwohnern, die nachträglich in den Genuß der Modernisierungsmaßnahmen gekommen waren, ohne vorher bei den Forderungen und Auseinandersetzungen beteiligt gewesen zu sein, ein sehr konsumptives Verhältnis zu den Entwicklungen im Waldtal hatten und nur begrenzt zur Mitarbeit bereit waren.

... soziale Integration des Stadtteils

Zweifellos wurde mit der Modernisierung die bezweckte "Befriedung" im Stadtteil erreicht. Die durch die Neubebauung "Am Rain" befürchteten sozialen Spannungen innerhalb des Waldtals blieben aus. Für die Wohnungsbaugesellschaften hatte dies den erhofften Effekt, daß ihre Wohnungen im Stadtteil Waldtal auch "für Auswärtige" vermietbar blieben. Der früher deutliche Ghettocharakter des Waldtals wird zunehmend abgemildert, die Bewohnerstruktur heterogen.

Erfahrungen

Bewohnerbeteiligung

Bei der Bewohnerbeteiligung hatte sich der AKSB vor allem als Vermittler zwischen Bewohnern und den Baufachleuten gesehen und die Aufgabe von Entscheidung und Beratung tunlichst auseinandergehalten. Eine Reihe von Bewohnern hätte es lieber gehabt, wenn der AKSB oder die Baufachleute strittige Fragen allein entschieden hätten. Wenn aber Bewohner das Gefühl haben, einer bestimmten Entscheidung noch nicht gewachsen zu sein, so ist es in erster Linie eine Aufgabe der Gemeinwesenarbeit, durch das Erörtern unterschiedlicher Alternativen den Bewohnern die Entscheidung zu erleichtern. Auch der Zeitdruck durch anstehende Bautermine sollte nicht davon abhalten, sorgfältig darauf zu achten, daß alle wesentlichen Entscheidungen von den späteren Bewohnern der Wohnungen mitgetragen werden.

Der AKSB hatte anfangs das Prinzip verfolgt, daß die Bewohner alle wesentlichen Entscheidungen über Ausstattung und Standard der Wohnungen selbst treffen sollten. Dies hat sich im Nachhinein nicht immer als sinnvoll herausgestellt. Die Bewohner entschieden sich z. B. zu über 70 % für eine Festbrennstoff-Etagenheizung. Diese Entscheidung wurde davon bestimmt, daß viele Bewohner sich selbst billig mit Heizmaterial versorgen können. Es gibt die Möglichkeit im angrenzenden Wald im Laufe der Sommermonate Holz zu sammeln, und viele Familien verfügen über einen Kleinlastwagen, mit dem sie in Sägewerken billig eingekauftes Holz transportieren können. Folge der Fest-Brennstoff-Heizungen ist jedoch eine erhebliche Luftverschmutzung im Stadtteil. Die Schadstoffe aus den Heizungen wirken sich durch die Kessellage des Waldtals besonders negativ aus, bei Inversionswetterlagen ist der Stadtteil durch kalte Luftschichten wie "zugedeckelt". Die Schadstoffe können nicht mehr mit der Luftströmung abziehen oder verteilt werden, so daß sich hohe Konzentrationen oft tagelang zwischen den Häusern halten. Eine entsprechende Fachberatung während der Planung hätte die Bewohner sicher von einer anderen Lösung überzeugen können.

Bei der Mitwirkung der Bewohner an der Planung der Modernisierung ihrer eigenen Wohnungen muß berücksichtigt werden, daß diese als Mietwohnungen für einen Nachmieter ebenso tauglich sein müssen wie für den derzeitigen Mieter, der sich die Wohnung nach seinen (aktuellen) Bedürfnissen und Wünschen zuschneiden läßt (auch diese können sich ändern). Einen gewissen Anhalt bieten hier die Richtlinien für den Sozialen Wohnungsbau. Soll auf Wunsch eines Mieters davon abgewichen werden, so sind die Auswirkungen sorgfältig zu prüfen. Im Einzelfall müssen Mietwünsche auch unberücksichtigt bleiben, z. B. wenn sehr kleine Kinderzimmer gewünscht werden, um ein repräsentatives Wohnzimmer zu bekommen. Andererseits können Abweichungen von der Norm auch sinnvoll sein. Es gab z. B. eine Reihe alleinstehender alter Menschen, die sich eine Verkleinerung ihrer Wohnung wünschten, damit sie diese selbständig in Ordnung halten konnten. Da dies keine Einzelfälle waren, wurde dem Bedarf durch eine Anzahl solcher Kleinwohnungen entsprochen.

Daß sich die Modernisierungsarbeiten über viele Jahre hinzogen, bot die Chance, das Erreichte immer wieder zu überprüfen, Erfahrungen zu sammeln und einmal gemachte Fehler bei nachfolgenden Modernisierungsabschnitten zu vermeiden. So wurden die Standardlösungen bei der Modernisierung im Laufe der Jahre immer wieder modifiziert. Auch Erfahrungen aus der Benutzung der modernisierten Gebäude, insbesondere der gemeinschaftlich genutzten Bereiche, konnten berücksichtigt werden.

Sicherung der erreichten Wohnqualität

Auch wenn Mieter heute darauf achten, daß Wohnungen und Wohnumfeld im Schuß bleiben, ist eine generelle Kontrolle erforderlich, damit einzelne kleinere Beschädigungen sich nicht summieren und aus Nachlässigkeit frühere Verhältnisse sich wieder einstellen. Zu diesem Zweck gab es bisher schon ein Meldesystem, wonach Mängel dem AKSB oder dem - für die städtischen Wohnungen zuständigen - Hausmeister bei den regelmäßigen Sprechstunden oder per Zettel im Briefkasten gemeldet werden konnten. Hinzu kam im Sommer 1990 ein weiterer Hausmeister, der mit einer Vollzeitstelle im

Rahmen einer Arbeitsbeschaffungsmaßnahme von der GEWOBAU angestellt wurde. Seine Aufgabe besteht darin, bei einem täglichen (!) Kontrollgang alle Gebäude zu inspizieren, Schäden zu melden, bzw. kleinere Schäden selbst zu beheben und die Bewohner zu beraten. Dazu gehört auch zu prüfen, warum es zu bestimmten Schäden kommt und Vorschläge zu machen, wie die Ursachen dafür beseitigt werden können (etwa wenn die Glasfüllungen von Hauseingangstüren eingeschlagen werden, weil die Kinder nicht an den Klingelknopf können). Die Bewohner haben heute zum großen Teil ein wachsames Auge darauf, daß das Wohnumfeld in Ordnung gehalten wird und der Hausfrieden gewahrt bleibt. Bei einem Fehlverhalten Einzelner greift der AKSB - wenn gutes Zureden nicht hilft - auch rigoros durch, um die Einhaltung gesetzlicher Bestimmungen oder der Hausordnung durchzusetzen, ggf. auch mit Hilfe von Polizei und Liegenschaftsamt. Längerfristiges Abstellen nicht angemeldeter Autos, störende Hundehaltung in der Wohnung, Beschädigung gemeinschaftlicher Anlagen etc. ruft dabei immer auch die Nachbarn auf den Plan, die in dieser Hinsicht dem AKSB zur Seite stehen.

Freiflächenplanung und Arbeitsbeschaffungsmaßnahmen

Für die Gestaltung der Freiflächen wurden 1988 und 1989 im Auftrag der Stadt von einem privaten Büro Planungsvorschläge ausgearbeitet und mit den Bewohnern diskutiert. Das Konzept sieht eine Individualisierung der Flächen vor, mit Mietergärten, Vorgärten und kleinen Gemeinschaftsflächen für je etwa sechs Mieter, die diese in Eigenleistung ausgestalten können (Grillplatz, Sitzbank etc.). So entstehen abgestufte Bereiche mit klaren Zuständigkeiten. Vor den Häusern sind halböffentliche Vorzonen entstanden, vom gemeinschaftlichen Zuweg durch einen Pergola-Bogen optisch abgegrenzt. In den halböffentlichen Vorbereich mit Fahrradstandplatz, Müllbehälter und Vorgärten geht nur, wer dort auch hingehört. Beschädigungen im Eingangsbereich der Häuser sind auf diese Weise mehr oder weniger ausgeschlossen.

Die Umgestaltung der Freiflächen erfolgt durch einen Bautrupp von derzeit zehn bisher arbeitslosen Bewohnern im Rahmen einer Arbeitsbeschaffungsmaßnahme (s. den Beitrag von Gotthold). Damit konnte die lange gehegte Absicht des AKSB realisiert werden, Bewohnern bei den Bauarbeiten Arbeitsgelegenheiten zu schaffen, was bisher wegen der rigiden Zeitplanung der Bauarbeiten (beschränkt auf die Sommermonate) nicht möglich war. Bei der Umgestaltung der Außenanlagen wird klar zwischen öffentlichen Flächen - für die der Bautrupp zuständig ist - und den privaten Flächen der Mieter und Hausgemeinschaften unterschieden: Zäune werden z. B. von dem Bautrupp errichtet, die Bepflanzung und alles andere obliegt den Mietern, denen Pflanzen und Material gestellt wird.

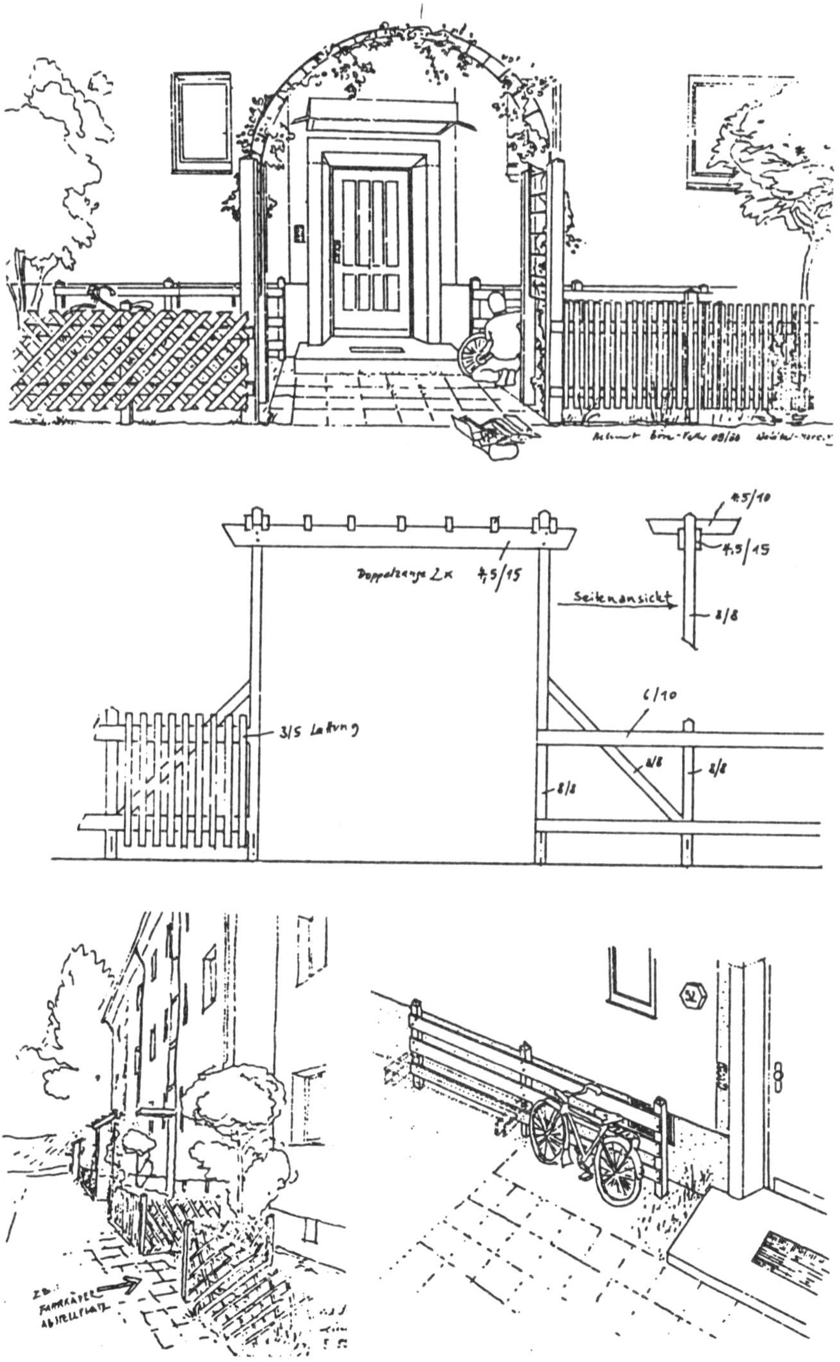

Die halböffentliche Vorzone hinter Zaun und Pergola schafft Abstand - und Platz für Vorgärten, Mülltonnen und Fahrräder

Ausblick

Die aktuelle Wohnungsnot (in Marburg sind derzeit ca. 1 680 Wohnungssuchende gemeldet - nach Schätzungen dürften davon ca. 400 Wohnungsnotstandsfälle sein) führt dazu, daß auch die Wohnungsversorgung im Stadtteil Waldtal sich deutlich verschlechtert. Zwar hat die Zahl der obdachlosen Haushalte nur geringfügig von zwei im Jahre 1986 auf fünf im ersten Halbjahr 1990 zugenommen. Deutlich ist jedoch die Zahl der "verdeckten Obdachlosen" gestiegen. Im Stadtteil Waldtal leben mindestens 15 Personen ohne eigenen Wohnraum. Ein Teil dieser Personen lebt in Kellerräumen, in Wohnwagen oder in Gartenhäuschen; einige leben im Haushalt von Verwandten oder Bekannten - eine erneute Überbelegung bahnt sich an.

Sechzehn Jahre nach der ersten Modernisierungsmaßnahme im Waldtal gibt es natürlich einiges, was wir heute anders machen würden. Wir werden noch konsequenter auf normale Wohnstandards dringen. Dies betrifft nicht nur die Art der Heizung, die erheblich zur Belastung der lokalen Luftverhältnisse beiträgt, sondern auch z. B. die Zuordnung von Freisitzen, sei es als Terrasse vor den Erdgeschoßwohnungen, sei es als Balkons in den beiden Obergeschossen. Dies ist in den vergangenen Jahren nie ernsthaft diskutiert oder von den Bewohnern nachgefragt worden. Bei künftigen Modernisierungen werden aber auch ökologische Gesichtspunkte eine stärkere Rolle spielen, wie z. B. ein hoher Grad an Wärmedämmung, Solarenergienutzung und Maßnahmen zur Trinkwassereinsparung, die im übrigen den Bewohnern durch die Verringerung der Betriebskosten unmittelbar zugute kommen.

Literatur

Severin, Ulrich: Bewohnerbeteiligung bei der Stadtteilmodernisierung. In: Wohnen tut not. Hrsg.: Karl August Chassé, Norbert Preußer und Wolfgang Wittich. München 1988, S. 189 - 212

Renate Viets

Modernisierung durch Mieter und Eigentümer

Soziale Differenzierungsprozesse in einem Schlichtwohngebiet

Die Siedlung Reiherstraße

Ursprünge

Als im Juli 1938 die Siedlung Reiherstraße in Bremen-Oslebshausen fertiggestellt wurde, schrieb die Bremer Zeitung: "Hier erhalten minderbemittelte und kinderreiche Familien, die unter Wohnungsnot leiden, gesunde, sonnige, räumlich ausreichende Wohnungen in kleinen Einfamilienhäusern" (Bremer Zeitung vom 30.07.1938: Die neue Wohnkolonie an der Reiherstraße). Vergleicht man diese Zielsetzung mit der in der Nazizeit ansonsten praktizierten Obdachlosenpolitik, so erscheint diese Bremer Variante auf den ersten Blick als Ausdruck einer menschenfreundlichen Fürsorge für die Ärmsten.

Daß sich jedoch mit der Errichtung der Siedlung Reiherstraße weitergehende Absichten verbanden, wird aus einigen Maßnahmen der zuständigen Abteilung Wohnungsfürsorge deutlich. Sie erließ z. B. eine strenge Hausordnung, die jederzeit Kontrollen der Privatsphäre der Familien erlaubte und darüber hinaus Erziehungsmaßregeln beinhaltete. Eine Mauer, die die Siedlung zur Reiherstraße hin abschloß, sollte außerdem "jeden unschönen Eindruck" für die anliegenden Bewohner und eine "Störung des Gesamtbildes" der umliegenden Wohnkolonie vermeiden. Die Bremer Zeitung betont, daß deren Pforten natürlich stets offen seien und daß jede Familie einen Schlüssel dazu habe. Dennoch ist diese Mauer als Zeichen der Ausgrenzung auch heute noch schmerzhaft im Bewußtsein besonders der älteren Bewohner verwurzelt. Die Familien, die in der Siedlung lebten, wurden also nicht nur überwacht, sondern auch stigmatisiert und ausgegrenzt. Man kann trotz dieser Umstände davon ausgehen, daß die Bewohner der damaligen Zeit glücklich waren, in eines der 108 Häuschen zu ziehen. Viele äußerten dementsprechend den Wunsch, "daß sie nie mehr dort fort möchten" (Bremer Zeitung).

---

* Der Beitrag entstand unter Mitwirkung von Marlies Hestermann, die als Architektin der Bewohnerberatung e. V. die Modernisierungsmaßnahmen in der Siedlung betreute.

Die Siedlungshäuschen an der Reiherstraße ...

Standort

Das Wohngebiet, in dem die Siedlung Reiherstraße liegt, ist aufgrund seiner räumlichen Lage und seiner sozialen Struktur ein städtisches Randgebiet. Die Siedlung wird begrenzt von einer Eisenbahnlinie, einer verwilderten Freifläche, der Reiherstraße und der Reihersiedlung (gebaut 1954). An diese beiden Siedlungen schließt sich die Tucholsky-Straße-Siedlung an (gebaut 1974). Allen drei Siedlungen werden vom Sozialamt kinderreiche, wohnungssuchende Familien und Obdachlose zugewiesen. In diesem Wohngebiet, am Rande der Stadt, leben deshalb überwiegend gesellschaftlich benachteiligte Bevölkerungsgruppen, Ergebnis einer vielfach noch immer praktizierten ausgrenzenden Armenpolitik.

Bauliche Struktur

Die Siedlung an der Reiherstraße macht auch heute noch einen geschlossenen und einheitlichen Eindruck, nicht zuletzt aufgrund der sie umschließenden Mauer. Die 108 Wohneinheiten sind unterteilt in zehn Häuserzeilen, die quer zur Straße liegen. Geht man durch eine Öffnung in der ca. 1,80 m hohen Mauer, so befindet man sich auf einem Wohnweg. Auf der einen Seite stehen die Häuser, auf der anderen Seite befinden sich ca. 55 m^2 große Gärten mit einem Schuppen, den sich jeweils zwei Haushalte teilen. Der Garten wurde vor der im Rahmen der Sanierung ausgeführten Grundstücksneuordnung von der nächsten Häuserzeile begrenzt. Am Ende von jedem Wohnweg befindet sich ein Waschhaus, das heutzutage in der Regel leer steht. Die 88 Mit-

... und ein Wohnweg hinter der Mauer

telhäuser hatten vor der Sanierung 44 m^2, die 20 Endhäuser 51 m^2 Wohnfläche. Jedes Haus war unterteilt in eine Wohnküche und zwei Räume, einen kleinen Vorratsraum und, neben dem Eingang, etwas vertieft, ein WC. Die technischen und sanitären Ausstattungen entsprachen oft noch dem Stand von 1938.

Die Decke zum Dachboden war eine Holzkonstruktion und wenig belastbar. Die ziegelgedeckten Satteldächer wiesen außerdem eine geringe Dachneigung auf. Unterhalb der Kehlbalken war keine ausreichende Raumhöhe vorhanden. so daß aus statischen Gründen ein Ausbau nicht möglich war, bzw. umfangreiche Veränderungen dafür notwendig wären. Dennoch bewohnten einige Familien den Dachboden, da die Erdgeschoßräume für die Familien zu klein waren. Viele Mieter hatten außerdem Gas-, Wasser- und Elektroinstallationen verändert, hatten Wände versetzt, ein Bad eingebaut oder Anbauten an das Haus vorgenommen.

Die bauliche Struktur des Originalzustandes der Siedlung als auch der einzelnen Häuser blieb trotz dieser Veränderungen noch erkennbar. Die kleinmaßstäbliche Bauweise der Siedlung, die niedrigen Häuser mit tiefgezogenen Dächern, die bunten kleinen Gärten vor der Haustür und die intimen Wohnwege geben ihr eine lebendige Atmosphäre. Die Lebensqualität dieser Bauweise wird heutzutage wieder entdeckt, und es wird in verschiedenen Städten der BRD um den Erhalt ähnlicher Wohngebiete gekämpft.

Daß die Zeit fast spurlos an der Siedlung Reiherstraße vorbeigegangen war, spiegelte sich allerdings auch im mangelnden Komfort der Wohnungen wider. Sie wurden bereits in den 30er Jahren als "recht einfach ausgestattet" bezeichnet und entsprachen nun kaum noch den Ansprüchen der Bewohner.

Soziale Struktur

Reiherstraße, Reiher-Siedlung und Tucholksy-Straße gelten als sozialer Brennpunkt. In der Reiherstraße ist der Anteil der Sozialhilfeempfänger und der alten Menschen besonders hoch (20 % Witwen und Rentner). Auch kinderreiche Familien wohnen häufig in den kleinen Häusern (10 %). Das Einkommen liegt weit unter dem durchschnittlichen Haushaltseinkommen. Viele dieser Familien leben bereits seit den 30er Jahren dort. Neben diesen alteingesessenen Bewohnern wohnt ein hoher Anteil durch das Sozialamt zugewiesener Familien in der Reiherstraße. Unter diesen Familien gab es eine hohe Fluktuation, was zu starken Spannungen im Wohngebiet führte. Der knappe Wohnraum und der Mangel an räumlicher Distanz hatten zur Folge, daß Konflikte unter Nachbarn und Unmutsäußerungen über lärmende, aggressive Kinder an der Tagesordnung waren.

Trotz dieser schlechten baulichen und sozialen Bedingungen gibt es, wie die im Wohngebiet tätigen Gemeinwesenarbeiter 1983 in einem Arbeitspapier hervorhoben, eine Vielzahl nachbarschaftlicher Kontakte und verwandtschaftlicher Beziehungen; dabei haben insbesondere die Siedlungen Reiherstraße und Reihersiedlung für die dort Lebenden eine Integrationsfunktion. Es bildeten sich hier "soziale Nischen", in deren Schutz sich die Sozialstruktur in den letzten Jahren stabilisiert hat.

Zu den baulichen und sozialen Verbesserungen hat u. a. eine Gruppe von Bewohnern beigetragen, die seit über 10 Jahren besteht. Die "Kerngruppe", der zeitweise 10 Mitglieder angehörten und an deren Sitzungen auch die Gemeinwesenarbeiter teilnahmen, versteht sich als nicht-institutionalisierte Interessenvertretung gegenüber der Öffentlichkeit, den Behörden und der Eigentümerin der Siedlung. Mit der Organisation von Festen und Busfahrten trägt die Gruppe außerdem viel zur sozialen Integration im Wohngebiet bei.

Soziale Differenzierungen zwischen den Bewohnern bedingten entsprechend unterschiedliche Interessen an einer Erneuerung der Siedlung. So hatten beispielsweise diejenigen, die ein Einkommen aus Arbeit beziehen und zudem artikulationsfähig und -willig sind, das größte Interesse an umfangreichen Modernisierungen und Veränderungen, während die Alten und finanziell Schwachen eher dazu neigten, den derzeitigen Zustand ihrer Wohnungen beizubehalten. Aufgrund dieser unterschiedlichen Vorstellungen konnte man auch kaum von einem einheitlichen Bewohnerinteresse in Bezug auf die

Sanierung ausgehen, vielmehr war eine differenzierte Vorgehensweise erforderlich.

Vorüberlegungen zur Sanierung

Aufgabenstellung

Die als Behelfswohnungen geplanten Häuser wiesen erhebliche Mängel in der Bausubstanz auf. Ende der 70er Jahre wurden im Rahmen einer Befragung im wesentlichen folgende Mängel festgestellt:
- Die geringe Kapazität des Abwasserkanals führt dazu, daß sich bei Regen das Wasser auf den Wohnwegen sammelt und nicht ablaufen kann. Die dadurch entstehende hohe Bodenfeuchtigkeit schlägt sich in den Wänden der Häuser nieder.
- Die Dächer der Häuser sind teilweise in einem schlechten Zustand.
- Die technischen Ausstattungen der Wohnungen sind mangelhaft. Es fehlen Heizungen, Duschen, elektrische Leitungen.
- Der Wohnraum ist für viele Familien zu klein. Die bisher in Selbsthilfe vorgenommenen Veränderungen und Vergrößerungen wurden ohne Baugenehmigung ausgeführt.
- Der Schnitt der Grundstücke ist ungünstig: Die Gärten grenzen jeweils an die nächste Hauszeile, so daß ein Einblick in die Wohnung des Nachbarn möglich ist.

Das Wohnumfeld war teilweise verwahrlost. So bedurfte der zur Siedlung gehörende Spielplatz, der von den Bewohnern in Selbsthilfe verwaltet und instandgesetzt wird, aufrund von Zerstörungen einer grundlegenden Überholung. Außerdem war die das Gebiet umschließende Mauer für viele Bewohner ein "Stein des Anstoßes". Sie sollte nach ihrer Meinung abgerissen oder zumindest ausgebessert und begrünt werden.

Um negative Folgen einer Sanierung für die Bewohner der Reiherstraße in Grenzen zu halten, mußten bei der Lösung der Aufgabe folgende Aspekte beachtet werden:
- Die Bausubstanz der Siedlung mußte dringend instandgesetzt werden, oder die Siedlung würde in kurzer Zeit unbewohnbar und müßte letztendlich abgerissen werden.
- Die Finanzierung des Vorhabens war problematisch, da die finanziellen Kapazitäten der Eigentümergesellschaft begrenzt waren und die Bewohner die erforderlichen Mittel in der Regel nicht aufbringen konnten. Es mußten also Wege gefunden werden, den Aufwand so gering wie möglich zu halten und zusätzliche Finanzierungsquellen zu erschließen.
- Aufgrund der Nischenfunktion des Wohngebietes galt es, besonders die Gruppe der Armen und Alten zu schützen. Dieses erforderte ein "behut-

sames" Vorgehen während der Sanierung. Das bedeutete, daß in individuellen Beratungen die Bedürfnisse dieses Personenkreises ermittelt und Möglichkeiten gesucht werden, um schrittweise individuell angemessene Lösungen zu realisieren.

Verkaufsangebot der Eigentümergesellschaft an die Mieter

Die Mieten wurden seit Übernahme der Siedlung durch die städtische Wohnungsbaugesellschaft nicht erhöht und betrugen seit den 50er Jahren 160 - 250 DM monatlich. Es wurden - bis auf den Einbau von Isolierglasfenstern und neuen Türen im Jahre 1981 - keine Instandsetzungs- und Modernisierungsarbeiten vorgenommen. Um das Wohngebiet dennoch zu erhalten, duldete die Bremische Gesellschaft - die Eigentümerin der Siedlung - stillschweigend die von den Mietern ausgeführten Veränderungen an ihren Häusern, auch wenn sie den jeweils geltenden baurechtlichen Vorschriften nicht entsprachen.

Die von den Bewohnern vorgenommenen Modernisierungen konnten allerdings die Verschlechterung der Bausubstanz nicht aufhalten. Deshalb mußte die Eigentümergesellschaft initiativ werden und nach Lösungen des Problems suchen. Eine Möglichkeit sah sie in der Privatisierung der Häuser. 1977/78 bot sie den Bewohnern an, die von ihnen gemieteten Häuser zu kaufen. Es zeigten aber nur wenige Mieter ernsthaftes Interesse am Kauf eines Hauses.

Gegenvorschlag: Modernisierung mit Mietern

Nachdem die Bewohner und die Sozialarbeiter mit ihren Forderungen bei der Eigentümergesellschaft keine Resonanz fanden, wandten sie sich an die Öffentlichkeit. Auf diese Weise erfuhren die Mitarbeiter der damaligen Wohnberatung in Bremen-Walle von den Problemen in der Siedlung. Der persönliche Kontakt und das gemeinsame Interesse an baupolitischen Fragen und Problemen im Bremer Westen führte dann 1979 dazu, daß zwei Mitarbeiter der Wohnberatung und der Leiter des Ortsamtes Findorff/Walle/Gröpelingen eine Arbeitsgruppe bildeten, um einen Lösungsvorschlag für die Reiherstraße zu erarbeiten.

Die Arbeitsgruppe entwarf ein Sanierungsmodell als Alternative zu einer generellen Privatisierung der Häuser - wie sie die Eigentümergesellschaft anstrebte - und der Beibehaltung des Mieterstatus für die Bewohner - wie sie die "Kerngruppe" forderte. Vorbilder gab es in der BRD und Großbritannien, wo die bisherigen Mieter ihre Siedlungen auf genossenschaftlicher Grundlage erworben haben.

Im einzelnen hatte das Modell folgende Ziele:
- Verbesserung der Wohn- und Lebensverhältnisse in der Siedlung durch die Erhaltung der vorhandenen Baustruktur mit Hilfe von Instandsetzung und Modernisierungen einerseits und durch tragbare und zumutbare finanzielle Belastungen für die Bewohner andererseits;
- Mobilisierung des in der Siedlung vorhandenen Selbsthilfepotentials;
- weitestgehende Verfügung der Bewohner über ihre Wohnungen (Übernahme der gesamten Siedlung und Bildung einer Genossenschaft durch die Bewohner) und eine bedarfsgerechte Erneuerung und Verwaltung der Siedlung durch eine Entscheidungsbeteiligung der Bewohner.

Um dieses Konzept zu realisieren, sollten
- die Eigentümergesellschaft auf Privatisierungen verzichten,
- die Kommune Lösungsmöglichkeiten im Hinblick auf die Grundstückspreise entwickeln, um so die vorhandene Baustruktur und Wohnraumnutzung zu sichern, und
- die Bewohner sich auf der Grundlage von Selbst- und Nachbarschaftshilfe am Erneuerungskonzept beteiligen.

Zu den Voraussetzungen der Realisierung des Modells gehörten außerdem ein Beraterteam, das von den Bewohnern gewählt und nur diesem gegenüber verantwortlich ist und einem Finanzträger zur technischen, finanziellen, organisatorischen und rechtlichen Abwicklung des Projektes. Das dem Konzept zugrunde liegende Finanzierungsmodell sah die maximale Ausschöpfung staatlicher Fördergelder vor.

Diskussion verschiedener Sanierungsmodelle

Die Autoren legten das Modell der Bremischen Gesellschaft, verschiedenen Politikern, senatorischen Behörden und den in der Reiherstraße arbeitenden Gemeinwesenarbeitern vor. Damit sollte die Diskussion um die Reiherstraße in Gang gesetzt werden. Um die Bewohner nicht durch eventuell unrealisierbare Vorstellungen zu verunsichern, entschieden die Autoren, ihnen das Modell vorerst noch nicht vorzulegen. Diese Überlegung erwies sich im Nachhinein auch als zutreffend: Der Lösungsvorschlag fand auch nach monatelangen Diskussionen bei den zuständigen Institutionen keine eindeutige Zustimmung. Insbesondere wurde das erweiterte Verfügungsrecht für die Bewohner über ihren Wohnraum abgelehnt. Auch das zugrunde liegende Finanzierungsmodell stieß auf Ablehnung, da eine Sonderförderung auf Landesebene notwendig gewesen wäre, für die keine Mittel zur Verfügung standen. Die Eigentümergesellschaft sah sich ebensowenig in der Lage, die erforderlichen Mittel aufzubringen.
Die angeschriebenen Institutionen interessierten sich aber für einen wesentlichen Aspekt des Genossenschaftsmodells, und zwar für die Möglichkeit, das Selbsthilfepotential unter den Bewohnern zu mobilisieren. Das kam

ihren Rentabilitätsinteressen entgegen. Es schien hier ein Weg gefunden, der einerseits Mittel spart, andererseits die Bewohner finanziell nicht zu stark belastet. Die Autoren bewirkten mit ihrem Vorschlag, daß sich die Diskussionen über die Sanierung der Reiherstraße intensivierten und sich eine neue Arbeitsgruppe bildete, der nun auch Vertreter der Bremischen Gesellschaft, des Bausenators, des Senators für Jugend und Soziales und die Gemeinwesenarbeiter aus der Siedlung angehörten.

Der zunächst rollende Stein kam allerdings bereits nach kurzer Zeit wieder zum Stillstand, und das für fast zwei Jahre. Nachdem das Modell abgelehnt wurde, geschah erst einmal nichts mehr. 1983 nahm die "Kerngruppe" zusammen mit den Gemeinwesenarbeitern einen neuen Anlauf zur Aktivierung des Vorhabens und wandte sich wiederum an die nun gegründete Bewohnerberatung e. V. Kurzfristig entwickelte man zusammen einen "Vorschlag zum Projekt Reiherstraße", der anknüpfte an das Genossenschaftsmodell und an ein Finanzierungsprogramm des Bremer Senators für Jugend und Soziales. Ziel des neuen Konzepts für die Reiherstraße war es, die notwendigen Instandsetzungs- und Modernisierungsarbeiten über Selbsthilfe und Nachbarschaftshilfe auszuführen und außerdem Arbeitsplätze für erwerbslose Bewohner der Siedlung zu schaffen.

Diese gemeinsame Initiative von Gemeinwesenarbeitern und Bewohnerberatung e. V. führte zur Bildung einer neuen Gesprächsrunde, an der nun, aufgrund der Kombination von Sanierungs- und Beschäftigungsvorhaben, neben den bisherigen Institutionen auch Vertreter des Arbeitssenators teilnahmen. Es zeigte sich allerdings bald, daß die Erweiterung der Runde zusätzliche Konflikte mit sich brachte. Schließlich fand dann auch dieses Konzept keine eindeutig positive Resonanz.

Planung und Durchführung der Sanierung

Förderung im Rahmen des experimentellen Wohnungs- und Städtebaus

Zwischen der Bewohnerberatung e. V. und dem Bundesministerium für Raumordnung, Bauwesen und Städtebau in Bonn bestanden aufgrund anderer Bauprojekte persönliche Kontakte, durch die die Mitarbeiter von einem Programm des Bundes zur "Förderung von Modellvorhaben im Rahmen des experimentellen Wohnungsbaus und Städtebaus" (Richtlinien vom 12.7.1980) erfuhren. Einer der durch den Bund in diesem Rahmen geförderten Schwerpunkte war die Selbsthilfe bei Modernisierungen, insbesondere die Mietermodernisierung. Damit sollte - so die Richtlinien - eine Verbesserung der Wohnverhältnisse und des Wohnumfeldes, ein bedarfsgerechter und nicht überhöhter Modernisierungsaufwand, die Verhinderung einer unerwünschten

Veränderung der Struktur der Bewohnerschaft und die soziale Aufwertung des Wohnquartiers angestrebt werden.

Die Sanierungsmaßnahmen werden bis zu 70 % bezuschußt, jedoch darf der Anteil aus öffentlichen Mitteln je Wohnung 10 000 DM nicht überschreiten, d. h. 10 000 DM sind gleich 70 % der Materialkosten, die restlichen 30 % muß der Mieter selbst aufbringen. Der Bund beteiligt sich mit 50 % an den Kosten, die zweite Hälfte finanziert das jeweilige Bundesland.

Auf einer Bewohnerversammlung im Juni 1983 wurde den Mietern der Reiherstraße erstmals das Modell einer Mietermodernisierung vorgestellt. Sie begrüßten diese Initiative und waren erleichtert, daß nun endlich etwas in ihrer Siedlung geschehen würde. Die Mitarbeiter der Bewohnerberatung e. V. boten sich auf der Versammlung zum ersten Mal als "Anwälte der Betroffenen" zur Vertretung der Bewohnerinteressen an. Die Anwesenden akzeptierten sie in dieser Funktion, ohne sie allerdings zu wählen oder in anderer Weise formal zu bestätigen.

Das Förderprogramm des Bundes war zeitlich befristet. Deshalb mußte noch im Sommer 1983 ein Antrag gestellt werden. Innerhalb der kurzen Frist führte die Bewohnerberatung e. V. im Auftrag der Bremischen Gesellschaft einen Pre-Test in 20 Haushalten durch, um Daten für das zu beantragende Fördervolumen zu ermitteln. Später formulierte sie auch den Antrag, den die Bremische Gesellschaft überarbeitete und im August 1983 an das Bundesministerium weiterleitete.

In dem Antrag auf Förderung als Modellvorhaben werden für die geplante Modernisierungsmaßnahme folgende Ziele aufgeführt:
- Erhaltung der Wohn- und Lebensverhältnisse in der Siedlung durch Instandsetzung und Modernisierung der Häuser und durch Wohnumfeldverbesserung;
- Erhaltung und weitere Stabilisierung der vorhandenen Sozialstruktur, d. h. keine weitere Verdrängung jetziger Bewohner;
- Sichern der Wohnrechte durch Dauermietverträge und Fortfall der Belegbindung;
- tragbare und zumutbare Belastungen für die Bewohner durch bedarfsgerechte Instandsetzung und Modernisierung, die phasenweise erfolgt;
- Mobilisierung des in der Siedlung vorhandenen Erneuerungspotentials durch Integration aller sozialen Gruppen (ältere Menschen, Alleinstehende, Kinderreiche, Erwerbslose, Sozialhilfeempfänger, Ausländer);
- Stärkung und Identifizierung der Bewohner mit ihrer Wohnung und Wohnumgebung durch soziale Aufwertung des Wohnquartiers;
- Unterstützung der Verbesserungsmaßnahmen durch Beratung und Informationen im Vorfeld, durch vorbereitende Untersuchung und durch intensive

Beratung, Bertreuung und Anleitung der Selbsthilfe durch qualifizierte, erfahrene und geduldige Berater bei der Durchführung der Maßnahme.

Auch der Förderungsantrag knüpfte an die im Genossenschaftsmodell genannten Ziele an. Das genossenschaftliche Trägermodell entfiel, stattdessen sollten die Rechte der Mieter durch ein Dauermietrecht gesichert werden. Erweitert wurde das ursprüngliche Konzept um eine begleitende Betreuung für die Selbstbauer, eine soziale Betreuung für die Bewohner und eine Mitsprache der Bewohner bei den Maßnahmen.

Das anfänglich auf Mietermodernisierung in Selbsthilfe ausgerichtete Modellvorhaben Reiherstraße wurde schließlich dahingehend erweitert, daß nicht nur Mietermodernisierungen, sondern auch Leistungen, die die Käufer an ihren Häusern ausführten sowie durch Handwerker ausgeführte Leistungen subventioniert wurden:

- Ursprüngliche Regelung: Mieter, die in Selbsthilfe modernisieren, erhalten 70 % der Materialkosten erstattet bzw. 40 % der Gesamtkosten bei Arbeiten, die von Handwerkern ausgeführt werden (maximal 10 000 DM für eine Wohnung).
- Erste Erweiterung: Die Subventionen werden unabhängig vom Einkommen ausgezahlt, und auch Hauskäufer erhalten im Fall von Modernisierungen die gleichen Kostenerstattungen wie Mieter.
- Zweite Erweiterung: Beauftragen Mieter und Käufer Handwerker, werden nun die Gesamtkosten aufgesplittet und 70 % der Materialkosten und 40 % der Lohnkosten erstattet.

Vorbereitende Untersuchung

Nachdem der Förderungsantrag gestellt war, begannen die Mitarbeiter der Bewohnerberatung mit einer systematischen Befragung, die gleichzeitig mit einer intensiven Beratung der Bewohner verbunden war. Die Mitarbeiter berieten die Familien über verschiedene Möglichkeiten von Verbesserungen in ihrem Haushalt, über die Erstellung eines dafür erforderlichen Maßnahmekatalogs und auch über die Organisation der Durchführung der Baumaßnahmen. Bis zur Auswertung des Ergebnisses vergingen drei Monate.

Die Untersuchung zeigte, daß die Bausubstanz gerade der Häuser am gefährdetsten war, die von alten, oft sehr zurückgezogen lebenden Menschen bewohnt wurden (11 Haushalte). Für diese Häuser war deshalb eine Modernisierung besonders notwendig, aber gerade die betroffenen Bewohner zeigten das geringste Interesse an einer Veränderung. Dagegen äußerten jüngere Menschen, die bereits viel Zeit und Kraft in ihre Häuser investiert hatten, großes Interesse sowohl an umfangreichen Modernisierungen als auch an einem Hauskauf. Unterschiedliche Vorstellungen der Generationen über

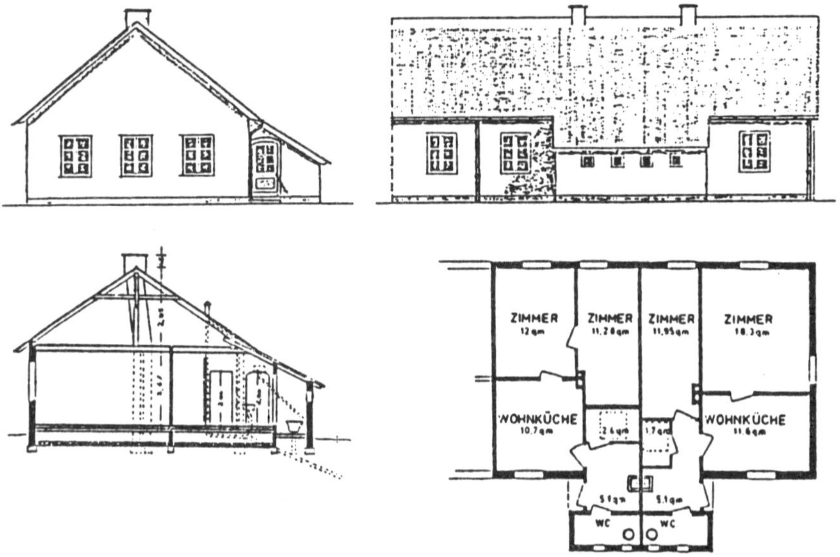

Die ursprünglichen Siedlungshäuschen

Hauskauf oder Umfang der Modernisierungen führten in einigen Familien zu großen Konflikten.

Modernisierungs- und Kaufverträge

Von der Bremischen Gesellschaft wurden für die Mietermodernisierung Modernisierungsverträge ausgearbeitet. Den Mietern sollen mit den Verträgen die Aufgaben von Bauherren mit den entsprechenden Verantwortlichkeiten übertragen werden. Auf der einen Seite sind sie der Eigentümergesellschaft gegenüber verpflichtet, die Baumaßnahmen ordnungsgemäß durchzuführen, auf der anderen Seite haben sie das Recht, über den Umfang der Modernisierungen selber zu bestimmen. Die Verträge sichern ihnen außerdem ein Dauerwohnrecht und bei Auszug die Rückzahlung des Restwertes ihrer Investitionen. Die Bewohner als eigenverantwortliche Bauherren verpflichten sich mit den Verträgen außerdem, die Bewohnerberatung e. V. bei der Planung und Durchführung der Maßnahme zu beteiligen. Sie verpflichten sich, bei Maßnahmen, die nach dem Bauordnungsrecht oder sonstigen öffentlichen und rechtlichen Vorschriften erlaubnis- oder anzeigepflichtig sind, sich vom Architekten der Bewohnerberatung e. V. oder des mit ihr kooperierenden Architekturbüros beraten zu lassen. Die dabei anfallenden Gebühren bezahlen die Bewohner.

Die Kaufverträge enthalten eine ähnliche Festlegung. Die Käufer verpflichten sich, das Haus entsprechend der fachkundigen Beratung durch die Bewohnerberatung e. V. und des mit ihr kooperierenden Architekturbüros zu modernisieren. Daneben enthalten die Kaufverträge Vorschriften, die ein einheitliches Bild der Siedlung sichern sollen. Die Bremische Gesellschaft behält sich ein Wiederkaufsrecht vor, wenn der Käufer seiner Verpflichtung, ordnungsgemäß zu modernisieren, nicht nachkommt. Um den Kauf von Häusern zu stimulieren, gewährt die Bremische Gesellschaft zum einen eine Garantie im Fall der Zahlungsunfähigkeit, zum anderen wird der bereits investierte Selbsthilfeanteil im Kaufpreis berücksichtigt. Folgende Preise wurden angesetzt: Einschließlich Grundstück und Anteil an den Gemeinschaftsflächen kostete ein Mittelhaus mit einer Wohnfläche von 40 bis 73 m^2 zwischen 22 500 DM und 28 500 DM, ein Endhaus war etwas teurer und kostete bei einer Wohnfläche von 49 bis 90 m^2 zwischen 31 800 DM und 58 500 DM.

Bauliche Beratung und soziale Betreuung der Bewohner

Sollte das soziale Gefüge in der Siedlung erhalten bleiben und die Alten und Kranken nicht in Altersheime oder Krankenhäuser abgeschoben werden, so mußte besonders diese Gruppe geschützt und unterstützt werden. Die Bewohnerstruktur erforderte deshalb eine qualifizierte, intensive Beratung, die über die rein bauliche Betreuung weit hinausging, denn nur wenige Bewohner hatten Kenntnisse in den komplizierten rechtlichen und organisatorischen Bereichen, die auf sie zukamen.

Die Beratung der Bewohner in Fragen der Modernisierung der Wohnungen und der Siedlung war von den Mitgliedern des Vereins "Bewohnerberatung e. V." zunächst ehrenamtlich geleistet worden. Der Beginn der Durchführung der

Dachausbau mit Gauben und ein neuer Zugang zum Garten

Sanierung Reiherstraße brachte 1984 eine wesentliche Umstrukturierung der Bewohnerberatung mit sich. War die Arbeit bis dahin von Mitgliedern geleistet worden, die den Verein gegründet und seine Zielsetzungen entwickelt hatten, so wurden nun auf ABM-Basis Mitarbeiter beschäftigt, deren Interessen und Arbeitsweisen nicht unbedingt identisch mit denen der bisherigen Mitarbeiter waren, vielmehr faßten sie ihre Tätigkeit als "normale", zeitlich begrenzte Erwerbsarbeit auf. Als Folge wurden die Arbeitsbereiche stärker abgegrenzt und spezialisiert.

Hinzu kam, daß zwei der Mitglieder, die das Projekt Reiherstraße initiiert und bisher die wesentliche Arbeit geleistet hatten, als Mitarbeiter der Bewohnerberatung ausschieden. Einer der beiden machte sich als Architekt selbständig und gründete die "Ingenieurgruppe für Altbauerneuerung und Neubauplanung". Dieses Büro arbeitete im Projekt Reiherstraße mit der Bewohnerberatung e. V. zusammen, vertrat aber teilweise andere Vorstellungen über die Vorgehensweise und die Aufgabenverteilung im Projekt. Das Ausscheiden der beiden Mitarbeiter aus der Bewohnerberatung hatte einschneidende Konsequenzen. Zwar stand von Seiten des Vereins zeitweise noch ein Architekt für die Organisation der Selbst- und Nachbarschaftshilfe zur Verfügung, aber überwiegend war nun der gerade eingearbeitete Sozialarbeiter, der im Herbst 1983 mit der Arbeit begonnen hatte, für die umfangreichen Arbeiten in der Reiherstraße allein verantwortlich. Die mangelnde personelle Kontinuität war für die Bewohnerberatung von Nachteil. Erst als im Herbst 1984, mit Beginn der Baumaßnahmen, eine zweite ABM-Kraft, eine Architektin, für den Verein in der Siedlung tätig wurde, stabilisierte sich langsam die Arbeit.

In die bauliche Betreuung des Sanierungsvorhabens Reiherstraße und die Organisation der Selbsthilfeleistungen teilten sich Bewohnerberatung e. V. und "Ingenieurgruppe". Zwischen beiden bildete sich erst langsam eine Aufgabenteilung heraus, was anfangs zu Überschneidungen und Konflikten führte. Es wurde dann eine grobe Teilung vereinbart: Die bei der Bewohnerberatung e. V. angestellte Architektin übernahm die Betreuung der nicht-anzeigepflichtigen Baumaßnahmen und der Architekt der Ingenieurgruppe die der anzeige- bzw. genehmigungspflichtigen Bauarbeiten, da er als freischaffender Architekt bauvorlageberechtigt war.

Ergebnis der Sanierung

Umfang der baulichen Maßnahmen

Entsprechend dem Antrag waren 700 000 DM an Fördermitteln für 70 von 108 Wohneinheiten bewilligt worden. Von den 108 Haushalten der Reiherstraße haben 74 modernisiert (davon 37 Hauskäufer und 37 Mieter), 5 Haushalte wurden ausgespart, da eine Veränderung für sie unzumutbar gewesen wäre, und ein Haushalt hatte bereits vor Projektbeginn modernisiert. Der Rest der Haushalte zeigte kein Interesse an Modernisierungen (Stand Januar 1987).

Das für die Förderung anrechenbare Kostenvolumen für die aufgeführten Modernisierungsmaßnahmen der 74 Wohneinheiten beträgt	2 674 750 DM
Dies wurde finanziert durch:	
- Fremd- bzw. Eigenkapital (37,3 %)	1 000 125 DM
- Fördermittel (26,2 %)	700 000 DM
- Eigenleistung durch bauliche Selbsthilfe (36,5 %)	974 625 DM

Aufgrund der durchgeführten Maßnahmen ist sowohl die technische Ausstattung wie auch der Wohnstandard insgesamt verbessert worden, insbesondere durch Grundrißveränderungen und durch Dachgeschoßausbauten. Das Erscheinungsbild der Siedlung ist von der Gesamtstruktur her erhalten geblieben, hat aber sichtbare Veränderungen erfahren
- durch den Einbau breiter Dachgauben,
- durch das Schließen der offenen Eingangsrücksprünge,
- durch die Möglichkeit, nach der Grundstücksneuordnung an den Hausrückfronten Terrassen mit Sichtschutz zu schaffen.

Veränderung im sozialen Gefüge

Voraussetzung für die Durchführung der Sanierungsmaßnahmen war, daß das Sozialamt (Abteilung Wohnungshilfe) seine bisherige Praxis aufgab und keine weiteren Wohnungsnotstandsfälle mehr in die Siedlung einwies. Dies war ein erster wichtiger Schritt auf dem Weg zur sozialen Stabilisierung der Siedlung. Nach Abschluß der Sanierungsmaßnahmen kann dieses Ziel als erreicht gelten:
- Die Verbesserung der Wohnraumversorgung in quantitativer wie qualitativer Hinsicht hat zu einer hohen Wohnzufriedenheit geführt.
- Die monatliche Kostenbelastung ist für die Mieter trotz enormer Verbesserungen wunschgemäß niedrig geblieben. Keiner wurde verdrängt.
- Das Image der Siedlung wurde aufgewertet, seine Attraktivität als Wohngebiet auch für Außenstehende erhöht.

Die Bewohner wohnen heute gerne in der Siedlung, selbst ehemalige, die aus der Siedlung weggezogen waren, kommen zurück. Die Funktion einer sozialen Nische wie zuvor kann die Siedlung nun allerdings für neu Hinzuziehende nicht mehr erfüllen. Die Entwicklung der sozialen Struktur wird wohl eher weiter in Richtung Aufwertung gehen. Da jedes freiwerdende Haus in der Siedlung zum Verkauf angeboten werden soll, das Hauskäuferpotential in der Siedlung aber erschöpft ist, werden neue sozial begünstigtere Bewohner in die Siedlung kommen. Auch wenn durch die auf die individuellen Möglichkeiten der einzelnen Haushalte abgestimmten Maßnahmen die gewachsene

Maßnahmen	Selbst-hilfe	Selbsthilfe unter Anleitung	Handwerker und Selbsthilfe in geringem Umfang	Hand-werker	Gesamt
Gasheizungen	21	15	9	13	58
Duschbad	36	9	2	12	59
Dachgeschoßausbau					
2 Gauben	41	1			
1 Gaube	1				
ohne Gaube	8				51
Dachflächenfenster	56			2	58
Neue Dachdeckung	5			1	6
Terrasse	45				45
Terrassentür	55	1			56
Wintergarten/Vorbau	34	1			35
Klempnerarbeiten außen	56	1			57
E-Installation		53	2	8	63
Grundrißänderungen	33		2		35

soziale Struktur der Siedlung erhalten werden konnte, ist ein Wandel für die Zukunft damit absehbar.

Im übrigen zeigt sich jedoch auch, daß Verbesserungen nur in einem Bereich (Reiherstraße) des sozialen Brennpunktes negative Entwicklungen innerhalb des Gesamtbereiches (Reihersiedlung) nach sich ziehen, wenn nicht grundsätzlich neue Wege vorbeugender und sozial integrativer kommunaler Obdachlosenhilfe beschritten werden. So konzentrieren sich die sozialen Probleme nun mehr denn je in der Reihersiedlung und vor allem in der Tucholskystraße.

Folgerungen

So positiv die erreichten Ergebnisse auch zu bewerten sind, ist nicht zu verkennen, daß durch die Sanierung auch frühere Vorzüge der Siedlung verloren gegangen sind. Dies ist freilich eine Frage der Bewertung und die Sicht von Fachleuten und Bewohnern kann dabei weit auseinandergehen.

Spaltung der Bewohner in Mieter und Eigentümer

Die Privatisierung eines Teils der Gebäude war notwendig gewesen, weil die Eigentümergesellschaft aufgrund ihrer geringen Kapitalausstattung die erforderlichen Mittel für die notwendigen grundsätzlichen Instandsetzungsmaßnahmen der gesamten Siedlung (z. B. Kanalisation) wie auch zur Modernisierung aller Wohnungen nicht aufbringen konnte oder wollte. Durch die Teilprivatisierung wurde das erforderliche Kapital beschafft, um die bei der Eigentümergesellschaft verbleibenden Aufgaben zu bewältigen. Das Privatisierungsangebot führte zu einer Spaltung in der Bewohnerschaft und bereitete damit den Weg für die Durchsetzung von Einzelinteressen und die Verhinderung von Solidarität.

Die bisher bestehenden Nachbarschaften von Haushalten mit dem gleichen Status als Mieter werden zunehmend bestimmt durch Interessengegensätze und soziale Differenzierungen zwischen Eigentümern und Mietern. Auch der vorgezeichnete Zuzug weiterer Hauskäufer wird die Struktur bestehender Nachbarschaftsbeziehungen verändern. Die Eigenverantwortlichkeit der Bewohner für ihre Wohnungen, die bisher dadurch bestimmt war, daß die Eigentümergesellschaft sich um die Wohnungen nicht kümmerte, hat durch die Sanierung nun einen gesetzlichen Rahmen bekommen, der für die Eigentümer andere Bedingungen schafft als für Mieter.

Entsolidarisierung

Die Bewohner der Reiherstraße bildeten solange eine solidarische Gemeinschaft, wie durch den Mieterstatus für alle die gleiche Interessenlage gegeben war. Sie war die Basis der Integrationsleistungen, die auch Außenseiter und Neuankömmlinge mit einschloß. Durch die Differenzierung in Mieter und Eigentümer wurde dem Gemeinschaftsleben des konkurrenzlosen Miteinanders der Boden entzogen. Das zeigt sich heute in Bewohnerversammlungen, wenn Eigentümer (Eigentümergesellschaft und Einzeleigentümer) auf der einen und Mieter auf der anderen Seite über Maßnahmen im Wohnumfeld diskutieren. Die Mieter dürfen mitreden, aber allein die Eigentümer entscheiden. Nach Abschluß der Sanierung ist heute ein solidarisches Vorgehen, um auch den gemeinsamen Außenraum zu verbessern, nicht mehr möglich.

Die vormals selbstverständliche Bereitschaft zur Nachbarschaftshilfe, wie sie unter den Alteingesessenen der Siedlung zu finden ist, geht - vor allem bei den Jüngeren - zurück. Statt dessen ist die Bezahlung von Hilfeleistungen - mit einem flexiblen Übergang zur Schwarzarbeit - üblich, was den Selbsthilfeansatz des Modernisierungskonzeptes untergraben hat. Tatsächlich lief die gegenseitige Hilfe in den meisten Fällen nur über "cash money".

Rückzug ins Private

Die erhöhte Qualität der eigenen "vier Wände" nach der Modernisierung, und noch mehr, wenn es sich dabei um Eigentum handelt, begünstigen den Rückzug ins Private. Bei den beengten Wohnverhältnissen vor der Sanierung hatte der Außenbereich auch eine Entlastungsfunktion als Ersatzwohnfläche. Der Wohnweg war als halböffentlicher Bereich in sehr viel stärkerem Maß als heute auch ein Ort der zwanglosen Kommunikation. Auf ihren neuen Terrassen (mit Sichtschutz !) bleiben die Familien unter sich.

Statussymbole

Vor der Sanierung gab es in der Siedlung eine vielfältige Nutzung des Außenraumes, bestimmt vor allem von praktischen Erfordernissen und der Notwendigkeit, das geringe Haushaltsbudget zu entlasten. Die Nutzgärten, Kleintierställe und -gehege, Werkstätten etc., die das Erscheinungsbild der Siedlung prägten, waren aber auch als Ausdruck der Armut der Bewohner zu interpretieren. Dagegen wurden mit der Sanierung die Symbole der Mittelstandsgesellschaft gesetzt: Grillplatz, plattenbelegte Terrassenflächen, Auto-Stellplatz etc.

Die Verschönerung des eigenen Heims hat für die Bewohner umso größere Bedeutung, wenn sie arbeitslos sind oder Arbeitslosigkeit droht, um sich mit dem eigenen "schönen Heim" anderen (den Nachbarn) gegenüber zu beweisen. Die Statussymbole, mit denen die Bewohner ihre Wohnungen versahen, bringen aber auch eine Konkurrenz untereinander zum Ausdruck, die es vorher so nicht gab. Über diese Gestaltungsbemühungen der Bewohner freute sich besonders der Baumarkt in der Nachbarschaft, der sein Angebot auf die gesellschaftliche Entwicklung zur Vereinzelung und sozialen Abgrenzung eingestellt hat, und die entsprechenden Symbole bereit hält. Die Vielfältigkeit der Identifikationsmerkmale, die es vorher in der Siedlung gab, geht mit dem Siegeszug des vereinheitlichenden Baumarktangebotes verloren.

Es war das ausdrückliche Konzept der Experten, den Bewohnern so viel Entscheidungsmöglichkeiten wie möglich zu eröffnen und ihre Wünsche zu berücksichtigen. Bei der Gestaltung der Wohnungen entfaltete sich jedoch eine solche Eigendynamik, daß sich angesichts des Ergebnisses (gestalterisch und handwerklich) die Frage aufwirft, ob man nicht mit einer Gestaltungssatzung im Interesse des Gesamteindrucks der Siedlung einen verbindlichen Rahmen hätte vorgeben sollen - eine Funktion, die faktisch nun der Baumarkt mit seinem Angebot übernommen hat.

Fachleute und Bewohner: unterschiedliche Sichtweisen

Ziel der Maßnahme war - auch im Interesse der Bewohner - neben der baulichen Verbesserung einzelner Wohnungen die Aufwertung des Gesamtgebietes. In dieser Hinsicht hat sich die Situation in der Reiherstraße sowohl für die Innenwahrnehmung wie auch für die Außenwahrnehmung wesentlich verändert. Was früher negativ als Ghetto bezeichnet wurde, positiv aber als Schutzraum oder soziale Nische gesehen werden konnte, wird sich tendenziell zu einer "ganz normalen" Reihenhaussiedlung in Einzeleigentum mit allen positiven Aspekten wie Sicherheit, Freiheit und Geborgenheit durch Eigentum wie auch negativen Aspekten wie Rückzug, Vereinzelung und Konkurrenz als gesellschaftlichen Erscheinungsformen entwickeln.

Für die sogenannten "Fachleute" (Architekten, Sozialarbeiter), die das Konzept für die Modernisierung vorbereitet hatten, war neben baulichen Verbesserungen der Schutz der sozialen Verhältnisse ein vorrangiges Ziel. Die Werte und Normen, die zuvor das Gemeinschaftsleben bestimmt hatten, sehen sie nun als Folge der Maßnahmen brüchig geworden. Dies beeinflußt auch ihre Einschätzung des Erfolges der Maßnahme insgesamt. Aus der Sicht der Betroffenen war dagegen allein die bauliche Verbesserung, der individuelle materielle Nutzen wesentlich. Gesellschaftliche Werte, wie Aufstieg bzw. Aufwertung durch Eigentumserwerb, sind bei den Bewohnern so verinnerlicht, daß sie keinen Anlaß zum kritischen Nachdenken erkennen.

Und: Daß die Grundstücksveränderung den Rückzug in die Privatheit begünstigt, wird von den Bewohnern als sehr positiv gewertet und entsprechend stark wahrgenommen. Die sogenannten Fachleute dagegen sehen das rege Miteinander im halböffentlichen Raum dadurch gefährdet. Daß die ursprünglich zurückliegenden Eingangsbereiche überbaut, die Außenfront der Zeilen "geschlossen" wurde, sehen sie für das Gesamtbild der Siedlung als gestalterischen Nachteil. Die Bewohner hingegen freuen sich über den zusätzlich gewonnenen Raum. Eine Verglasung der Eingangsbereiche in der Form von Wintergärten - nach Ansicht der Planer ein guter Kompromiß - lehnten die Bewohner jedoch ab, weil ihnen diese Lösung zu transparent war, sie wollten sich "nicht auf den Präsentierteller setzen". Die siedlungsumschließende Mauer wiederum erleben die Bewohner als Ausdruck von Diskriminierung; die Stadtplaner jedoch halten sie für denkmalschutzwürdig. Kann es überhaupt eine Deckungsgleichheit dieser Sichtweisen geben?

Literatur

Wibelitz, Gabriele / Bewohnerberatung: Wenn die mir helfen, helfe ich denen doch wohl auch. Dokumentation des Mieterselbsthilfeprojektes in der Siedlung Reiherstraße in Bremen-Oslebshausen. Bremen 1987

Alfred Kappauf

Eigenheime für obdachlose Familien

Bauliche Selbsthilfe als Beitrag zur Finanzierung

Ausgehend von einer Untersuchung zum Umfang und zur regionalen Verteilung von Obdachlosigkeit in Rheinland-Pfalz plante das Sozialministerium mit dem Kultusministerium Ende der 70er Jahre einen Modellversuch zur Erprobung neuer Ansätze für die Arbeit in sozialen Brennpunkten. Für den Modellversuch wurde die Stadt Landau ausgewählt, weil dort die Obdachlosenproblematik besonders dringlich erschien. Neben dem Dörrenberg (vgl. den Beitrag von Isolde Bäuerlein-Gekeler) gibt es in Landau zwei weitere soziale Brennpunkte (Bürgergraben und Eutzinger Hof). Hinzu kam, daß bei der Stadt Landau seit Anfang der 70er Jahre Überlegungen bestanden, als "Landauer Modell" eine umfassende Erneuerung dieser Barackengebiete einzuleiten. Auch ein wissenschaftliches Gutachten (Klein 1973) war von der Stadt 1972 in Auftrag gegeben worden. Und schließlich hatte die Stadt 1978 konkrete Pläne für die Sanierung des Dörrenberg, des größten der drei Gebiete, vorgelegt.

Für die damals vorgesehenen Neubaumaßnahmen lehnte es das Land allerdings ab, Wohnungsbaufördermittel zu bewilligen, da die Stadt Schlichtwohnungen errichten wollte mit einem deutlich geringeren Standard als im sozialen Wohnungsbau vorgeschrieben. Der Stadt wurde vorgeschlagen, das Vorhaben in Zusammenarbeit mit der für den Modellversuch vorgesehenen Projektgruppe zu überarbeiten. In Landau bestand für den Modellversuch somit die Möglichkeit, daß über intensive sozialpädagogische Maßnahmen hinaus auch Rahmenbedingungen der Obdachlosenproblematik verändert werden konnten, da die bauliche Sanierung gemeinsam mit den zuständigen Stellen der Stadt vorbereitet und begleitet werden sollte.

Mit dem auf vier Jahre befristeten Modellversuch "Integrierte Förderung sozial benachteiligter Gruppen" wurde in Landau 1980 begonnen. Die Aufgabe der Projektgruppe war zu erproben, wie insbesondere durch Zusammenarbeit, gegenseitige Anregung und Unterstützung freier und öffentlicher Träger umfassende und vielfältige Maßnahmen realisierbar sind, die zu einer dauerhaften Verbesserung der Lebensumstände von Bewohnern sozialer Brennpunkte führen. Durch aufeinander abgestimmte Initiativen sollte auf verbesserte Lebens-, Entwicklungs- und Lernbedingungen für alle Altersgruppen hingewirkt werden. Dem entsprach die interne Organisation des

Modellversuchs mit fünf Arbeitsbereichen: Gemeinwesenarbeit, Kindertagesstätten, Schulsozialarbeit, Jugendarbeit und Beratung. Vor allem wurde angestrebt, Eigeninitiative (Hilfe zur Selbsthilfe) der Betroffenen zu fördern und über ein hohes Maß an Bewohnerbeteiligung Lernprozesse in Gang zu setzen, durch die ihre Handlungskompetenz zur Bewältigung der eigenen Lebenssituation entwickelt oder erweitert wird.

In dem von der Projektgruppe vorgelegten Sanierungskonzept für den Dörrenberg wurde unter Berücksichtigung der heterogenen Bewohnerschaft (z. B. hinsichtlich ihrer Lebensgewohnheiten, Erwerbstätigkeiten, Haushaltsgröße und -zusammensetzung) ein Vorgehen vertreten, bei dem unterschiedliche, auf die spezifischen Bedürfnisse einzelner Bewohnergruppen zugeschnittene Ansätze gleichzeitg verfolgt werden sollten (Miet- und Eigentumsmaßnahmen im Dörrenberg und in anderen Stadtgebieten, Veränderung der Bewohnerstruktur durch Ringtausch). Die Stadt sah jedoch keine Möglichkeit, andere Standorte außerhalb des Brennpunkts für kleine Wohngruppen anzubieten, und weigerte sich auch, weil sie Vorbehalte anderer, "normaler" Bauinteressenten befürchtete, auf entsprechende Bemühungen einiger Familien zu reagieren, die die Zuweisung eines Bauplatzes in neu erschlossenen städtischen Baugebieten beantragten.

Im Sommer 1982 beschloß der Stadtrat einen von einer gemeinnützigen Siedlungsgesellschaft (dfh Worms) erstellten Rahmenplan, der eine Neubebauung mit zuerst Eigentumsmaßnahmen und später Mietwohnungsbau unter Beibehaltung der Wohndichte vorsah. Gleichzeitig erhielt die Siedlungsgesellschaft den Auftrag für den ersten Sanierungsabschnitt: sieben zweigeschossige Einfamilieneigenheime in Gruppenselbsthilfe.

Planung und Durchführung der Eigentumsmaßnahmen

Vorbehalte der Bewohner

Die Bewohner selbst reagierten anfangs auf die Sanierungspläne reserviert und kritisch. Zum einen wünschte die Mehrzahl primär, durch einen Wohnungswechsel das stigmatisierte Gebiet verlassen zu können, da sie wenig daran glaubten, daß das Negativimage durch eine Sanierung verschwindet. Mit der Idee, Hausbesitzer im sozialen Brennpunkt zu werden, wurden eher Ängste berührt, sich freiwillig in dem Viertel festzumauern, das man immer verlassen wollte. Noch prägender schienen jedoch die Erfahrungen der letzten Jahrzehnte, in denen mehrfach Sanierungsabsichten propagiert und Aktivierungswellen ausgelöst wurden, ohne daß Veränderungen stattfanden. Die aus Bewohnersicht nur neu aufgewärmte Sanierungsdiskussion wurde somit zuerst einmal als unglaubwürdig abgewertet und war Anlaß, alte Enttäuschungen und

Ressentiments über nicht eingehaltene Versprechungen oder alltägliche Diskriminierungserfahrungen zu formulieren.

Zum anderen enthielt das städtische Sanierungskonzept eine problematische Rangfolge der Sanierungswege: Vorrangig sollten Bewohner zu Eigentumsmaßnahmen motiviert werden, sowohl aus Kostenüberlegungen als auch, um ein hohes Maß an Identifikation mit den Bauten und Einbindung in Verantwortung zu erreichen. Daß mit Mietwohnungsbau erst zu einem vage definierten späteren Zeitpunkt begonnen werden sollte, nachdem das Selbsthilfepotential "ausgereizt" wäre, entsprach dem Verständnis der Stadt von "Hilfe zur Selbsthilfe" im Sinn einer klaren Bevorzugung von Bewohnern mit eigenen Ressourcen, im Gegensatz zu den "mehrgleisigen" Vorstellungen der Projektgruppe, Sanierungsmaßnahmen so zu fächern, daß möglichst viele Betroffene eine Möglichkeit sehen konnten, aktiv bei der Verbesserung ihrer Wohn- und Lebensperspektive mitzuwirken.

Zahlreiche potentielle Interessenten wehrten sich mit offenen und diskreten Verweigerungsaktionen gegen das Gefühl, zum Bauen gezwungen zu werden, oder weiterhin keine Aussicht auf eine menschenwürdige Wohnung zu erreichen. Überdies erschien es anhand der Haushaltsstrukturanalysen nur für etwa ein Drittel der Haushalte sinnvoll, Eigentumsbildung zu erwägen. Für die anderen ca. 60 Haushalte mußte wegen ihrer Alterstruktur, Familiengröße oder finanziellen Situation sowieso eine andere Perspektive gefunden werden.

Diese vom Bauträger weitgehend ignorierten Stimmungen und Vorbehalte führten dazu, daß bei der Vorstellung des Rahmenplans für die Bewohner und der Erläuterung von Haustypen die Planer und Vertreter der Stadt unter sich blieben. Bei einer zweiten öffentlichen Information nach mehreren Monaten, in denen intensive Einzelberatungen mit Familien geführt und auch andere vergleichbare Siedlungen besichtigt wurden, war nur eine Familie vom Dörrenberg anwesend.

Die Reserviertheit der Bewohner gegen das Sanierungsmodell und vor allem gegen die fehlende Beteiligung bei der Standortentscheidung veranlaßte sowohl die Stadt als auch die dfh, Vorbereitungsschritte (Tiefbaumaßnahmen, Baugrubenaushub, Einrichten der Baustelle, Beschilderung) zu verschieben. Da damit weiterhin anschauliche Zeichen fehlten, welche die Glaubwürdigkeit der Sanierungsabsichten hätten erhöhen können, machte die Motivationsarbeit der Mitarbeiter des Modellversuchs bei den Bewohnern durch diesen Teufelskreis nur langsame Fortschritte.

Das Eigentumsmodell

Folgende Vorteile des Eigentumsmodells konnten vom Bauträger herausgehoben werden:

- Übernahme der Erschließungskosten von ca. 8 000 DM/Haus durch die Stadt.
- Vergabe der Grundstücke zu günstigen Erbpachtbedingungen.
- Weitgehende Möglichkeit, Eigenleistung ("Muskelhypothek") zu erbringen.
- Betreuung der geplanten Gruppenselbsthilfe durch erfahrene Fachleute des Bauträgers.
- Niedrige Planungskosten bei Verwendung von bereits vorliegenden Plänen üblicher Haustypen des dfh.
- Unterstützung durch mehrwöchige Einsätze von Helfergruppen des Internationalen Bauordens (IBO). Diese Arbeitsleistungen sollten den späteren Besitzern als Eigenleistung gutgeschrieben werden.
- Relativ günstige Gesamtkosten von ca. 200 000 DM (berechnet für eine Fünf-Raum-Wohnung).
- Möglichkeit, in dem Mischgebiet weiterhin Kleintiere zu halten und Gewerbe (z. B. Schrotthandel) zu betreiben.

Realisierung

Erst als absehbar war, daß vier Familien sich fürs Bauen bereiterklären würden, wurde im Sommer 1983 die Baustelle für die ersten beiden Häuser (zwei Doppelhäuser) eingerichtet. Zum eigentlichen Baubeginn stand erst ein Bauherr endgültig fest, eine auf Sozialhilfe angewiesene Acht-Personen-Familie. Ebenfalls waren Details der Erbpachtverträge nicht geregelt, so daß die erste Familie weder wußte, in welchem der beiden Häuser sie später wohnen würde und wer die Nachbarn sein würden.

Nach sichtbarem Baufortschritt entschlossen sich zwei weitere Familien (die Haushaltsvorstände sind Geschwister) sich an dem Bauprojekt zu beteiligen. Bei dem Baubeginn dieser Reihenhäuser standen die Helfergruppen des IBO nicht mehr zur Verfügung, der Bauherr war jedoch in der Lage, als Baufacharbeiter selbst sehr viel Eigenleistung an seinem Bau und am Haus der Schwester zu erbringen.

Mehrere Bauinteressenten von außerhalb, die bereits mit den Familien des Gebiets bekannt waren und auch nützliche fachliche Qualifikationen für weitere Gruppenselbsthilfe-Abschnitte hätten einbringen können, wurden von der Stadt als Bewerber abgelehnt, da zuerst alle Bewohner der Baracken besseren Wohnraum erhalten sollten. Zahlreiche Einzelentscheidungen wurden in ähnlicher Weise in einer sehr eindimensionalen Problemsicht getroffen, übergeordnete Gesichtspunkte und vorgeschlagene komplexe Veränderungsstrategien schienen bei Einzelentscheidungen wenig Berücksichtigung zu finden.

Die beiden ersten Familien konnten im September 1984 einziehen, im November folgten dann die anderen zwei Familien.

Probleme der Baudurchführung

Während der Bauphase kam es zunehmend zu Spannungen, Kränkungen und Mißtrauen zwischen der Stadt/dfh und den Bauherren, vor allem begründet in der aus der Sicht der Bauherren fehlenden Transparenz der Kostenrechnungen und unterschiedlichen, individualisierenden Einzelabsprachen mit den Bauherren. Im Zuge dieser negativen Entwicklung gingen die Stadt und der Bauträger vermehrt dazu über, auch unmittelbar die Bauherren betreffende Fragen an den Familien vorbei zu entscheiden (z. B. Nachfinanzierung) und bewirkten ungewollt eine weitere Verhärtung der Fronten, sobald die Betroffenen davon erfuhren.

Die regen "Besichtigungs"-aktivitäten durch Nachbarn an und in den Baustellen bestätigten, daß nach langjährigen Frustrationserfahrungen und Resignationstendenzen positve Fakten am ehesten beitragen, eine Glaubwürdigkeit von zuständigen Stellen und eine Kooperationsbasis herzustellen. Zahlreiche Bewohner stellten bei solchen Baustellengesprächen in Aussicht, vielleicht doch auch selbst zu bauen, sie wollten jedoch zuerst abwarten, wie die Häuser wirklich aussehen würden.

In bauwirtschaftlicher Sicht führte der geringe Projektumfang von nur vier Häusern zu Kostensteigerungen (z. B. für Polierstunden, Bauleitung etc.), die an die Bauherren wohl auch in höheren Umlagen weitergegeben wurden. Gleichzeitig dünnte der Bauträger seine Präsenz vor Ort aus und verlagerte das Firmenengagement und die Anleiter mehr auf andere wirtschaftlichere Projekte. Damit wurde eine ungünstige reziproke Entwicklung eingeleitet, d. h. einerseits wuchsen die Spannungen, z. T. auch gefärbt durch ungehaltene Streßreaktionen, und es häuften sich Fragen und Mißverständnisse nicht nur bei den Bauherren, sondern auch bei potentiellen Bewerbern und andererseits waren gerade die Personen immer weniger präsent, die zur Klärung beitragen konnten.

Da bei den Konflikten die als "mächtiger" erlebte Seite - dfh, Stadt - auch auf autoritär-drohend wirkende Positionen zurückgriff, verstärkten sich die bereits durch die geringe Partizipation bei der Planung vorhandenen Gefühle von Fremdbestimmtheit und Übergangenwerden. Vereinzelte destruktive Empörungs- und Verweigerungsreaktionen, z. B. die Verweigerung einer Unterschrift für das Abrufen von Fördermitteln oder beim notariellen Übereignungsvertrag, führten zu ernsthaften Gefährdungen des Projektes und erforderten eine sehr intensive Beratung und Betreuung durch Sozialarbeit.

Die hohen auch kommunikativen Anforderungen für die Konfliktbewältigung belegten, daß eine Sanierungsmaßnahme mit weitreichender Bewohnerpartizipation von allen Beteiligten die Bereitschaft zu einem gemeinsamen Lernprozeß erfordert. Da im allgemeinen die Beziehungen zwischen Behörden und

Institutionen und den Menschen in Unterkünften durch Abhängigkeit und Weisungsgewalt gestört sind, ist eine partnerschaftliche Zusammenarbeit für beide Seiten Neuland. Dies setzt voraus, daß auf der einen Seite auf Droh- und Einschüchterungsgebärden verzichtet wird und kein Rückgriff auf eine Weisungsgewalt zur Beschleunigung von Entscheidungen erfolgt, auf der anderen Seite eine sachdienliche kritische Position nicht als Generalabrechnung mit der Vergangenheit oder als unterwürfige Zurückhaltung gestaltet wird.

Die durch (notwendige) Wirtschaftlichkeitsüberlegungen bedingten Sachzwänge des Bauträgers trugen in der Konsequenz dazu bei, daß die Schwierigkeiten noch größer wurden und die Sanierung der Siedlung über die vier neuen Häuser hinaus bereits wieder ins Stocken kam. Zwei weitere interessierte Familien konnten nicht mehr bauen, da die erforderliche Gruppengröße nicht zusammenkam.

Die Außenanlagen der vier Häuser, z. B. auch die Zufahrtsstraße, wurden erst ein Jahr nach dem Bezug angelegt. Der erste Sanierungsabschnitt erscheint optisch stark eingegliedert in den alten Baubestand mit den ungeordneten Außenanlagen.

Drei Familien, die sich hartnäckig geweigert hatten, im Gebiet zu bauen, konnten schließlich in einem anderen Stadtteil bauen, nachdem die Kirche ein geeignetes Gelände für sie angekauft hatte und ihnen auf Erbpachtbasis überließ. Für die Finanzierung konnten die gleichen öffentlichen Fördermittel in Anspruch genommen werden wie bei der Gruppenselbsthilfe. Die Planung und Bauleitung erfolgte durch einen freien Architekten. Eine Familie ließ sich ein Fertighaus erstellen. Eine sozialpädagogische Betreuung erfolgte auf Wunsch des Grundstückeigentümers nicht, weil befürchtet wurde, die Maßnahme könnte im Stadtteil in den Geruch eines "sozialen Projektes" kommen.

1986 löste sich die dfh aus dem Vertrag als Bauträger des Sanierungsgebiets Am Dörrenberg. Auseinandersetzungen über mangelhafte Bauausführungen und Materialschäden verliefen sehr zäh weiter. Der Einzug in die neuen Häuser fiel zeitlich mit der Auflösung des befristeten Modellversuchs zusammen. Notwendige weitere Aktivierungs-, Planungs- und insbesondere Nachbetreuungsschritte am Dörrenberg fielen weg oder wurden punktuell von einer verbleibenden Sozialarbeiterin des Ökumenischen Sozialzentrums wahrgenommen. Seit einem Personalwechsel im Jahr 1987 findet keine Nachbetreuung mehr statt.

Finanzierung

Die ursprünglichen Gesamtkosten für ein Eigenheim wurde mit 200 000 DM veranschlagt (Fünf-Raum-Wohnung für einen Fünf-Personen-Haushalt). Die tatsächlichen Kosten beliefen sich auf ca. 220 000 bis 238 000 DM. Die Kostensteigerungen gehen z. T. auf eine Erhöhung der Ausstattungsqualität (z. B. Zentralheizungen in drei Häusern statt Einzelofenheizung) zurück, vorrangig aber bei allen Familien auf wesentlich höhere Leistungen an den Bauträger (Finanzierungskosten). Für die Familien war eine Nachfinanzierung über Kreditaufnahme zwischen 5 000 und 37 000 DM erforderlich. Bei dem Bauherren mit der höchsten Nachfinanzierung beliefen sich die zusätzlichen Finanzierungskosten der dfh auf 14 000 DM.

Da den Bewohnern wesentliche Teile der Schlußabrechnung nicht verständlich waren und unter den Vertragspartnern keine Einigung erzielt werden konnte, wird die gesamte Abwicklung der Tilgungszahlungen über Treuhandkonten von der Stadt reguliert, d. h. die Bauherren zahlen ihre Raten an das Wohnungsamt, Lastenzuschüsse und Aufwandsdarlehen werden direkt von der Stadt eingezogen.

Für die Finanzierung waren 100 000 DM an öffentlichen Mitteln vorgesehen, die sich aus den üblichen familienbezogenen Mitteln des Sozialen Wohnungsbaus sowie zusätzlichen 27 000 DM aus einem Härtefond und weiteren Sondermitteln zusammensetzen.

Die veranschlagte Eigenleistung von 40 000 bis 45 000 DM wurde von einem Bauherrn wesentlich übertroffen, ein Bauherr blieb 9 000 DM unter dem Sollwert. Die sozialhilfeabhängige Familie erbrachte mit 37 500 DM knapp die vorgegebene Selbsthilfe, hauptsächlich durch die Leistung der fast oder bereits erwachsenen Töchter der chronisch kranken Eltern und von Verwandten bzw. Freunden. Wegen der an eigenes Einkommen gebundenen Gewährung der Wohnungsbaufördermittel zeichnete bei diesem Haus zuerst die dfh als Bauherr. Nach drei Jahren konnte es dann notariell übereignet werden.

Die finanzielle Belastung der Familien liegt auf einem günstigen Niveau. Der Neun-Personen-Haushalt hat derzeit eine Nettobelastung von 445 DM; bei dem Vier-Personen-Haushalt sind monatlich 468 DM zu erbringen. Die Familie mit der höchsten Eigenleistung und niedrigsten Nachfinanzierung verweigerte wegen der aus ihrer Sicht fehlerhaften Endabrechnung der dfh monatelang die Ratenzahlungen, bemüht sich inzwischen jedoch, durch freiwillige höhere Leistungen die städtischen Bürgschaftsleistungen auszugleichen. Das Einlenken wurde durch das wachsende Vertrauen zur städtischen Treuhandstelle möglich.

Auch für den Sozialhilfeträger ist das Modell kostengünstig; für den durch Sozialhilfe unterstützten Fünf-Personen-Haushalt zahlt die Stadt derzeit einen Mietzuschuß von monatlich 400 DM. Die Sanierung hat damit nach allem Anschein die finanzielle Autonomie der Bewohner nicht reduziert, es droht keine Verfestigung oder Ausweitung von Sozialhilfeabhängigkeit.

Familiäre Veränderungen

Die vier bauwilligen Familien setzten sich aus zwei Vier-Personen-Haushalten, einem Sechs-Personen-Haushalt und einem Acht-Personen-Haushalt zusammen. Nur eine Familie (Mutter und drei Kinder) lebt vier Jahre nach dem Einzug noch in der gleichen Zusammensetzung. Ihre Kinder beziehen inzwischen ein eigenes Einkommen und beteiligen sich an den Tilgungszahlungen. In zwei Haushalten sind inzwischen Kinder ausgezogen. Der andere ursprüngliche Vier-Personen-Haushalt besteht noch aus drei Personen; im ursprünglichen Acht-Personen-Haushalt leben jetzt noch die Eltern mit drei Kindern zusammen. Eine sehr tragische Entwicklung traf die vierte Familie. Die Mutter verstarb fünfzehn Monate nach dem Einzug an einer Tumorerkrankung. Der Vater lebt in einer neuen Partnerschaft und hat durch Stiefkinder jetzt mit sieben Kindern den größten Haushalt.

Während der Baumaßnahme wurde erreicht, daß ein bis dahin im Rahmen einer Arbeitsbeschaffungsmaßnahme beschäftigter Bauherr von der Stadt in ein unbefristetes Arbeitsverhältnis übernommen wurde. Ein anderer Bauherr wurde mehrere Monate nach dem Einzug arbeitslos und fand erst nach mehreren Jahren wieder eine feste Facharbeiterstelle.

Bewertung durch Bewohner

Bei einer Nachbefragung nach vier Jahren Wohnen in den neuen Häusern äussern sich die Familien zufrieden über die Wohnungen: "Wir wohnen schön"; "Es ist ruhig hier"; "Die Kinder können ruhig spielen". Vor allem die gute Nachbarschaft wird hervorgehoben. Eine Mutter, die vorher im Block gewohnt hat, erinnert sich an die damaligen vielen Streitsituationen wegen der Kinder. Im neuen Haus sei durch den eigenen Eingang mehr Privatheit gewährleistet ("Du bist für dich allein"). Sie schätzen darüber hinaus die allgemeine Wohnqualität und verweisen besonders auf die Beheizbarkeit der Wohnung (in der alten Wohnung keine Selbstverständlichkeit).

Die Bewohner begrüßen auch, daß die Erschließungsstraße einen neutralen Namen erhalten hat, obwohl sie betonen, sie selbst hätten auch früher keine schlechten Reaktionen wegen ihrer Adresse erfahren.

Vier Doppelhaushälften nach einem Standardentwurf für Selbstbaumaßnahmen

Starke Kritik üben die Bewohner an der geringen Mitbeteiligung bei der Planung: sie hätten die Grundrißgestaltung kaum beeinflussen können; ihr Wunsch nach einer geräumigen Wohnküche sei abgelehnt worden.

Der Bauplatz Am Dörrenberg erhält nach wie vor negative Noten. Ein Wegzug sei ihnen durch den Hausbesitz nicht mehr möglich. Wegen des unattraktiven Wohngebiets bestehe faktisch keine Verkaufsmöglichkeit (das Vorkaufsrecht liegt bei der Stadt). Manchmal keime bei einigen der Wunsch, einfach wegzuziehen und den Bauärger zurückzulassen, aber damit würden sie ihr gesamtes Vermögen und ihre Arbeitsleistung am Haus verlieren.

Resignativ stimmt die Familien vor allem, daß die Baumängel noch nicht nachgebessert und Gewährleistungsansprüche (z. B. wegen Nässeschäden) bisher ignoriert wurden. Damit die Ansprüche weiter verfolgt werden können, sind einige Wohnungsbereiche, z. B. das Treppenhaus, noch nicht tapeziert oder gestrichen. Die unklaren Zuständigkeiten - dfh für die Bauträgerschaft, Stadt für die Zahlungsabwicklung - verstärkt offensichtlich die Schwierigkeiten der Bewohner, sich mit ihrer neuen Eigentümerrolle zurechtzufinden und Instandhaltungsreparaturen selbst zu veranlassen.

Die Außengestaltung der Grundstücke ist bisher nur in Ansätzen durchgeführt. Die sozialhilfeabhängige Familie weist darauf hin, daß es ihr unmöglich sei, die Kosten z. B. für Zaun und Gartenbepflanzung von der Hilfe zum Lebensunterhalt abzuzweigen, so daß sie durchaus vorhandene Ideen nicht verwirklichen kann.

Somit werden finanzielle Schwierigkeiten eher in der Realisierung von Gestaltungswünschen erlebt, weniger bei der Tilgungsbelastung. Durch den mit dem Haus und Garten gestiegenen Verantwortungsbereich scheinen einige Familien ihre relative Armut viel stärker als früher wahrzunehmen.

Die Frustrationen bei Gestaltungswünschen, die Hilflosigkeit in der neuen Rolle als Hausbesitzer, die Unwissenheit in der Verfolgung von Ansprüchen gegenüber Firmen, die familiären Konflikte durch den Baustreß und das Fehlen einer ausreichenden Betreuung bzw. Beratung scheinen fast wie eine Bestrafung empfunden zu werden, weil man sich gegen das Schicksal aufgelehnt habe. Eine Mutter formuliert bei der Nachbefragung: "Arme Leute sollen kein Haus bauen".

Veränderungsperspektiven für das Wohngebiet

Der mit dem ersten Sanierungsabschnitt erhoffte positive Signaleffekt für die Veränderung des sozialen Brennpunkts wurde stark gedämpft, da nach den vier Häusern sich keine ausreichende Zahl von weiteren Bauwilligen fand und die Sanierung zuerst einmal unterbrochen wurde.

Erst als 1986 die dfh aus dem Vertrag mit der Stadt ausschied, wurde ein unabhängiges Architekturbüro (Gruppe 4+, Karlsruhe) beauftragt, den bestehenden Rahmenplan für den notwendigen Mietwohnungsbau zu überarbeiten (vgl. den Beitrag von Isolde Bäuerlein-Gekeler). 1987 wurde dann der größten Bauträger-Gesellschaft des Landes (Heimstätte Rheinland-Pfalz) die umfassende Sanierungsaufgabe übertragen (Finanzierung, Planung, Abwicklung, Betreuung).

Das Richtfest für die ersten 15 Wohneinheiten fand im Sommer 1989 statt. Diese eineinhalbgeschossige Häuserzeile wird auf einer Freifläche ebenfalls am Rand des Sanierungsgebiets, aber auf der entgegengesetzten Seite zu den Eigentumsmaßnahmen, errichtet. Dadurch waren ein Abriß von Altbauten und Umsetzungen der Bewohner zwar bisher nicht erforderlich, die neue Randbebauung fällt aber auch im großräumigen alten Baubestand wenig auf.

Zwei Familien, mit einer Familie der Eigentumssiedlung verwandt, und seit einigen Jahren außerhalb des Dörrenberggebiets lebend, hatten sich bereits Pläne für ein Doppelhaus erstellen lassen, gaben ihren Bauwunsch aber auf, weil inzwischen die Sondermittel (Härtefonds) nicht mehr vergeben werden.

Bei der bisher zügigen Fortsetzung der Sanierungsschritte, bei der die Gruppe 4+ weiter eingebunden ist und eine herausgehobene Aufgabe in der Arbeit mit den Bewohnern hat, ist der Abschluß der Gesamtsanierung innerhalb von fünf

Jahren realistisch. Der Wohnblock wird ebenfalls grundlegend saniert, soll aber zukünftig vorwiegend für die Sozialeinrichtungen genutzt werden.

Bedauernswert sind einige isolierte Entscheidungen von städtischen Stellen, die erschweren, daß die Sanierungserfolge anschaulicher wirken können. So wird inzwischen auf dem zu den Eigenheimen unmittelbar angrenzenden Gelände eine mobile Bauschuttaufbereitungsanlage betrieben. Das angelieferte Material bedeckt (derzeit) als Schutthalde die ehemalige Grünfläche und verdeckt gleichzeitig die einzige, nicht durch Barracken verstellte Sicht auf die Neubauten.

Vorsichtige Bilanz

Mit dem Landauer Eigentumsbildungsmodell konnten die beteiligten Familien einen Weg finden, mit großem persönlichem Einsatz ihre Wohnsituation zu verändern. Vier Jahre nach dem Bezug der Häuser bestehen noch zahlreiche Probleme und auch Beratungsanlässe. Insgesamt hat dieser Sanierungsweg die Erwartungen im wesentlichen erfüllt, auch im Hinblick auf erträgliche Folgekosten sowohl für die Eigentümer als auch für die Kommune. Als eine Form neben anderen Wegen bietet er zusätzliche Aktivierungs- und Gestaltungschancen bei einem auf die Heterogenität der Bewohner von sozialen Brennpunkten abgestimmten Sanierungsprogramm.

Besonders hervorzuheben ist, daß es in diesem Modell auch möglich war, einen sozialhilfebedürftigen Haushalt einzubinden. Einer Familie letztlich über Sozialhilfe das Eigenheim abzubezahlen, wird immer an enge Voraussetzungen gebunden und nicht als allgemeines Ziel übertragbar sein. Bei der Landauer Maßnahme erweist sich diese Richtung als kostengünstig bzw. kostenneutral auch für das Sozialamt im Vergleich zu sonst anzusetzenden Mietkosten. Auch bei den anderen Eigentümern, die bis auf eine Ausnahme Hilfsarbeiterlöhne beziehen, bleibt die finanzielle Nettobelastung in einem erträglichen Rahmen, ihre finanzielle Autonomie wird kaum beeinflußt.

Trotzdem erwies sich eine Bürgschaft der Stadt für die Zinszahlungen und die treuhänderische Kontenführung als entscheidende Rahmenbedingung, daß das Projekt bei eskalierenden Schwierigkeiten mit dem Bauträger nicht gescheitert ist und wieder Zeit für die Lösung der noch anstehenden Probleme gewonnen wurde.

Grundsätzlich wurde deutlich, daß wesentliche Bereiche der Sanierung eines sozialen Brennpunkts nur durch interdisziplinäre Kooperation angemessen bewältigt werden können. Bewohnerarbeit sollte nicht nur durch Pädagogen parallel zur Arbeit der Planungs- und Baufachleute gewährleistet sein; sinnvoller erwies sich die zeitintensive direkte Einbeziehung von Architekten.

Da die Architektenhonorare sich weniger am erforderlichen Betreuungsaufwand, sondern an den Baukosten orientieren, ist eventuell eine besondere Vergütungsregelung notwendig.

Die Anpassungsschwierigkeiten der Familien an ihre Hauseigentümerrolle legen nahe, daß im Landauer Projekt die Bewohnerbeteiligung bei der Planung und verwaltungsmäßigen Bauabwicklung (unter Hinweis auf Zeitvorgaben und Sachzwänge) nicht ausreichend war. Eine Sanierung für die Bewohner ermöglicht wohl schnellere Entscheidungsprozesse, als wenn man konsequent mit ihnen plant und baut. Im ersten Fall werden kaum Schwierigkeiten vermieden, sie werden eher auf die Zeit nach der Fertigstellung der Bauten verschoben (und beeinträchtigen die Bauspezialisten dann nicht mehr). Während der Planungs- und Bauphase eröffnet eine partnerschaftliche Einbindung der späteren Hausbewohner die Chance, daß Verantwortlichkeiten transparent werden und sie Segmente der Eigentümerrolle einüben können. Das setzt bei den professionellen Helfern, Bau- und Finanzierungsspezialisten die Bereitschaft voraus, die Bauherren auch in ihren Bedenken und eigenen Ideen ernst zu nehmen und nicht nur dann, wenn sie Vorlagen zustimmen sollen.

Trotz mehrerer Anläufe ließ sich in Landau keine funktionierende "Arbeitsgruppe Sanierung" im Sinne eines Koordinationsgremiums entwickeln, in dem unter Beteiligung der betroffenen Verwaltungsstellen und Gruppen, einschließlich Bewohnervertreter, alle anstehenden Schritte bereits frühzeitig mit den übergeordneten Sanierungszielen hätten abgestimmt werden können. Vermutlich hätten einige Konflikte und Mißverständnisse vermieden werden können. Befürchtungen, daß in einem derartigen Arbeitskreis die Spezialisten durch die Laien in einer effektiven Arbeit behindert würden, lassen außer Acht, daß sich daraus auch ein vertrauensbildendes Forum entwickeln kann.

Die ursprünglich vorgesehene soziale Nachbetreuung des Bauprojektes konnte wegen der Personalreduzierung nur noch kurze Zeit und punktuell durchgeführt werden. Die negativen Auswirkungen sind eindeutig und haben untermauert, wie wichtig eine intensive mehrjährige Nachbetreuung ist. Neben unmittelbar mit dem Haus und Wohnen zusammenhängenden Fragen (Gestaltung, Instandhaltung, Finanzierung) sollten insbesondere Bemühungen im Mittelpunkt stehen, mit denen die Einkommens- und Arbeitsplatzsicherheit der neuen Hausbesitzer stabilisiert werden. Persönliche, berufliche, finanzielle und familiäre Schwierigkeiten werden von den Personen in den neuen Wohnungen möglicherweise stärker und bedrohlicher als in den Notwohnungen erlebt, weil die äußeren Veränderungen, insbesondere wenn sie mit eigenen Anstrengungen verbunden sind, auch Hoffnungen auf Veränderungen des Lebensstils nähren - oder begraben, wenn trotz aller Bemühungen die Schwierigkeiten sich häufen.

Literatur

Dissinger, Walter: Eigentum für Obdachlose. In: Wohnen tut not. Obdachlosigkeit in der Diskussion. Hrsg. von Reinhard Kellner und Wolfgang Wittich. München 1987

Freundeskreis Soziale Brennpunkte Landau (Hrsg.): Konzept zur Sanierung der sozialen Brennpunkte in Landau. Landau 1986

Iben, Gerd: Wohnungsbau mit Selbsthilfe bei sozial benachteiligten Familien. In:Wohnhaft: Armut und Obdachlosigkeit. Hrsg. von Karl August Chassé, Norbert Preußer und Wolfgang Wittich. München 1988

Klein, Hans-Joachim: Gutachten zur Obdachlosenhilfe in der Stadt Landau. Karlsruhe 1973

Ministerium für Soziales, Gesundheit und Umwelt; Rheinland-Pfalz (Hrsg.): Modellversuch "Integrierte Förderung sozial benachteiligter Gruppen" in Landau/Pfalz. Sachstandsberichte für die Haushaltsjahre 1980-1984, hekt. Man., Mainz 1981-1985

Seiter, Georg: Veränderungen in den Landauer Obdachlosensiedlungen seit dem Gutachten von Klein (1973). Unveröffentlichte Diplomarbeit. Frankfurt 1980

CDU-Stadtratsfraktion Landau (Hrsg.): Obdachlosenproblem in Landau. Eine gesellschaftspolitische Aufgabe unserer Stadt. Hekt. Man., Landau 1971

Dietrich Gekeler

Familiengerechte Wohnungen in einem sozialen Brennpunkt

Erfahrungen mit einem Modellprojekt im Sozialen Mietwohnungsbau

Als Architekten bei der Erneuerung des sozialen Brennpunktgebietes Offenburg-Stegermatt mit Beratungs- und Planungsaufgaben beauftragt (gemeinsam mit der Arbeitsgruppe Baltin + Voegele; s. den Beitrag von Wolfgang Voegele) haben wir frühzeitig damit begonnen, grundsätzliche Überlegungen auch für mögliche Neubaumaßnahmen anzustellen. Die frühere Planung, nach der alle bestehenden Schlichtbauten abgebrochen werden sollten, um ein völlig neues Wohngebiet zu schaffen, wurde in Frage gestellt, wir wollten eine behutsame, erhaltende Erneuerung des Gebietes. Ein Teil der Gebäude war jedoch in einem so schlechten baulichen Zustand, daß eine Modernisierung nicht mehr sinnvoll war. Sie sollten nach und nach abgerissen und durch Neubauten ersetzt werden. Aber in welcher Form? Auf jeden Fall sollten die Fehler früherer Jahre nicht wiederholt werden, als man in einem Teilgebiet Stegermatts viergeschossige Wohnblocks, mit Geschoßwohnungen, Treppenhaus, Balkons und öden Rasenflächen errichtet hatte - Standardtypen, wie man sie überall finden kann, die aber den bisherigen Wohn- und Lebensgewohnheiten der Menschen in Stegermatt, insbesondere den kinderreichen Familien, offensichtlich nicht gerecht wurden. An die für die Siedlung typische zweigeschossige Bebauung gewohnt, mit unmittelbaren Verbindungen der Wohnungen zur Straße, mit vielfältigen Möglichkeiten der Kommunikation und der Freiraumnutzungen, fühlten sich die neuen Mieter trotz des höheren Wohnkomforts in den neuen Wohnungen nicht wohl. Sie fühlten sich vom sozialen Leben in der Siedlung abgeschnitten und in ihren vier Wänden isoliert. Auch die Möglichkeiten, Wohnen und Arbeiten in enger räumlicher Nähe zu verbinden - existentielle Voraussetzung z. B. für Bewohner, die ihren Lebensunterhalt durch Altwarenverwertung bestreiten -, fiel dort weg.

Über die Fragen, wie die Wohnungen beschaffen sein müßten, die den aktuellen und auch künftigen Bedürfnissen der Bewohner in Stegermatt, ihren eingespielten Verhaltensweisen, Kommunikationsformen und Lebensgewohnheiten am besten gerecht würden, kam es schon 1978 zu Anfang unserer Beratungstätigkeit zu lebhaften Diskussionen mit den Bewohnern. Angeregt durch den für die Sanierung zuständigen Gemeinwesenarbeiter hatten sich Bewohner in einer Arbeitsgruppe, der "AG Wohnen", zusammengefunden, um ihre eigenen Wünsche und Vorstellungen von neuen Wohnbedingungen in Stegermatt zu erörtern. Sie wurde für uns der wichtigste Ansprechpartner im Gebiet.

Ein Architektenwettbewerb

Waren die Überlegungen über die künftigen Wohnbedingungen in Stegermatt zunächst eher allgemein und zur Vorbereitung längerfristiger Planungsvorhaben gedacht, so wurden sie schnell aktuell, als im Jahr 1979 - es war das "Jahr des Kindes" - vom Innenministerium Baden-Württemberg ein landesweiter Architektenwettbewerb ausgeschrieben wurde zum Thema "Bauen für Kinder - Wohnen mit Kindern". Es sollten Planungskonzepte für Wohnbauten eingereicht werden mit zukunftsweisenden modellhaften Lösungen für familiengerechte Wohnungen. Voraussetzung war, daß ein konkretes bebaubares und verfügbares Grundstück nachgewiesen wurde, und daß sich auch ein Bauträger bereit erklärte, das Projekt auf diesem Grundstück gegebenenfalls zu realisieren. Denn mit dem 1. Preis war die Zusage der Förderung mit den üblichen öffentlichen Mitteln des Landesbauprogramms für Sozialen Mietwohnungsbau verbunden.

Wir sahen in der Teilnahme an diesem Wettbewerb die Chance, unsere Überlegungen zu angemessenen Wohnformen für Stegermatt - die bei der damaligen Haushaltsstruktur wesentlich auch familienfreundlich sein mußten - zu konkretisieren, erhielten die erforderliche Zusage der städtischen "Wohnungsbaugenossenschaft Offenburg", im Falle eines Wettbewerbgewinnes die Realisierung zu übernehmen - und erhielten für unser Projekt "Fröbelweg" den 1. Preis. Der prämierte Entwurf wurde weiter verbessert, es folgte ein ausführlicher Diskussionsprozeß mit Bewohnern und Wohnungsbaugesellschaft, wobei viele Unklarheiten der Finanzierung, des Architektenvertrages, der planungs- und baurechtlichen Genehmigung und der Förderung zu klären waren. Schließlich war im September 1982 Baubeginn, im März 1983 Richtfest und im Februar 1984 zogen die Mieter ein, 32 Erwachsene und 58 Kinder in 16 Wohnungen.

Wohnungsbau als soziale Architektur

Als mit dem gewonnenen Wettbewerb ein konkretes Projekt zur Realisierung anstand, wandelte sich die "AG Wohnen" allmählich zur Interessengruppe der Wohnungsbewerber. In der Arbeitsgruppe wurden wesentliche Entwurfskriterien herausgearbeitet und sämtliche Planungsschritte diskutiert. Gemeinsam mit Architekten und Gemeinwesenarbeitern wurden Kriterien zur Verteilung der Wohnungen aufgestellt, z. B. nach sozialer Bedürftigkeit, schlechter und beengter aktueller Wohnsituation, Nachbarschaftsbeziehungen etc. Auch die Belegung der Wohnungen des Neubaus wurde in der AG Wohnen offen diskutiert. So standen die meisten Bewohner des Neubaus schon vor Baubeginn

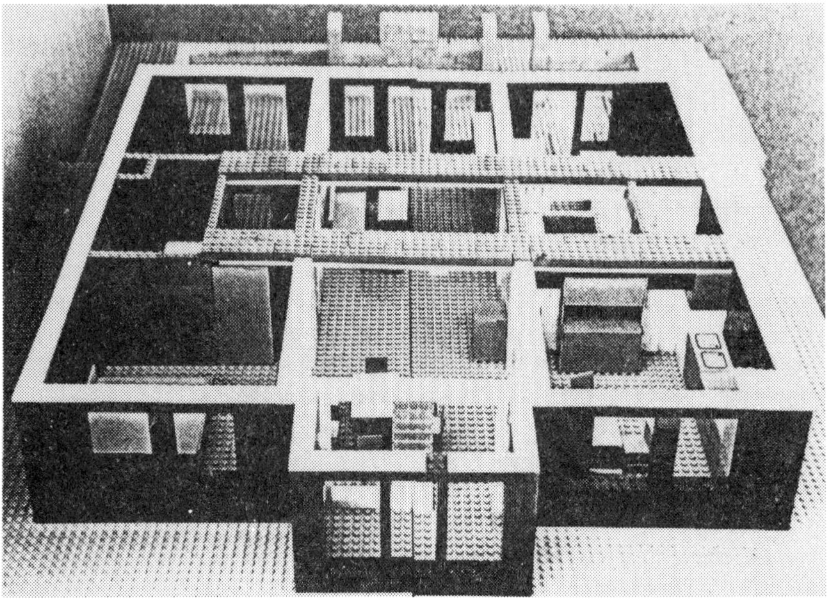

Aus Legosteinen wurden Modelle gebaut, um die Grundrißplanung erfaßbar zu machen und Möblierungsmöglichkeiten ausprobieren zu können

fest. Auch die Belastungen für die künftigen Bewohner des Neubaus aus Miete und Nebenkosten unter Berücksichtigung von Wohngeld wurden schon im Vorfeld ermittelt.

Die Mitsprache der Bewohner bei der Planung wurde erleichtert, indem die für sie sehr abstrakten Pläne anhand von Modellen - z. B. mit den vertrauten Lego-Bausteinen gesteckt - und Zeichnungen begreifbar gemacht wurden. Die Möblierungsmöglichkeiten der Wohnungen wurden mit den einzelnen Familien anhand maßstäblicher Verkleinerungen ihrer eigenen Möbel im Modell überprüft. Die Beteiligung brachte einen gegenseitigen Lernprozess in Gang - nicht nur die Bewohner lernten von Architekten, auch die Architekten lernten von Bewohnern -, eine wichtige Voraussetzung um Wünsche und Bedürfnisse bei der Planung angemessen berücksichtigen zu können. Denn die Bedürfnisse der Bewohner sind nicht direkt abfragbar, anderswo sinnvolle Lösungen nicht ohne weiteres übertragbar. So ergaben sich Planungsgrundlagen erst aus der Beobachtung, aus genauer Kenntnis der räumlich- sozialen Situation und vielen vielen Gesprächen. Ausgangspunkt für das Entwerfen in Stegermatt war für uns dieser bestimmte Ort, mit seinen "Elementen der sozialen Architektur" (Roland Günter), d. h. mit allen Architekturelementen, die für das Leben und das Zusammenleben der Bewohner wichtig sind: Treppenaufgänge, Wohnungseingänge, Freiflächen etc. Vor dem Hintergrund der Lebensgewohnheiten, der Haus- und Familiengemeinschaften, der Formen des sozialen Zusammenlebens waren diese Architekturelemente zu ordnen und zu werten. Der Prozeß des Planens und Bauens der Wohnungen berührte alle Lebensbereiche der künftigen Bewohner - ohne ihr Vertrauen zu den Architekten wäre er so nicht denkbar gewesen.

Der Neubau

Entwurfskonzept

Der Neubau sollte die für das Gebiet charakteristische zweigeschossige Zeilenbebauung aufnehmen und sich in Dimension und Baukörpergliederung in die Umgebung einfügen. Mit dem Neubau sollte auch der ursprüngliche Straßenraum wieder hergestellt und wieder ein zentraler Kommunikationsbereich der Bewohner werden. Für die Wohngebäude in Stegermatt typische Erschließungselemente wie Außentreppe, Laubengang, direkte Zugänge zu den Erdgeschoßwohnungen etc. wurden bei der Planung des Neubaus aufgegriffen und so gestaltet, daß gegenseitige Störungen und Konfliktpunkte möglichst vermieden werden.

Ein vielfältiges Wohnungsangebot trägt wesentlich zu einer differenzierten Hausgemeinschaft bei. Junge Familien mit Kleinkindern, Großfamilien, ältere Leute wohnen nebeneinander und miteinander. Das Wohnungsangebot reicht von Sechs-Zimmer-Maisonettewohnungen für zehn Personen bis zu kleineren Drei-Zimmer-Wohnungen. Bei zwei Wohnungen besteht die Möglichkeit, bei künftigem Bedarf für erwachsene Kinder oder für die Großeltern, selbständige Ein-Zimmer-Appartements abzuteilen.

Kinder- und familiengerechte Wohnbedingungen

Von 'üblichen' Lösungen im Sozialen Wohnungsbau unterscheidet sich der Neubau vor allem durch seine kinder- und familiengerechten Wohnbedingungen. Wesentlich waren uns in dieser Hinsicht vor allem

- der 'Familienraum' als zentraler Wohn- und Spielbereich,
- die Wohnküche als Ergänzung des Familienraums,
- nutzungsneutrale Individualräume,
- Teilbarkeit der Wohnungen entsprechend dem Familienzyklus,
- möglichst unmittelbare Zugänglichkeit des Außenraums.

Auch bei deutlich größeren Wohnungen als bisher bleibt für die kinderreichen Familien der Außenraum notwendige Ergänzung der Wohnflächen,

- die offene Eingangshalle mit der Treppenanlage,
- die Wohnhöfe vor den Erdgeschoßwohnungen,
- die Mietergärten für die oberen Wohnungen,
- der Sandspielplatz mit Spielgeräten.

Erfahrungen

Wegen der modellhaften Aspekte des Neubauprojektes beauftragte uns die Forschungsgemeinschaft Bauen und Wohnen, Stuttgart, 1984 - schon vor Bezug des Neubaus - mit einer Nachuntersuchung des Projekts. Dabei wurden die Wohnerfahrungen, die Aneignung der Wohnungen und die Nutzung der Wohnumgebung sowie die Nachbarschaftskontakte erhoben und den Planungszielen gegenübergestellt (Bäuerlein-Gekeler et al. 1986). Die damals gewonnenen Erkenntnisse sind auch in der Rückschau aus heutiger Sicht nach weiteren Jahren der Aneignung der Wohnungen durch die Bewohner im wesentlichen noch immer gültig.

Nutzungsflexibilität

Die Ansprüche an kindergerechte Wohnungen sind je nach Altersstufen der Kinder sehr unterschiedlich. Im Grunde kann es <u>die</u> kindergerechte Wohnung garnicht geben, weil Kleinkinder und Jugendliche oder gar junge Erwachsene völlig andere Bedürfnisse beim Zusammenleben in der Familie haben. Kindergerechte Wohnungen müssen vor allem flexibel nutzbar sein, wenn man einen Wohnungswechsel alle paar Jahre vermeiden will. Wir haben daher Grundrisse so organisiert, daß sie sich aus gleich großen Raumeinheiten zusammensetzen - als austauschbare Grundgrößen - die relativ leicht in ihren Nutzungen ausgetauscht und unterteilt werden können: Aus einem Elternschlafzimmer z.B. können ein Zweier-Kinderzimmer oder zwei Einzel-Kinderzimmer werden. Unterschiedliche Bedürfnisse und Lebens- und Wohnvorstellungen im Lebenszyklus aber auch Änderungswünsche bei einem Mieterwechsel können so durch einfache Umorganisation der Wohnungen berücksichtigt werden. Bei der Nutzung der Wohnungen hat sich ergeben, daß dieses Ziel errreicht wurde, die Raumeinheiten sind gut möblierbar und vertragen einen Nutzungstausch. Auch Änderungen der Wohnungsgröße durch Abtrennung von Teilen als selbständige Wohnungen sind möglich. Maisonettewohnungen können z. B. leicht in Geschoßwohnungen aufgeteilt werden, da auch die obere Ebene erschlossen ist.

Wohnküche und Familienraum

Kern der Wohnung ist - statt eines repräsentativen Wohnzimmers - der sogenannte Familienraum, über den die übrigen Räume der Wohnung erschlossen sind. Dadurch konnte auf Flure verzichtet und zusätzliche Fläche gewonnen werden. An den Familienraum schließt sich die Wohnküche an, die überwiegender Familientreffpunkt ist. Mit Familienraum und Wohnküche steht für das Zusammenleben der Familien relativ viel Fläche zur Verfügung. In vier Wohnungen war es bisher notwendig, ein weiteres Zimmer abzutrennen - entweder provisorisch mit Vorhang oder endgültig mit

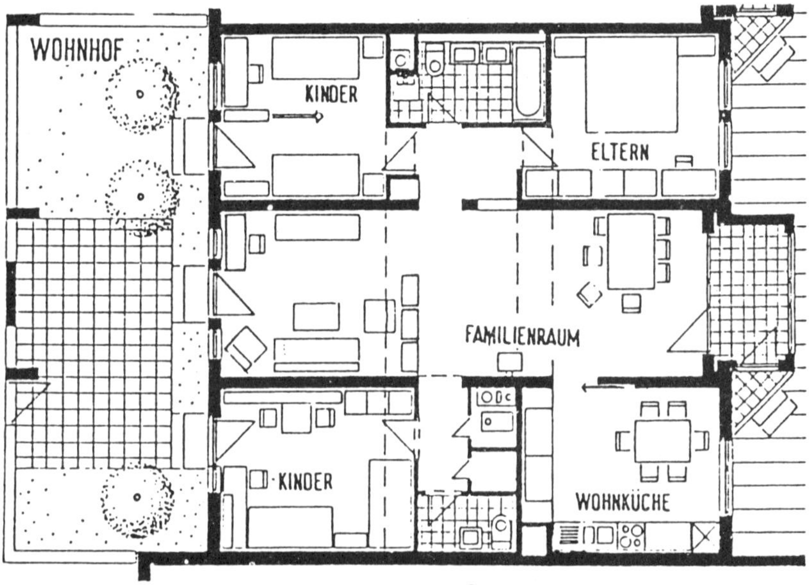

Erdgeschoßgrundriß: Vier-Zimmer-Wohnung mit 111 m^2 Wohnfläche. Die Wohnung wird über einen "Familienraum" erschlossen. Zugang von der Wohnstraße durch einen Windfang. Rückwärtig der private Wohnhof

Trennwand. In dieser Hinsicht ist die großzügige Bemessung des Familienraums auch eine gewisse Flächenreserve.

Autarke Wohnungen

Die Wohnungen wurden so konzipiert und ausgestattet, daß möglichst wenig gemeinschaftliche Zwangspunkte bestehen und die Bewohner weitgehend unabhängig wirtschaften können. Dies entsprach auch dem ausdrücklichen Wunsch der künftigen Mieter. So hat z. B. jede Wohnung ihren separaten Eingangsbereich als Zugang von draußen. Auch die Versorgung der Wohnungen sollte jeweils unabhängig, die Abrechnung von Energie und Wasser eindeutig und durchschaubar sein. So führen die höheren Kosten für den Komfortgewinn durch Etagen-Heizung und Warmwasser, die von den Mietern weit unterschätzt worden waren, wenigstens nicht zu Auseinandersetzungen über die Abrechnung.

Kombiniertes Heizungs- und Lüftungssystem

Wir hatten gehofft, durch ein System dezentraler, wohnungsbezogener Warmluftgeräte und einer zentralen Be- und Entlüftung ein leicht steuerbares und kostengünstiges System zu erhalten, um die zu erwartenden Feuchtigkeitsprobleme bei intensiv genutzten oder überbelegten Wohnungen zu bewältigen. Das Ergebnis ist jedoch nicht voll befriedigend. Feuchtigkeitsschäden traten keine auf, jedoch waren die Betriebskosten bei den Familien extrem unterschiedlich - die Bedienung der Anlage ist unbefriedigend.

Differenziertes Wohnungsangebot

Während Rationalisierung im Wohnungsbau üblicherweise auf eine Vereinheitlichung aller Wohnungen in allen Geschossen hinausläuft, haben wir beim Entwurf des Neubaus darauf geachtet, drei nach Lage im Gebäude und Zugangsmöglichkeit ins Freie, möglichst unterschiedliche Wohnungstypen zu schaffen. Das Ziel der Rationalisierung haben wir dabei nicht vergessen: Alle Wohnungen bauen auf gleichen Achsen, gleichen Zonierungen und gleichen Grund-Raumeinheiten auf. Trotz dieses einheitlichen Grundgerüstes entstanden Wohnungen mit sehr unterschiedlichem Charakter:

- Die individuell erschlossenen Dachwohnungen mit holzverschalten Decken und zwei überdachten Terrassen entsprechen dem Wunsch nach Geborgenheit. Die Möglichkeit der Abgrenzung ist hier am größten, Distanz zur Nachbarschaft kann am ehesten gewahrt werden.
- Die Wohnungen im Obergeschoß haben über Laubengänge, Treppenhaus und Rampe einen sehr viel besseren Zugang zu den Freiflächen als übliche Geschoßwohnungen.
- Die Erdgeschoßwohnungen mit separatem Eingang von der Straße und rückwärtigem Zugang über einen Wohnhof zu den Gärten haben die Nutzungsqualitäten eines kleinen Reihenhauses.

Für uns überraschend war, daß bei der Auswahl durch die künftigen Mieter bei allen drei Wohnungstypen die Nachfrage etwa gleich groß war. So einheitlich, wie bei üblichen Planungen unterstellt wird, können die "Wohnwünsche" von Familien demnach nicht sein. Ein differenziertes Wohnungsangebot wird ihnen offenbar am besten gerecht.

Gemeinschaftsräume

Die 'hausweise' im Erdgeschoß angeordneten Gemeinschaftsräume werden uberwiegend als Abstellräume für Fahrräder, Mofas und als mehr oder weniger akzeptable Bastelecken genutzt. Bewohnerversammlungen sind dort nach größerem Aufwand möglich, die gewünschte vielfältige Nutzung wurde aber nicht erreicht. Fehlende Kontrolle und Verantwortlichkeit führen zu Beeinträchtigungen und Konflikten. Es bleibt abzuwarten, inwieweit das Angebot im Verlauf der weiteren Nutzung aufgegriffen wird. Ein direkter Zugang von öffentlichen Flächen und bessere Einsehbarkeit könnte die Räume möglicherweise attraktiver machen.

Freiflächen

Die Wohnhöfe werden von Kindern und Erwachsenen nicht nur als Freiraum, sondern für alle jene Aktivitäten (Fahrradmontage, Basteln usw.) genutzt, die in der Wohnung nicht möglich oder für die die Wohnungen wegen Überbelegung zu beengt sind. Der eigene Freibereich (auch der Mietergarten) erleichtert soziale und nachbarschaftliche Kontakte. Aus der Verantwortlichkeit ergeben sich auch Überreaktionen. So ist der Spielplatz im Gartenbereich in aller Blickfeld und wird schärfer überwacht als andere Spielgelegenheiten.

Erschließungssystem

Die Wohnungen wurden so erschlossen, daß - vor allem für die Kinder - ein schneller Wechsel von drinnen nach draußen erleichtert wird. Die Erdgeschoßwohnungen sind auf beiden Seiten, von der Straße wie von der Gartenseite, ebenerdig zugänglich, was von den Bewohnern als sehr angenehm empfunden wird. Auch von den beiden Obergeschossen ist der Weg ins Freie kurz. Beide Obergeschosse sind von außen über Treppenaufgang und Laubengänge zugänglich. Daß Maisonette-Wohnungen damit "über"erschlossen sind, war beabsichtigt, um sie künftig bei Bedarf teilen zu können. Als Folge 'mißbräuchlicher' Benutzung durch Kinder sind die Laubengänge abgeteilt und werden als zusätzliche individuelle Wohnungsvorbereiche privat genutzt.

Das differenzierte Erschließungsnetz am und im Haus mit seinen Treppen und Laubengängen sollte auch ein - überdachter - Spiel- und Kommunikationsbereich sein, die Treppenhalle war als halböffentlicher Außenraum konzipiert. Dieses Angebot wettergeschützter Spielbereiche wird intensiv genutzt, zum Leidwesen der Bewohner, natürlich auch von Kindern aus der Nachbarschaft. Insbesondere bei der Treppenhalle, die von den Wohnungen aus nicht einsehbar ist, führt die starke Beanspruchung auch zu einer entsprechenden Verschmutzung und Beschädigungen, wofür sich niemand verantwortlich fühlt. Zuständigkeiten und Aufsicht sind nicht geregelt, die Hausordnung reicht nicht aus.

Wohnumfeld

Der mit Platanen bestandene Straßenraum zwischen dem Neubau und der verbliebenen alten, ebenfalls zweigeschossigen Hauszeile ist durch intensive Nutzung überbeansprucht. Die insgesamt 38 Wohnungen auf beiden Seiten der Straße sind mit etwa 180 Personen unterschiedlicher Nationalität belegt, darunter etwa 100 Kindern. Bei dieser Dichte sind Konflikte unvermeidlich. Mittlerweile ist die gegenüberliegende Zeile abgebrochen und soll in absehbarer Zeit ebenfalls durch einen Neubau ersetzt werden.

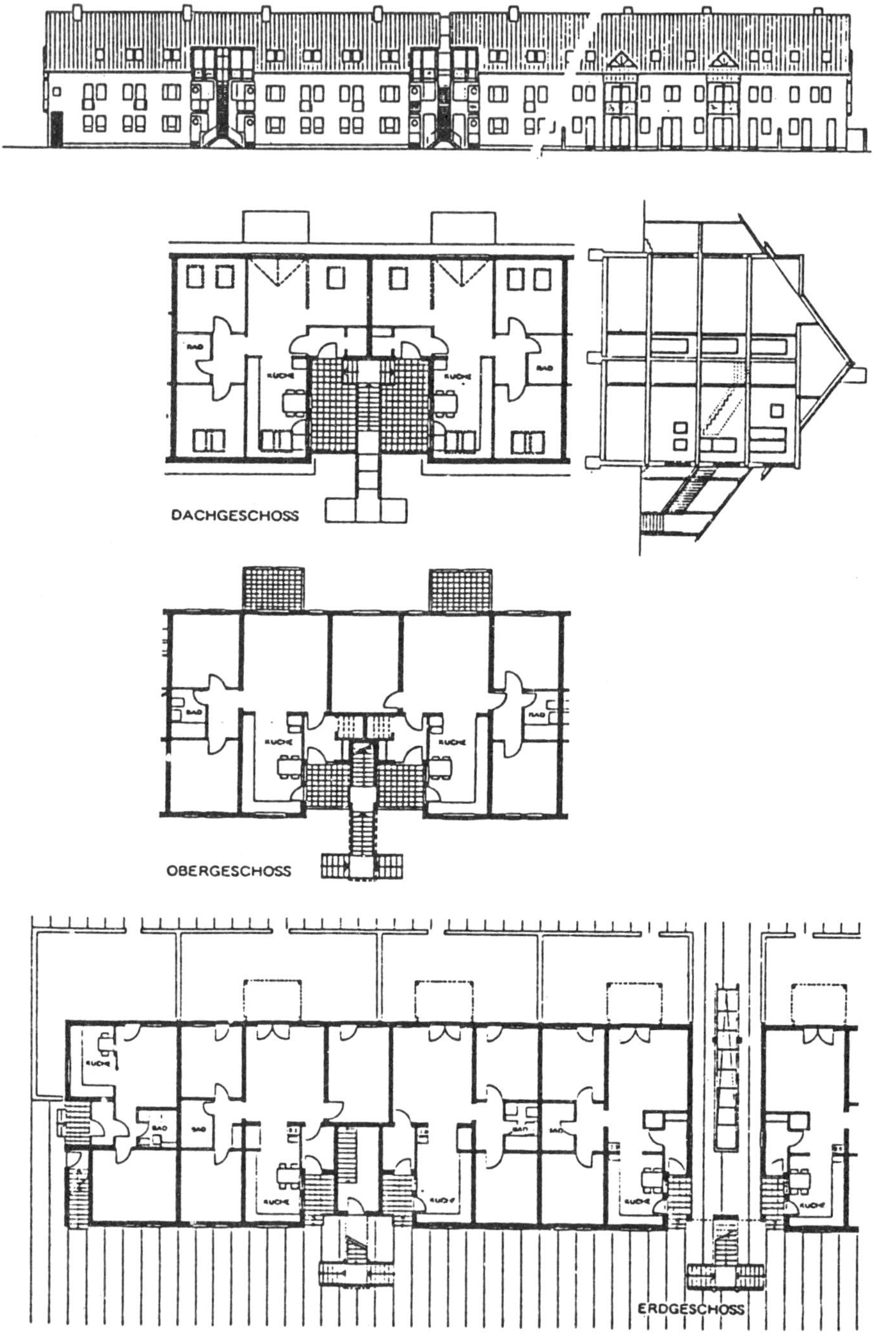

Ein zweiter Bauabschnitt. Grundrißausschnitte, Schnitt, Vorder-/Rückansicht. Wohnungen mit funktionsneutralen Raumzuschnitten und zentralem Familienraum mit Verbindung zur Wohnküche. Zugänge von draußen möglichst direkt, in den Obergeschossen über Freitreppen.

Bewohnerbeteiligung

Die Möglichkeit zur Auswahl unter verschiedenen Wohnungstypen ist eine wichtige Voraussetzung für Wohnzufriedenheit. Mehr als die Hälfte der jetzigen Bewohner war am Bau- und Planungsprozeß beteiligt, die meisten haben sich längere Zeit mit den unterschiedlichen Vorzügen der verschiedenen Wohnungstypen beschäftigt, bis sie endgültig ihre Auswahl getroffen haben. Durch diesen Auswahlprozeß ist den Bewohnern die Bedeutung der unterschiedlichen Angebote - 'kommunikative' Erdgeschoßwohnung mit Garten und eigenem Eingang, 'abgesetzte' Obergeschoßwohnung am Laubengang, und 'introvertierte' Wohnung unter dem Dach - erst richtig bewußt geworden. Fehlentscheidungen waren dabei nicht auszuschließen, aber selten.

Die Mitwirkung bei der Belegung verhindert Konflikte und fördert nachbarschaftliche Beziehungen. Im Auswahlprozeß haben sich Interessengruppen gebildet, die sich in ihrer Entscheidung wechselweise beraten und abgesprochen haben. Konfliktträchtige Nachbarschaften wurden so vermieden. Mit den Interessen der anderen Bewerber konfrontiert, hat der Auswahlprozeß bei einigen Bewohnern auch zu einer Relativierung der eigenen Ansprüche geführt. Erkennbar ist aber auch, daß die 'Pioniersituation' des Erstbezuges für die später Einziehenden Barrieren und Hemmnisse schafft.

Aussichten

Ein zweiter Bauabschnitt mit 22 Mietwohnungen

Die verstärkte Wohnungsnachfrage insbesondere von jungen Familien aus Stegermatt erfordert dringend einen weiteren Neubau. Nachgefragt werden vor allem kleinere Wohnungen mit drei und vier Zimmern. Die Planungsüberlegungen für einen zweiten Neubauabschnitt sind im wesentlichen die gleichen wie bei dem realisierten ersten Bauabschnitt. Abweichungen sind jedoch allein schon wegen der kleineren Wohnungsgrößen erforderlich. So muß z. B. der zentrale Familienraum deutlich reduziert werden. Und natürlich haben wir Lehren aus den wenigen negativen Erfahrungen gezogen: Im Erdgeschoßbereich soll es keine allgemein zugänglichen offenen Räume geben. Das Problem, die Zuständigkeiten vernünftig zu regeln, erscheint uns ungeklärt. Aus diesem Grund sollen auch alle Gemeinschaftsbereiche und gemeinschaftlich genutzten Flächen zugunsten klarer persönlicher Nutzungszuordnungen auf das unbedingt Notwendige beschränkt werden.

Literatur

Gruppe 4+: Sozialer Wohnungsbau für (Stadt-) Randgruppen. In: Beispiele - Experimente - Modelle. Neue Ansätze im Wohnungsbau und Konzepte der Wohnraumerhaltung. Band II. Hrsg. von Joachim Brech/Deutscher Werkbund. Darmstadt 1982, S. 66 - 72

Arbeitsgruppe Baltin + Voegele, Gruppe 4+: Sozialwohnungen für kinderreiche Familien im Erneuerungsgebiet Offenburg-Stegermatt. FBW-Blätter 4/1985, Hrsg.: Forschungsgemeinschaft Bauen und Wohnen, Stuttgart. So auch in: Deutsches Architektenblatt (1985) H. 7, S. 899 - 902

Bäuerlein-Gekeler, Isolde; Dietrich Gekeler, Wolfgang Voegele / Arbeitsgruppe Baltin + Voegele, Gruppe 4+: Bauen für Kinder - Wohnen mit Kindern. Dokumentation, Analyse und Nachuntersuchung eines realisierten Wettbewerbs in einem Stadterneuerungsgebiet. Forschungsbericht im Auftrag der Forschungsgemeinschaft Bauen und Wohnen, Stuttgart. Karlsruhe 1986

Arbeitsgruppe Baltin + Voegele, Gruppe 4+: Wohnhaus in Offenburg Stegermatt. Mietwohnungen für kinderreiche Familien. In: Baumeister (1987) H. 7, S. 48 - 53

Wohnungsversorgung und Arbeitsbeitsbeschaffung

Arbeitslosigkeit ist die Hauptursache für Wohnungsverlust und Obdachlosigkeit. Die (Wieder-) Eingliederung in den Arbeitsmarkt ist daher eine wichtige Voraussetzung zur Sicherung der Wohnungsversorgung und zur Stabilisierung der Lebensverhältnisse. Die Menschen in Unterkünften oder auf der Straße brauchen mehr als ein Dach über dem Kopf, sie brauchen vor allem wieder festen Boden unter den Füßen. Erwerbstätigkeit bedeutet dabei mehr als ein mehr oder weniger geregeltes Einkommen, sie ist in dieser Gesellschaft eine wesentliche Grundlage sozialer Integration. Das Ziel ist gleichwohl hochgesteckt. Zum einen sind - ungeachtet der anhaltenden Hochkonjunktur - über zwei Millionen Arbeitslose registriert. Zum andern ist eine grundlegende Besserung der Verhältnisse am Arbeitsmarkt - vor allem für Langzeitarbeitslose - nicht in Sicht. Von den Obdach- und Wohnungslosen ohne Arbeit ist zudem ein Großteil wegen ihres Alters, fehlender Berufsqualifikation, gesundheitlicher Beeinträchtigungen, Drogenabhängigkeit, Alkoholismus, Überschuldung etc. als "besonders schwer vermittelbar" abgestempelt.

Bereits seit geraumer Zeit wird die Möglichkeit genutzt, nach § 19 Bundessozialhilfegesetz (BSHG) "Arbeitsgelegenheiten" zu schaffen, um Langzeitarbeitslose wieder in ein Beschäftigungsverhältnis zu bringen. Dabei scheint das Anliegen der Sozialverwaltungen erfüllt, wenn möglichst viele Sozialhilfeempfänger über das sozialversicherungspflichtige, aber befristete Arbeitsverhältnis, Ansprüche nach dem Arbeitsförderungsgesetz (AFG) erworben haben und die kommunalen Sozialetats entlastet werden. Im Unterschied zu derartigen befristeten Beschäftigungsmaßnahmen werden - überwiegend von gemeinnützigen Trägern - Berufsbildungs- und Beschäftigungsprojekte organisiert, die gesellschaftlich ausgegrenzten Gruppen dauerhafte Möglichkeiten für befriedigende Arbeit schaffen wollen. Über Arbeitstraining, berufliche Qualifizierung und Dauerarbeitsplätze sollen die Beschäftigten darauf vorbereitet werden, auch den Sprung in das kalte Wasser normaler Arbeitsverhältnisse wagen zu können.

Den Initiatoren von Beschäftigungsprojekten wird Beharrlichkeit und Einfallsreichtum abverlangt, um alle in Frage kommenden Fördertöpfe anzuzapfen und eine solide Finanzierung zusammenzuschneidern, damit sie ihr Projekt auf die Beine stellen können (s. den Beitrag von Roth). Am häufigsten werden dabei Fördermittel für Arbeitsbeschaffungsmaßnahmen nach AFG eingesetzt. Anders als bei der Förderung nach BSHG - der zweiten wesentlichen Finanzierungsquelle der Projekte - ist dabei eine tarifliche oder ortsübliche Bezahlung vorgeschrieben.

Für Beschäftigungsmaßnahmen bieten die baulichen Maßnahmen bei der Modernisierung von Obdachlosensiedlungen und bei der Beschaffung von Wohnraum einen gewissermaßen auf der Hand liegenden Anknüpfungspunkt (s. die Beiträge von Severin, Lehnen und Sommer/Thies). Viele der arbeitslosen Bewohner haben in ihrem Leben Erfahrungen mit Arbeiten auf dem Bau gemacht oder gar entsprechende Berufsqualifikationen. Zudem fallen vielfältige Arbeiten an, die keiner besonderen Qualifikation bedürfen bzw. für die entsprechenden Fähigkeiten leicht erworben werden können. Das Interesse an der Verbesserung der eigenen Wohnverhältnisse stützt die Arbeitsmotivation zusätzlich, ebenso die Anerkennung, die die Beschäftigten in ihrem sozialen Umfeld dadurch erfahren. In vertrauter, "beschützender" Umgebung haben sie Gelegenheit, eigene Kräfte und Fähigkeiten neu oder wieder zu entdecken und zu entfalten und neues Selbstvertrauen zu gewinnen- wesentliche Grundlagen, auf denen eine weitergehende Unterstützung aufgebaut werden kann.

Um einiges schwieriger sind die Ausgangsbedingungen bei Projekten zur sozialen Integration von Nichtseßhaften. Weil ihnen faktisch der Zugang zum Wohnungsmarkt verschlossen ist, unternahm es ein freier Träger als konkrete Alternative zum "Leben auf der Straße" oder zu entmündigender stationärer Hilfe, im Rahmen von Maßnahmen zur Arbeitsförderung selbst Wohnraum zu schaffen (s. den Beitrag von Schüle/Donath). Das Ergebnis belegt, daß auch Personen, denen aus institutioneller Sicht allzu leicht "Wohnunfähigkeit" auf Dauer bescheinigt wird, zu Selbständigkeit und Integration fähig sind. Es berechtigt auch zu der Forderung, Mittel für stationäre Hilfen zugunsten von Wohnprojekten und ambulanter Hilfe umzuschichten (s. die Beiträge von Specht und Kämper). Besondere Probleme stellen sich auch bei der sozialen Integration von Sinti. Als ethnische Minderheit, in besonderer Weise sozialen Diskriminierungen ausgesetzt und noch immer durch traditionelle Verhaltensmuster und Werthaltungen geprägt, sind für sie Hilfen erforderlich, die sowohl an ihre bisherige Lebensweise anknüpfen, als auch den Zugang zu ihrem sozialen Umfeld eröffnen (s. den Beitrag von Schäfer/ Szabo).

Bei allen Projekten ist nicht zu verkennen, daß viel Handwerkelei im Spiel ist, viel Herumprobieren und Einlassen auf unterschiedliche Rahmenbedingungen, auch wenn dabei ursprüngliche Projektansätze auf der Strecke bleiben. Eigene Organisationsstrukturen waren aufzubauen, neue fachliche und sachliche Kenntnisse zu erwerben und vor allem war von den Initiatoren viel persönliches Engagement zu investieren, um objektive Klippen und subjektive Entmutigungen zu überstehen. Auch wo ökonomische Nischen genutzt werden konnten, hängen die Projekte auch weiterhin am Tropf institutioneller Förderung. So bleibt Ungewißheit über die Zukunft dieser Projekte, aber auch gleichzeitig Gewißheit, daß sie auf absehbare Zeit unverzichtbar sind, wenn überhaupt etwas in Bewegung kommen soll. Wieweit allerdings der sogenannte "zweite Arbeitsmarkt" mit seinen durch laufende Subventionen zu den Lohnkosten ermöglichten Ausbildungs- und Beschäftigungsverhältnissen für die besonderen Problemgruppen und Langzeitarbeitslose zum "ersten Arbeitsmarkt" hin offen ist, läßt sich nach den Erfahrungen der hier vorgestellten Projekte nicht abschließend beurteilen. Sicher ist er aber für viele die einzige Alternative zu Resignation und Apathie.

Eduard Roth
Landesarbeitsgemeinschaft
Soziale Brennpunkte Saar

"Neues Wohnen Saar"

Ein Beschäftigungsprojekt im Sozialen Wohnungsbau

Das Projekt "Neues Wohnen Saar" (NWS) ist ein Beschäftigungsprojekt mit Langzeitarbeitslosen bzw. Sozialhilfeempfängern, die mit den umweltfreundlichen Baustoffen Holz und Lehm eine kleine Siedlung des Sozialen Wohnungsbaus erstellen, die - höchst wahrscheinlich - von einer Mieter/-Nutzergenossenschaft verwaltet werden wird. Das ist sicher eine ganz respektable Angelegenheit, wenn man den üblichen Sozialen Wohnungsbau und die gängigen Wohnorganisationen und Wohnstrukturen betrachtet. Das Projekt hatte allerdings ganz anders angefangen. Unsere ursprüngliche Idee war genossenschaftlicher Wohnungsbau mit und für Personen oder Familien, die aufgrund ihrer Lebens- und Wohnverhältnisse tendenziell von Obdachlosigkeit bedroht sind (vgl. Roth 1987 u. 1988). Trotz zähem Bemühen ist diese Idee auf der Strecke geblieben, aus vielerlei Gründen, wie im folgenden erläutert werden soll.

Die ursprüngliche Idee

Im März 1986 hatten wir - die Landesarbeitsgemeinschaft Soziale Brennpunkte Saar (LAG) - ein Konzept entwickelt für ein modellhaftes Wohnungsbauprojekt, an dem exemplarisch eine neue Form der Wohnungsversorgung und Wohnungsbeschaffung für Einkommensschwache, Kinderreiche, Alleinerziehende etc. aufgezeigt werden sollte. In genossenschaftlicher Organisationsform sollten in umweltfreundlicher und kostengünstiger Bauweise soziale Mietwohnungen von hohem Gebrauchswert mit Selbsthilfe und frühzeitiger Planungsbeteiligung der künftigen Nutzer errichtet werden. Der engen Verknüpfung wohnungspolitischer, beschäftigungspolitischer, ökologischer und sozialer Ziele sollte eine ebenso enge Verknüpfung der unterschiedlichsten Finanzierungsmöglichkeiten entsprechen. Warum sollten z. B. Bauarbeiten im Sozialen Wohnungsbau nicht durch ehemals Langzeitarbeitslose erbracht werden, und warum sollten diese eine bessere berufliche Qualifikation nicht bei ökologisch sinnvollen Baumaßnahmen erlangen können? Und warum sollten die dabei individuell erbrachten Leistungen nicht als Eigenleistungen zur Finanzierung einer Genossenschaft eingesetzt werden können?

Wenn es uns gelingen würde, für unser Projekt die jeweiligen Finanzierungsmöglichkeiten für Arbeitsbeschaffungsmaßnahmen (ABM), für Arbeitsverträge nach § 19 des Bundessozialhilfegesetzes (BSHG), für den Sozialen Wohnungsbau, Mittel des Sozialfonds der Europäischen Gemeinschaft, Landesmittel für sozial benachteiligte Gruppen etc. zusammenzuführen und zu nutzen, dann war es auch finanzierbar.

Wichtig war uns die Organisationsform einer Genossenschaft beim Bauen und bei der Verwaltung der Wohnungen, weil damit die Beteiligung der künftigen Nutzer und ihre Verantwortlichkeit von Anfang an quasi institutionalisiert ist. Die für die zu erbringenden Eigenleistungen erforderlichen Selbstbauarbeiten sollten nicht nur zur Verringerung der Kosten und zu preisgünstigen Wohnungen führen, sondern ebenso - wie anschließend die Übernahme der laufenden Verwaltungsaufgaben - zu einer Identifikation der künftigen Bewohner mit ihren Wohnungen und ihrer Siedlung beitragen. Dabei waren uns die vielfältigen praktischen Probleme durchaus bewußt, die in organisatorischer und rechtlicher Hinsicht bei der Gründung einer neuen kleinen, nutzerorientierten Genossenschaft zu erwarten waren. Andererseits teilten wir aber auch die positiven Einschätzungen anderer Initiativen zur Gründung neuer Genossenschaften (z. B. Kommission beim Parteivorstand der SPD, Wohnbund etc.), daß diese auch in einem veränderten sozialen, gesellschaftlichen und politischen Umfeld eine wichtige wohnungspolitische Funktion erfüllen können. Vor allem können bei kleinen Genossenschaften Handlungsspielräume für Mieter eröffnet werden, wie sie sonst bestenfalls bei Eigenheimen bestehen, während ihre demokratischen Organisationsstrukturen zugleich auch organisatorische Grundlage für eine künftige Siedlungsgemeinschaft sein können.

Im wesentlichen folgte unser Konzept dem Ansatz gemeinwesenorientierter ganzheitlicher Sozialarbeit, der davon ausgeht, daß eine Beteiligung an der Verantwortung und die Aktivierung von Selbsthilfefähigkeiten Konflikte minimiert und eine höhere Identifikation mit dem Wohngebiet bewirkt. Entsprechend heißt es in unserer damaligen Konzept-Beschreibung:
"Anstelle von Fremdorganisation und Fremdverwaltung soll weitgehende Selbstorganisation und Selbstverwaltung treten. Dabei wird die Planungsphase als sozialer und kultureller Bildungsprozeß gesehen. Die zukünftigen Bewohner werden bereits in der Entstehungsphase kreativ und aktiv gefordert. Die Wohnung wird dadurch ein Produkt nicht entfremdeter Arbeit, in die ein Stück persönlicher Geschichte investiert wird. Gleichzeitig mit den jeweils 'privaten' Wohneinheiten werden auch die Gemeinschaftsräume (wie z.B. Werkräume, Kinderräume, Spielplätze etc.) und Außenanlagen geplant. (...) In diesen Planungs- und Diskussionsprozessen können auch intensive Auseinandersetzungen über mögliche kollektive Lösungsformen sozialer Probleme eingebracht werden, die das Selbsthilfepotential der Gruppen unterstützen. Nach unseren bisherigen Erfahrungen ist die Abkehr

von Verhaltensmechanismen, die eher aggressive Selbstbehauptung konstituieren, ohne direkten inhaltlichen Bezug zur Lebenswelt nur schwer möglich."

Diese Konzeption war noch ganz durchdrungen von der Erwartung, sozialpädagogische Erfahrungen und Hoffnungen möglichst unmittelbar in die Realität umsetzen zu können. Als wir mit diesem Papier sogar positive Rückmeldungen in diversen politischen Gremien fanden (wo wir doch vermuteten, ausgelacht zu werden), kannte die Freude keine Grenzen mehr. Als nächster Schritt war nun herauszufinden: Wie kann man diese Idee umsetzen? Wo gibt es dafür Geld?

Geld beschränkt die Welt (der Ideen)

Als klar wurde, daß weder der Haushalt der Stadt Saarbrücken noch der des Landes genügend finanziellen Spielraum bot, daß man wagen konnte uns zu finanzieren, wollten wir beim Europäischen Sozialfonds (ESF) in Brüssel Mittel für die Durchführung unseres Projektes als dreijähriges "innovatives Modell" beantragen. Schon beim ersten Studieren der Verordnungen, Anweisungen und Richtlinien etc. des ESF und nach den ersten Gesprächen mit der Arbeitsverwaltung in Saarbrücken wurde uns jedoch klar, daß eine Genossenschaft zwar gut und schön ist, auch Selbstbestimmen und Selbstverwalten und soziale Bildungsprozesse und Emanzipation sogar hervorragend sind, daß diese schönen Dinge aber den gemeinsamen Nachteil haben, nicht gefördert zu werden. Gefördert werden dagegen Maßnahmen, die der beruflichen Qualifizierung und Weiterbildung und der Beschäftigung dienen. Dies paßte durchaus zu unserem Konzept, und so war es relativ leicht, andere Schwerpunkte für den Antrag zu formulieren.

So schrieben wir denn nach Brüssel (bzw. nach Bonn):
"Ziel des Projektes ist die berufliche Qualifikation (...) durch ökologisches und kostensparendes Bauen in Selbsthilfe. Zielgruppen (...) sind Arbeitslose, Sozialhilfeempfänger und sozial benachteiligte Bewohner sogenannter sozialer Brennpunkte, die von herkömmlichen Qualifizierungsmaßnahmen und insbesondere von Weiterbildungs- und Fortbildungsangeboten der Arbeitsverwaltung in der Regel nicht mehr erfaßt werden.
Als Beschäftigte und Teilnehmer an der beruflichen Bildungs- bzw. Qualifizierungsmaßnahme kommen innerhalb dieser Zielgruppe Männer, Frauen und Jugendliche in Betracht. Die Frauen sollen gleichberechtigt bei der Bauausführung und beim Erwerb der beruflichen Qualifikation mitarbeiten. Die Gruppengröße soll ca. 40 Personen betragen. Auf der Grundlage der momentan gegebenen Qualifikation der Maßnahmeteilnehmer besteht keine Chance einer Vermittlung in Beschäftigung und ist eine Vermittlung bisher nicht gelungen. Dadurch besteht auch die Gefahr weiterer Dequalifizierung (Langzeitarbeitslosigkeit) und des fortgesetzten sozialen Abstiegs.

Die Vermittlung der beruflichen Qualifikation innerhalb der innovativen Modellmaßnahme besteht vor allem in dem Erlernen von Fähigkeiten zur Verarbeitung ökologischer Baustoffe und Materialien (Leichtlehm und Holzbau) und in der Vermittlung allgemeiner beruflicher Bildung im ökologischen kostensparenden Bauen bzw. entsprechender Verfahrens- und Handwerkstechniken. Die Maßnahme dient zunächst dazu, an den vorhandenen traditionellen Kenntnissen und Fertigkeiten der Teilnehmer anzusetzen sowie den an der Maßnahme beteiligten an- und ungelernten Kräften (Frauen und Jugendlichen) Grundkenntnisse im Bauwesen beizubringen. Darüber hinaus werden zum größten Teil technologisch neuartige und abhandengekommene aber zukunftsträchtige und wiederbelebte handwerkliche Kenntnisse und Fertigkeiten vermittelt."

Die Idee war dabei, die Marktnische des ökologischen Bauens zu nutzen, um Beschäftigungsperspektiven zu eröffnen. Insbesondere der Lehmbau - wie er über Jahrhunderte im Fachwerkbau praktiziert wurde - verspricht einen günstigen Beschäftigungseffekt, er erfordert geringe Qualifikationen und ist sehr arbeitsintensiv bei minimalen Materialkosten. Ergänzend zur Berufsqualifikation sollte aber der Anreiz besserer Wohnbedingungen bleiben:
"Neben dem Schwerpunkt der Vermittlung von beruflichen Fähigkeiten und Fertigkeiten soll dem Beteiligten im Rahmen der genossenschaftlichen Organisationsform Anrecht auf Wohnungseigentum verschafft werden. Durch die Integration der Schaffung des Anspruchs auf Wohneigentum und beruflicher Qualifizierung ist zu erwarten, daß sowohl soziale Stabilität wie auch eine erfolgreiche Vermittlung beruflicher Kenntnisse und Fertigkeiten effektiver als in konventionellen beruflichen Bildungsmaßnahmen erreicht werden können. Eine derartige berufliche Qualifikation und die Ausbildung in neuen Bautechnologien, verbunden mit sozialer Stabilisierung als Notwendigkeit der kontinuierlichen Durchführung der Qualifizierung für diese spezielle Zielgruppe, ist unseres Wissens dieser ansonsten nicht zugänglich."

Schon damals "schwante" uns aber, daß die Durchführung unseres Vorhabens sicherlich kein Kinderspiel sein dürfte und daß die Probleme im Grunde bei den Organisationsfragen, insbesondere der vorgesehenen Genossenschaft, schon anfingen:
"Die jetzige rechtliche Regelung des Genossenschaftsrechts, ebenso wie die Kontroll- und Finanzierungsauflagen der Prüfverbände, erschwert im Moment noch die Gründung kleinerer, dezentraler Genossenschaftseinheiten. Hier müssen komplizierte Rechtsfragen diskutiert und gelöst werden und neue Regelungen in Verbindung mit den Prüfverbänden und der Landesregierung gefunden werden. Für den zeitlichen Umfang dieser Arbeiten wird ein halbes Jahr veranschlagt."
Diese Zeitvorgabe war eine Illusion, was wir aber erst im Laufe der Zeit erkannten. Und nicht nur diese Vorstellung des möglichen Ablaufs war nicht ganz haltbar.

Annäherung der Idee an die Realität

Eine kurze Auflistung der zu lösenden Probleme mag veranschaulichen, wie die Verwirklichung unserer ursprünglichen Idee uns in die schnöde Welt der Verordnungen, Gesetze, Dienstanweisungen, Verwaltungswege etc. hinabriß:

- Ein oder zwei Grundstücke beschaffen, wenn's geht umsonst,
- Genossenschaftsmitglieder finden, motivieren und "bei der Stange halten",
- Landesbaudarlehen beantragen bzw. andere Wohnungsbaufinanzierungsmittel für eine Genossenschaft ohne persönliche "Bonität" und Sicherheit finden,
- einen risikofreudigen und phantasievollen Architekten finden,
- desgleichen einen Baubetreuungspartner mit den gleichen Eigenschaften,
- etc.

Um dazu ein erstes kurzes Fazit zu ziehen:

- Den Architekten zu finden war nicht so schwer, ein wahrer Glücksgriff.
- Es gelang uns ein Baugrundstück zu finden in Bous, einer kleinen Gemeinde, deren Bürgermeister uns massiv unterstützt. Das Grundstück wird in Erbpacht zur Verfügung gestellt.
- Um das zweite Grundstück in Saarbrücken wird noch gerungen.
- Nach einem dreiviertel Jahr hatten wir die Zusicherung der Baufinanzierung durch ein Landesbaudarlehen, aber noch keinen Finanzierungspartner, der das Restrisiko abzudecken bereit wäre.
- Die Werbung der Interessierten verlief zunächst ziemlich reibungslos, der Zulauf war erfreulich.
- Die vorläufige Gründung einer Genossenschaft (i.G./in Gründung) konnte am 26.05.88 vorgenommen werden.

Probleme der Genossenschaftsgründung ...

Das Problem bei der Anerkennung als Genossenschaft bestand darin, daß wir keine Eröffnungsbilanz einreichen konnten, solange die endgültige Finanzierung noch nicht gesichert war. Die möglichen Partner für diese Finanzierung (Banken, Sparkassen) stießen sich aber immer an der mangelnden, privaten "Bonität" der Genossenschaft und waren nicht bereit, in dieser Hinsicht Risiken einzugehen. Außerdem war eine weitere Voraussetzung für die Gesamtfinanzierung der Abschluß des Erbpachtvertrages zwischen der Genossenschaft und der Gemeinde Bous, damit das Grundstück durch ein Hypothekendarlehen beliehen werden konnte. Voraussetzung dafür war aber wiederum die Rechtsfähigkeit der Genossenschaft. Mit anderen Worten: die Katze biß sich in den Schwanz.

Erst durch massive Intervention des Vorsitzenden der SPD-Landtagsfraktion (und auch anderer Politiker bis hin zum Ministerpräsidenten) gelang uns der Durchbruch, der jedoch den "Schönheitsfehler" hatte, daß wir nun statt der Genossenschaft einen anderen "Bauherrn" bekommen.

Die Landesentwicklungsgesellschaft Saar (LEG), die ursprünglich als Berater und Baubetreuer vorgesehen war, da sie schon Erfahrungen mit Bauen in organisierter Gruppenselbsthilfe vorweisen konnte, sprang in die Bresche und erklärte sich bereit, das Restrisiko (Bauvollendung, Verwertbarkeit der "Ökosiedlung") und auch ein Teil der Finanzierung zu übernehmen. Die Gemeinde Bous war bereit, das Erbbaurecht zu den gleichen Konditionen wie für die Genossenschaft (eine symbolische Pacht von jährlich 1 DM für das ganze Grundstück) an die LEG zu übertragen. Nur war jetzt aus der Fachwerk Bewohner- und Selbstbaugenossenschaft i.G., die als Bauherr auftreten sollte, eine Verwaltungsgenossenschaft der Bewohner in spe geworden. Weil: Keine Genossenschaft ohne Sicherheit - ohne Sicherheit keine Genossenschaft.

... und Probleme der Genossenschaftsgründer

Nach Kontakten mit anderen Genossenschaftsinitiativen hatten wir befürchtet, beim saarländischen Prüfverband auf starken Widerstand zu stoßen. Wir wurden angenehm überrascht. Man reagierte skeptisch, aber nicht ablehnend; die Informationskontakte waren hilfreich.

Ganz anders verlief jedoch der Versuch, den Genossenschaftsgedanken bei den beteiligten bauwilligen Interessenten populär zu machen. Der Eigentums- bzw. Eigenheimgedanke scheint dermaßen verinnerlicht, daß er auch nach längerer und intensiver Information über die Geschichte und Funktion der Genossenschaftsbewegung die Köpfe beherrscht. Dies wird vor allem durch den Gegenstand (das Thema) und den Verlauf der Konflikte deutlich, die innerhalb der Genossenschaftsgruppe ausbrachen. ICH wird sehr groß geschrieben. "Wann ist MEIN Haus fertig?", ist die häufigste Frage; "muß ich auch noch mithelfen, wenn MEIN Haus fertig ist?", etc. Wir waren oft am Verzweifeln über diese - wir wir es empfanden - kleingeistige Einstellung. Gleichzeitig wurde uns aber auch klar, daß wir unser eigenes Ideal von solidarischem Handeln diesen Menschen aufgestülpt hatten. Ein langer Weg zum WIR! Vor allem auch, weil ja die "zeitgeistigen" Vorbilder nicht unbedingt zum Umdenken und Neudenken anregen. Ein zusätzliches Problem für die Genossen - aber nicht nur für sie, auch für alle anderen Beteiligten - war der schleppende Gang der Projektverwirklichung und das ständige Auf und Ab von Erfolgen und Mißerfolgen. Hatten wir eine - unüberwindlich scheinende - Klippe genommen, tauchte schon innerhalb kürzester Zeit die nächste auf, die nur wiederum mit massivem Kraft- und Nervenaufwand gemeistert werden konnte. Auch für geübte Kämpfer und Strategen im Dschungel der Bürokratie wurden oft Punkte erreicht, wo niemand mehr an den Erfolg glaubte und deshalb resignieren wollte.

Die ABM-Problematik - oder warum das "öffentliche Interesse" weder sozial noch effektiv sein darf

Zur schwersten Krise des Projektes kam es, als die Arbeitsverwaltung ihre Einstellung gegenüber dem Projekt änderte. In der Vorphase der Projektvorbereitung war das Konzept von NWS mit der Arbeitsverwaltung abgestimmt worden. Sichtbarer Ausdruck dieser Zustimmung war der offizielle Stempel des Arbeitsamtes Saarbrücken auf das Formblatt zur Beantragung der EG-Mittel am 18.05.1987. Damit waren uns 20 Stellen zum Bau der Öko- und Genossenschaftssiedlung als Arbeitsbeschaffungsmaßnahmen (ABM) zugesagt worden.

Dies sollte das Kernstück der Wohnungsbaufinanzierung sein: Der Gegenwert der durch die ABM-Tätigkeit für das Wohnbauprojekt geleisteten Arbeit sollte als Selbsthilfe gelten und als Eigenleistung der Genossenschaftsmitglieder in die Finanzierung eingesetzt werden. Als wir im Sommer 1988 endgültig die Modalitäten der Anmeldung von Genossenschaftsmitgliedern für die zukünftige Arbeitsbeschaffungsmaßnahme klären wollten erfuhren wir, daß eine Beschäftigung von Genossenschaftsmitgliedern als ABM-Arbeitskräfte zum Bau der Genossenschaftssiedlung nicht möglich sei, weil

- es eine Privilegierung dieser Genossen gegenüber anderen ABM-Arbeitskräften sei, wenn ihnen zusätzlich zur Entlohnung auch noch der Gegenwert ihrer Arbeit als Wohnrecht zugute käme, und
- es nach § 91 Arbeitsförderungsgesetz (AFG) nicht im öffentlichen Interesse liege, ABM-Kräfte im Sozialen Wohnungsbau zu beschäftigen.

Auf unseren Hinweis, das öffentliche Interesse sei doch offensichtlich und durch die ESF-Förderung und die Unterstützung der Landesregierung genügend dokumentiert, bekamen wir als Antwort, daß die Landesregierung dann auch - bitte schön - die Arbeitskräfte entlohnen solle. Dieser Konflikt zog sich bis Dezember hin. Wir intervenierten bzw. ließen auf den unterschiedlichsten politischen Ebenen intervenieren. Aber es half nichts!

Das Ergebnis war ein Kompromiß: Man wies uns fünf ABM-Kräfte zu, die aber nur das Gemeinschaftshaus der Genossenschaft bauen dürfen, weil hier eine allgemeine Nutzung möglich und damit das "öffentliche Interesse" im Sinne des AFG gegeben sei. Am Standort Bous kam man uns vom zuständigen Arbeitsamt Saarlouis noch etwas weiter entgegen und erlaubte die Erstellung eines zusätzlichen Musterhauses mit drei Wohneinheiten.

Damit waren die Genossen - die fast alle ABM-berechtigt waren - bei den Arbeitsförderungsmaßnahmen erst einmal außen vor. Die Folge war, daß wir das Konzept ziemlich verändern und einige wesentliche Teile der Idee fallen lassen mußten.

Der aktuelle Stand

Die Besonderheit und Bedeutung unseres Projektes besteht nach wie vor in der Kombination von beschäftigungs- und wohnungspolitischen Maßnahmen bei einem ökologischen Wohnungsbauprojekt, und wir versuchen, so viel wie möglich von der ursprünglichen Konzeption zu verwirklichen. So ist es auch bei dem ökologischen Baukonzept mit einer lehmausgefachten Holz-Ständerbauweise geblieben, das sich für Selbstbauarbeiten besonders gut eignet. Die "Selbstbauer" werden auf der Baustelle durch Fachleute angeleitet. Fremdfirmen sollen nur bei technisch komplizierten Gewerken eingesetzt werden. Auch hierbei ist es das Ziel, Firmen zu beauftragen, die lediglich Anleitungspersonal zur Verfügung stellen.

Durch den hohen Selbsthilfeanteil können die Baukosten stark reduziert werden. Dennoch war es auch bei einem erheblichen Anteil von Landesbaudarlehen an der Finanzierung - worin sich auch das Engagement des Landes ausdrückt - schwierig genug, unter der für den Sozialen Wohnungsbau im Saarland zulässigen Belastung von 6 DM pro qm Wohnfläche zu bleiben.

Bous. Das Holzständerwerk der arbeitsintensiven Fachwerkkonstruktion steht

Nachdem die Finanzierung mit Hilfe des Bauträgers LEG auf die Beine gestellt ist, geht es in Bous mit der geplanten kleinen Siedlung zügig voran. Die ersten sieben Holzständerwerke stehen. In Saarbrücken haben nach langem Hin und Her im August 1989 vierzehn ABM- und BSHG-Kräfte die Arbeit aufgenommen. Bedingung hierfür war, daß das Grundstück zur Verfügung stand. Das anvisierte Grundstück ist zwar noch im Besitz von

Saarstahl Völklingen, wird jedoch vom Land erworben und dem Projekt zur Verfügung gestellt werden.

In der ersten Phase der Bauarbeiten hatten wir mehrere Probleme zu lösen, die sich aus der spezifischen Sozialstruktur der Beschäftigten, einer zum Teil nur geringen Arbeitsmotivation, aus den unterschiedlichen Beschäftigungsverhältnissen (ABM und BSHG) und der Beschränkung der Genossenschaftsmitgliedschaft auf nur einen Teil der Beschäftigten ergaben. Es entwickelte sich eine Art "Zweiklassengesellschaft" von Genossenschaftsmitgliedern einerseits, die für ihre künftige Siedlung zusätzliche Selbsthilfe leisten, die ihnen angerechnet wird, und einer ziemlich großen Gruppe von Beschäftigten andererseits, die nicht oder noch nicht Mitglieder der Genossenschaft sind. Diese Tendenz zur Polarisierung betraf aber nicht nur die interne Gruppenbildung sondern zeigte sich auch im Arbeitsverhalten, forciert durch Genossenschaftsmitglieder. Aufgrund ihrer Zugehörigkeit zur Genossenschaft sahen sie sich als geborene Vorarbeiter, die die Arbeitsleistungen der "anderen, unwilligen" zu überwachen hätten. Erst nachdem wir die anfangs vorherrschende laxe Einstellung zur Arbeitsleistung - "laissez faire, laissez aller" - durch massiven arbeitsrechtlichen Druck veränderten, konnte auch die Polarisierung aufgehoben werden. Sie hat (in Bous) inzwischen einem kollektiven und produktiven Miteinander Platz gemacht. Bezeichnend für diesen Prozeß war, daß wir auch den Genossen i. G. erst klar machen mußten, daß ihre Abschottungsstrategie gegenüber anderen weder dem Geist der Genossenschaft noch den Realitäten entsprach.

Diese Diskussionen und Konflikte sind mühsam und noch lange nicht ausgestanden, denn auch am Standort Saarbrücken zeigen sich die gleichen Tendenzen. Wir sind aber zuversichtlich, daß wir diese sozialen Spannungen durch intensivere Gruppenarbeit lösen können und daß schließlich doch - allmählich - ein Gefühl für das WIR entsteht.

Literatur:

Roth, Eduard: Genossenschaftliches Wohnen in Selbsthilfe. Kurzbeschreibung Modellprojekt: Neues Wohnen Saar. In: Wohnen tut not. Hrsg. von Reinhard Kellner und Wolfgang Wittich. München 1987, S. 211 - 221

Roth, Eduard: Modellprojekt Neues Wohnen Saar der LAG Saar. In: Wohnhaft. Armut und Obdachlosigkeit. Hrsg. von Karl August Chassé, Norbert Preußer und Wolfgang Wittich. München 1988, S. 169 - 174

Reinhard Lehnen

Berufliche Förderung für arbeitslose Bewohner

Neue Aufgaben für eine gemeinnützige Wohnungsbaugesellschaft

Die Ausgangslage

Nach dem Zweiten Weltkrieg erlebte Forchheim als unzerstörte Klein- bzw. Mittelstadt eine gewaltige Bevölkerungszunahme. Um die vielen tausend Menschen mit Wohnungen zu versorgen, wurde "auf der grünen Wiese" nördlich der Innenstadt relativ schnell und billig ein Stadtteil hochgezogen.

Ein großer Teil des heutigen Gebäudebestandes in Forchheim-Nord stammt noch aus den 50er Jahren und weist die für diese Zeit typischen Bau- und Ausstattungsmängel auf. Damit korrespondiert eine Sozialstruktur mit immer höheren Anteilen alter Bewohner und sozial schwächeren Bevölkerungsgruppen. Der geringen Wohnungsqualität wegen werden freiwerdende Wohnungen nur von diesen akzeptiert. Verknüpft mit dem Absinken solcher Gebiete ist auch eine hohe Umweltbelastung. Seit den 50er Jahren hat sich nämlich die naturräumliche Situation des Stadtteils drastisch verschlechtert. Seinerzeit war der Stadtteil nach Norden zum landwirtschaftlich genutzten Freiraum "offen", im Süden gab es den alten Main-Donau-Kanal, im Westen die offene Verbindung zum ökologischen Ausgleichsraum des Regnitztales. Der Kanal im Süden und Westen wurde zugeschüttet, die Flächen werden als örtliche Straßen benutzt, Lärmschutzwände behindern einen Luftaustausch mit dem Regnitzgrund. Im Norden riegeln "lückenlos" Hochhäuser und Schulbauten den Stadtteil ab.

Die sich langsam vollziehende Entwicklung von Forchheim-Nord zu einem bau- und sozialstrukturell problematischen Stadtteil wurde verschärft durch eine unglückliche städtische Belegungspolitik. Alle Problemhaushalte konzentrierten sich faktisch in drei Baublöcken, die - obwohl sie sich äußerlich kaum von den übrigen Mietwohngebäuden unterscheiden - als sozialer Brennpunkt im eigentlichen Sinn gelten ("Glasscherbenviertel"). Noch im Jahr 1986 wurden Bewohner von einer Notunterkunft außerhalb des Gebietes dahin umgesetzt.

Die Gebäude waren 1951 in Schlichtbauweise errichtet worden. Ein Standardhaus umfaßte seinerzeit acht Wohneinheiten auf zwei Stockwerken mit vier WC-Anlagen im Treppenhaus. Zu dieser mangelhaften Ausstattung kam nach und nach eine massive Verschlechterung des Wohnungsbestandes durch Zerstörungen und unterlassene Instandsetzungen.

Insgesamt handelt es sich bei dem sozialen Brennpunkt um ein Areal von etwa zwei Hektar mit 14 Gebäuden, in denen 1988 165 Personen in 74 Haushalten wohnten. Davon waren 122 Erwachsene und 43 Kinder unter 18 Jahren. 75 vH der Erwachsenen wohnen bereits länger als drei Jahre in der Siedlung. Es handelt sich also um "Dauerobdachlose", auch dem rechtlichen Status nach, denn die Bewohner sind Nutzer und nicht Mieter der Unterkünfte. Die Mehrzahl der Erwachsenen sind Empfänger von Arbeitslosen- bzw. Sozialhilfe. 85 vH leben oder lebten unter der Armutsgrenze. Ursache für diese schlechte finanzielle Lage sind einerseits die Arbeitsmarktbedingungen, andererseits die geringe Qualifikation, sowie bei Teilen auch gesundheitliche und psychische Defizite. Etwa ein Drittel der 80 Erwachsenen unter 50 Jahren sind kaum oder nur sehr eingeschränkt vermittelbar.

Dennoch lassen sich nicht alle Bewohner im Brennpunkt "über einen Kamm scheren". Hinsichtlich ihrer sozialen Lage lassen sich mindestens sechs verschiedene Bewohnergruppen unterscheiden:

- Die älteren Bewohner, die zum Teil seit der Bezugsfertigkeit in den Gebäuden wohnen. Das Gebiet wurde zwar als Wohngebiet für die sozial schwächere Bevölkerung erschlossen, war aber noch nicht sozialer Brennpunkt.
- Die "Deklassierten" aus kleinbürgerlichen Verhältnissen, die durch verschiedene Lebenskatastrophen aus der Bahn geworfen wurden und in einer Suchtkarriere endeten.
- Die "Gescheiterten", die in ihrem Leben einmal "bessere Zeiten" gesehen haben. Sie fühlen sich diesem Viertel nicht zugehörig. Auch hier hilft häufig der Alkohol, eine Fassade scheinbar zu sichern.
- Die Heranwachsenden als die "abgestempelten Kinder" des Quartiers.
- Die Sinti, die sich in Forchheim-Nord jedoch schon in vielen gemischten Familien auch assimilierten.
- Wenige Ausländer, in der Regel türkische Familien, die nur hier eine ausreichend große Wohnung finden.

Nachdem bereits der Landkreis die Stadt Forchheim gemahnt hatte, hier eine Verbesserung zu erreichen, wurde die Gemeinnützige Wohnungsbau- und Sanierungsgesellschaft mbH der Stadt Forchheim (GWS) nicht zuletzt mit dieser Zielsetzung gegründet. Zu den Aufgaben gehörte neben der Altstadtsanierung auch die Verwaltung des "normalen Wohnungsbestandes".

Damit begann im Jahre 1986 eine umfassende Sanierung des sozialen Brennpunktes im Rahmen einer Stadtteilerneuerung und Stadtteilplanung. Die Ausgangsüberlegung war, daß nur durch ein integriertes Konzept eine akzeptable Lösung erreichbar sein werde. Es handelte sich dabei um den zweiten Anlauf, da bereits 1974/75 Abbruchpläne für die Gesamtanlage diskutiert, jedoch wieder fallengelassen worden waren, nachdem die Wohnungsbauförderung in Bayern rückläufig war und die Betroffenen wenig Umzugsbereitschaft zeigten.

Die Grundsätze der Erneuerung

Die kommunalpolitische Strategie der Erneuerung des Stadtteils und der Sanierung des sozialen Brennpunktes beruht auf folgenden, in einem Rahmenplan festgelegten Grundsätzen:

- Ohne eine Integration in den Arbeitsmarkt ist eine Integration in den Wohnungsmarkt und damit die Modernisierung des Bestandes kaum sinnvoll.
- Hilfe zur Selbsthilfe muß (tatsächlich) im Mittelpunkt der Bemühungen stehen. Dabei muß sich Selbsthilfe auch auf ganz kleine Erfolge beziehen können.
- Der Zuzug weiterer Problemfälle in das Gebiet muß gestoppt werden; langfristig muß das Gebiet auch für die "Normalbevölkerung" wieder attraktiv sein.
- Während der Phase der Erneuerung bedarf es spezifischer sozialer Einrichtungen im Gebiet (Lern- und Spielstube, Nachbarschaftstreff u.ä.).
- Bei einer Modernisierung müssen die möglichen Folgen für Energiekosten bedacht und deshalb energiesparende Techniken angewendet werden (ökologische Modernisierung).
- Durch die Art der Modernisierung und die notwendigen Neubauten mit einer städtebaulichen Qualitätsverbesserung soll das Gebiet auch für Außenstehende interessant gemacht werden.
- Wohnumfeldverbesserungsmaßnahmen sollen einen Beitrag zur Imageverbesserung liefern und gleichzeitig den Gebrauchswert des Freiraums für die Bewohner erhöhen.
- Bewohnerbeteiligung darf nicht nur Schlagwort sein, sondern es müssen Formen gefunden werden, die eine echte Beteiligung ermöglichen.

Die Maßnahmen

Förderung der beruflichen Integration

Zur Realisierung besserer Chancen auf dem Arbeitsmarkt wurde ein mehrgliedriges System der Integration erarbeitet. Dieses beinhaltet

- Maßnahmen der Arbeitsgewöhnung bzw. Probearbeiten,
- betroffenenorientierte Qualifizierung und Fortbildung,
- Zeitarbeitsverträge in der Siedlung durch verschiedene Träger als zusätzliche Qualifikationsmöglichkeiten und die

- Vermittlung der Betroffenen in normale Arbeitsverhältnisse bzw. Beschäftigung durch den Trägerverein.

Bei den Maßnahmen der Arbeitsgewöhnung handelte es sich im wesentlichen um Projekte für Männer im Wohnumfeldbereich (Begrünungsmaßnahmen, Bachrenaturierung) und für Frauen im sozialen und pflegerischen Bereich (Haushaltshilfe für ältere Bewohner in der Siedlung, Kinderbetreuung und Mithilfe im Gemeinschaftszentrum), die nach den Vorschriften des Arbeitsförderungsgesetzes finanziert wurden. Von 1986 bis 1989 wurden insgesamt vier Arbeitsbeschaffungsmaßnahmen (ABM) mit insgesamt 20 Männern aus der Siedlung durchgeführt. Beschäftigungsmaßnahmen mit Frauen gab es ebenfalls vier. Die Frauen sind aber eher an stundenweiser Beschäftigung interessiert.

Zur betroffenenorientierten Qualifizierung und Fortbildung wurde am 1.10.1987 mit einer überbetrieblichen Werkstatt mit der Möglichkeit zur Ausbildung zum Sanierungswerker begonnen. Die Trägerschaft lag gemeinsam bei der Handwerkskammer und der GWS. Nach drei Monaten mußte das Projekt in der ursprünglichen Konzeption aber abgebrochen werden, weil darin zu wenig die Motivation und Möglichkeiten der Beteiligten berücksichtigt wurden.

Statt dessen wurden im Jahr 1988 zwei Sechs-Wochen-Kurse eingerichtet, die von folgenden Bedingungen ausgingen:
- Lernen in kleinen Gruppen
- Lernen bei der Verbesserung der eigenen Wohnung (Erneuerung von Fenstern, Türen und Bodenbelägen, Wandverkleidungen, Fliesen- und Putzarbeiten).
- Möglichkeiten zur finanziellen Entschädigung.

Im Sommer 1988 schließlich wurden vier Arbeiter auf Zeit im Regiebetrieb der GWS - d. h. im unternehmenseigenen "Handwerksbetrieb" - eingestellt. Dort waren sie beteiligt an der mit anderen Firmen gemeinsam durchgeführten durchgreifenden Modernisierung eines der Wohngebäude im sozialen Brennpunkt (Wärmedämmung an Dach und Fassade, Fenstereinbau, einfache Abbrucharbeiten, Einbau von Ständerwänden und Kachelöfen). Im übrigen werden für die reguläre Beschäftigung die Möglichkeiten im Bereich der Verwaltung des Wohnungsbestandes genutzt und Stellen für Hauswarte, Hausmeister, Vertrauensleute mit Bewohnern besetzt. Die entsprechenden Einkommen liegen aber jeweils unter der 450 DM-Grenze und erhöhen lediglich das vorhandene Arbeitslosengeld bzw. die Arbeitslosenhilfe.

Zur Beschäftigung von Frauen ist gegenwärtig ein weiteres Projekt im "Anlaufen". Langfristig ist die Errichtung eines Übernachtungsheims für die übergangsweise Unterbringung von Problemfällen vorgesehen. In dessen hauswirtschaftlichen Betrieb sollen Frauen aus dem Wohngebiet beschäftigt und hierfür in Kursen der GWS qualifiziert werden.

Förderung der Selbsthilfe

Zur Entwicklung der Selbsthilfekräfte wurde bereits 1986 das Angebot gemacht, daß jeder Bewohner kostenlos die Baumaterialien erhält, die er benötigt, um Instandsetzungen innerhalb der eigenen Wohnung (Putzarbeiten, Türen usw.) selbst durchführen zu können. Während einer Zeit von zwei Jahren gab es auch das Angebot der fachlichen Anleitung zur Selbsthilfe, das von den Bewohnern sehr intensiv genutzt wurde. Des weiteren werden möglichst alle Vorhaben der Bewohner, die sie im Wohnumfeld in Selbsthilfe realisieren wollen, unterstützt. Brachflächen wurden bis zur Bebauung den Bewohnern zur Anlage von Mietergärten angeboten. Zur Selbsthilfe gehört auch die Organisation des Nachbarschaftstreffs. Hierfür wurden 1987 zwei Wohnungen im Quartier bereitgestellt. Eingerichtet wurden eine Küche mit Aufenthaltsraum, ein Spielraum, Dusch- und Badegelegenheit sowie eine Holzwerkstatt. Zusätzlich wurde mit Hilfe der Caritas eine Spiel- und Lernstube in der Siedlung eingerichtet. Auch hierfür wurden zwei Wohnungen zusammengelegt und die Baumaßnahmen als ABM-Projekt organisiert.

Verbesserung der Wohnverhältnisse

Seit Beginn der Sanierung gibt es den "Zuzugsstop". Damit wird sichergestellt, daß das Gebiet nicht mit weiteren Problemfällen belastet wird, obwohl das Quartier infolge der eingetretenen Verbesserungen gerade für sie attraktiv geworden ist. Freiwerdender Wohnraum wird jedoch überwiegend dazu genutzt, die Wohnflächenversorgung der Bewohner zu verbessern und Modernisierungsmaßnahmen zu ermöglichen. Bei der Belegung modernisierter Wohnungen werden reguläre Mietverhältnisse begründet.

Zwei Wohngebäude wurden bisher durchgreifend modernisiert bzw. als Aus- und Umbau neu errichtet. Im Herbst 1989 steht eine weitere durchgreifende Erneuerung an. Ein Wohngebäude wurde abgebrochen. An seiner Stelle wird eine Neubaumaßnahme realisiert werden.

Bei diesen Maßnahmen werden die Prinzipien des ökologischen Bauens soweit wie möglich beachtet. Die notwendigen Wohnwertverbesserungen und Modernisierungsprozesse sollen nämlich nicht zu einem erhöhten Verbrauch "nicht regenerierbarer Naturbedingungen" führen. Dieses Prinzip gilt auch etwa für den Nachbarschaftstreff, wo das Badewasser mit Hilfe von Warmwasserkollektoren erzeugt wird. Zu den passiven Energiemaßnahmen gehören insgesamt baubiologisch vertretbare Außenwanddämmung, Wärmedämmung der Kellerdecken sowie des Dachbodens, Errichtung von Wintergärten, Einbau von Winterfenstern, Isolierklappläden u. ä.. Zur aktiven Energiegewinnung ist die

Installation eines Sterling-Motors sowie die Wärmegewinnung aus Grauwasser in der Bearbeitung. Für den Neubau wurde ein Wettbewerb zum ökologischen Bauen durchgeführt. Die Finanzierung der Baumaßnahme ist für das Jahr 1990 gesichert.

Um eine optische Imageverbesserung für die Siedlung zu erreichen, wurde bereits 1986 mit der Umgestaltung des Abstandsgrüns in der Siedlung begonnen. Als erste Maßnahme wurde ein Spielplatz errichtet. 1987 wurde ein Blockinnenbereich neu gestaltet. Inzwischen ist ein zweiter Baublock fertiggestellt worden. Insgesamt entstand unter Beteiligung der Bewohner ein vielfältiges Nutzungsangebot im Freiraum: Mietergärten, Spielflächen, Wäscheplätze, Freisitze, Stellplatzanlagen usw.. Am Rande des Gebietes wurde im Jahr 1988 ein Bach renaturiert. Gegenwärtig (1989) läuft die Errichtung einer ökologischen Lärmschutzwand entlang der Bundesbahnstrecke Bamberg-Nürnberg. Alle Maßnahmen im Wohnumfeld werden für die Bewohner als Arbeitsbeschaffungsmaßnahmen durchgeführt.

Beteiligung der Bewohner

Die Beteiligung der Bewohner an der Planung wurde zunächst durch Mieterversammlungen hergestellt. Außerdem haben die jeweiligen Bau- bzw. Beschäftigungstrupps mitgeholfen, die Vorstellungen der Bewohner an die Planer weiterzugeben. Seit Juli 1988 ist ein Bewohnerverein aktiv, der das Recht hat, die Belegung der Wohnungen bzw. Notunterkünfte weitgehendst zu bestimmen. Außerdem ist der Verein Träger von Beschäftigungsmaßnahmen geworden. Der Vorstand setzt sich ausschließlich aus Bewohnern der Siedlung zusammen, der Beirat aus Vertretern der projektbegleitenden Organisationen (Stadt, Wohlfahrtsverbände, GWS usw.). Seit Herbst 1988 hat die GWS einen Vertrauensmann aus der Bewohnerschaft berufen, der das Recht hat, selbständig Instandsetzungen bis zu einem Betrag von 300 DM pro Fall bzw. 5 000 DM pro Halbjahr zu vergeben.

Kosten und Projektplanung

Die gesamte Erneuerung der Siedlung wird mit einem Kostenaufwand von circa fünf bis sechs Millionen DM betrieben. Dabei stehen zur Verfügung Städtebauförderungsmittel (Experimenteller Wohnungs- und Städtebau), Mittel des Zweiten Wohnungsbauförderungsgesetzes bzw. Mittel des Arbeitsförderungsgesetzes (AFG). Hinzu kommen laufende Instandhaltungskosten der GWS. Die Projektsteuerung, d.h. die grundsätzliche Festlegung von Zielen und Maßnahmen erfolgt im wesentlichen durch den Koordinierungsausschuß des Experimentellen Wohnungs- und Städtebaus unter Beteiligung von Bund und Land, Regierung und der Stadt Forchheim sowie weiteren Organisationen wie Arbeitsamt, Verbände der freien Wohlfahrtspflege, Handwerkskammer usw.. Eine interne Projektsteuerung, die kleinteilige Planung und Feinabstimmung, übernimmt inzwischen der Bewohnerverein, insbesondere durch den Vorstand und den Beirat. Der Vorsitzende des Beirates ist der katholische Geistliche des Stadtteils. Dennoch war und ist die GWS der wesentliche Motor des Projektfortschrittes. An Personal standen in der Vergangenheit - jeweils zeitlich befristet (ABM) - sowohl Bauingenieure als auch Sozialarbeiter zur Verfügung. Seit 1988 bzw. 1989 gibt es je eine unbefristete Stelle für einen Bauingenieur als auch einen Sozialarbeiter zur Betreuung des Vereins und der Obdachlosen.

Erfahrungen

In den nun vier Jahren Projektdauer konnten viele Erfolge erzielt werden, es mußten jedoch auch einige negative Erfahrungen gemacht werden:

- Trotz mehrstufiger Kurse und Arbeitsangebote sind die Mehrzahl der Bewohner nicht in der Lage, sich den Spielregeln des Arbeitsmarktes unterzuordnen bzw. Arbeitsanforderungen zu erfüllen. Es wird auf Dauer entsprechend "beschützte" Arbeitsverhältnisse geben müssen.
- Sobald die ersten Erfolge bei der Erneuerung gegeben sind und die schlimmsten Zustände beseitigt waren, ließ das öffentliche Interesse und die Unterstützung durch externe Organisationen für ein solches Projekt stark nach. Städte ohne eigenes Sozialamt (Forchheim ist eine kreisangehörige Gemeinde) haben es dabei besonders schwer. Die politischen Gremien der Landkreise sind sehr stark von den Interessen der kleineren Landgemeinden geprägt, und diese sind nicht mit den beschriebenen Problemen in demselben Ausmaß konfrontiert.
- Auch bei den Landesministerien (Arbeits-, Sozial-, Innen-) besteht wenig Bereitschaft, die Bemühungen zur Erneuerung zu unterstützen. Es gibt noch nicht einmal eine Zuständigkeit für soziale Brennpunkte. Unangemessen sind auch die Instrumente des Arbeitsförderungsgesetzes, insbesondere für Langzeitarbeitslose. Langzeitarbeitslosigkeit läßt sich mit dem bisherigen Angebot offensichtlich nicht wirksam - und den Möglichkeiten der Betroffenen entsprechend - bekämpfen.

Literatur

Lehnen, Reinhard: Ökologisch orientierte Stadterneuerung - Soziale Erneuerung und ökologische Nachbesserung des Quartiers Forchheim-Nord, einschließlich einer Obdachlosensiedlung. Referat für den 238. Kurs "Stadterneuerung - gegenwärtige Praxis und Perspektiven" des Instituts für Städtebau Berlin im Mai 1988, Dokumentation "Praxisberichte zur Stadterneuerung", Berlin 1989, S. 25-34.

Berthold Sommer / Reinhard Thies
Initiative für Jugendberufsbildung (IJB)

Sanierungsarbeiten mit Jugendlichen aus ehemaligen Obdachlosensiedlungen

Berufliche Integration im eigenen Wohnumfeld

Drei Obdachlosensiedlungen - Drei soziale Brennpunkte

Eulenkopf, Gummiinsel und Margaretenhütte heißen die drei ehemaligen Gießener Obdachlosensiedlungen. Sie alle weisen noch heute einige der typischen Merkmale sozialer Brennpunkte auf: Lage am Stadtrand, keine oder mangelhafte Anbindung an andere Wohngebiete und entsprechend weite Wege zu Gemeinbedarfseinrichtungen, unzureichende öffentliche Verkehrsmittel, fehlende oder ungünstige Einkaufsmöglichkeiten im Brennpunkt selbst, vor allem aber schlechte Beschaffenheit der Wohngebäude, von denen viele erst in den 60er Jahren in Schlichtbauweise erstellt worden waren. Obwohl ursprünglich nicht beabsichtigt, wurden diese Siedlungen sehr schnell zum "Abstellgleis" für alle sozialen Randgruppen. Die Konzentration von Menschen, die mit ihren Problemen und ihrer Hoffnungslosigkeit alleine gelassen wurden, begünstigte ein Milieu, in dem die Betroffenen verlernen, ihre Situation aus eigener Kraft zu verbessern.

Es waren Studenten, die in den frühen 70er Jahren in diesen Brennpunktgebieten mit Gemeinwesenarbeit (GWA) begannen, um die Bewohner zu aktivieren und dabei zu unterstützen, ihr Interesse an menschenwürdigen Lebensbedingungen zu artikulieren und durchzusetzen. Gemeinwesenarbeit hat mittlerweile Tradition in den Siedlungen. Sie umfaßt Arbeit mit Kindern und Schülern in Spiel- und Lernstuben, offene Jugendarbeit, Arbeit mit Jugendgruppen, Beratung Erwachsener und schließlich die Unterstützung von Vereinen sowie den Aufbau von Mieterräten, die die Interessen der Bewohner selbst vertreten.

Organisiert wird die GWA in jedem der Brennpunkte durch die Projekt- und Initiativgruppen: Arbeitsgemeinschaft Läufertsröder Weg auf der Gummiinsel (deren Träger das Diakonische Werk ist), Initiativgruppe Eulenkopf e. V. und Projektgruppe Margaretenhütte (freier Träger und Mitglied im Deutschen

Paritätischen Wohlfahrtsverband (DPWV)). Um die GWA - brennpunktübergreifend - fachlich und konzeptionell weiterzuentwickeln und sozialpolitische Forderungen durchzusetzen, wurde der "Arbeitskreis Soziale Brennpunkte" gegründet. In diesem Forum wurde ein Sanierungskonzept für alle drei Brennpunkte erarbeitet. Die Verbesserung der Wohn- und Wohnumfeldbedingungen soll die Grundlage dafür sein, daß sich auch die sozialen Verhältnisse verbessern können. Eine Beteiligung der Bewohner an der Planung und Durchführung der Sanierung erschien den Mitgliedern des "Arbeitskreises Soziale Brennpunkte" als der erfolgsversprechendste Weg, diese Ziele zu erreichen.

Die Initiative für Jugendberufsbildung Gießen (IJB)

Das Konzept der Beteiligung wurde auch vom Sanierungsbeirat unterstützt, dem Vertreter der Stadt, der städtischen Wohnungsbaugesellschaft sowie der Mieterräte und der Gemeinwesenarbeiter in den sozialen Brennpunkten angehören. In diesem zentralen Mitbestimmungsgremium werden alle wichtigen Vorgaben für die Sanierung beraten, so auch die Ziele und Maßnahmen der beruflichen Förderung und Beschäftigung. Offen blieb dabei zunächst, wie die Beteiligung der Bewohner an den Bauarbeiten umgesetzt werden sollte und ob dieses Vorhaben überhaupt realisierbar war. Immerhin konnte auf praktische Vorerfahrungen zurückgegriffen werden. Von 1976 - 1978 bestand die "Gießener Selbsthilfe", eine Selbsthilfeorganisation von arbeitslosen Jugendlichen aus der Margaretenhütte; außerdem wurden bereits 1984 bei der Teilsanierung am Eulenkopf junge Arbeitslose beschäftigt.

Veränderte politische Mehrheitsverhältnisse in der Gießener Stadtverordnetenversammlung und im Kreistag erleichterten es, das Problem der Arbeitslosigkeit in sozialen Brennpunkten und Maßnahmen dagegen zu thematisieren. Die Gruppe der Jugendlichen ist in starkem Ausmaß von Arbeitslosigkeit bedroht und betroffen mit der Folge, daß die Chancen auf soziale Integration erheblich reduziert werden. Daher schien es geboten, die baulichen Maßnahmen der Sanierung zu nutzen, um arbeitslose Jugendliche zu qualifizieren und zu beschäftigen. Zu diesem Zweck haben die Träger der Gemeinwesenarbeit in den drei sozialen Brennpunkten die IJB gegründet.

Ziele und Aufgaben der IJB

Die Integration der Jugendlichen in den regulären, den sogenannten "Ersten Arbeitsmarkt", und damit die Überwindung der Abhängigkeit von der Sozialhilfe ist oberste Zielsetzung der IJB. Dies ist nur auf freiwilliger Basis und durch Arbeitsverhältnisse mit tarifgemäßen Bedingungen erreichbar. Jungen Menschen im Alter bis etwa 25 Jahren sollte ein Angebot gemacht werden, das ihnen einen Einstieg in das Berufs- und Arbeitsleben ermöglicht.

Auf diese Weise sollen die in den Brennpunkten bereits in dieser Altersgruppe vorherrschende Resignation überwunden und Lebensperspektiven aufgezeigt werden. Gerade beim Übergang von der Schule in den Beruf scheitern Jugendliche aus sozialen Brennpunkten allzuoft: Soziale sowie erhebliche schulische Defizite - bis hin zum Analphabetismus - und die stigmatisierende Wohnadresse programmieren unqualifizierte und ungesicherte Beschäftigung oder den direkten Übergang von Schulabgängern in die Arbeitslosigkeit vor. Jugendliche aus Sonderschulen - wohin sie zum Teil auch "abgeschoben" werden - und ohne Hauptschulabschluß werden den gestiegenen Anforderungen in Ausbildung und Beruf nicht gerecht. Verschärft wird der ohnehin bestehende Mangel an geeigneten Ausbildungs- und Arbeitsplätzen noch dadurch, daß Abiturienten und Realschulabgänger vermehrt in Lehrberufe drängen. Gezielte Unterstützung für Jugendliche in sozialen Brennpunkten sind auch deshalb notwendig, weil die allgemeinen Beschäftigungs- und Bildungsmaßnahmen gerade bei dieser Zielgruppe nicht gegriffen haben. Die Aufgabe der IJB besteht darin - auf der Basis eines auf die Bedürfnisse und Möglichkeiten der Jugendlichen zugeschnittenen Konzeptes - die Bestimmungen des Bundessozialhilfe- und des Arbeitsförderungsgesetzes so umzusetzen, daß diese Jugendlichen eine Chance auf Ausbildung und Arbeit und damit auf Lebensperspektiven erhalten.

Die Aufbauphasen der IJB

Im Frühsommer 1985 beantragte der Trägerverein die Finanzierung der Personalkosten für einen Fachanleiter im Bereich Garten- und Landschaftsbau, für einen Sozialarbeiter und für fünf Jugendliche als Arbeitsbeschaffungsmaßnahmen (ABM) nach dem Arbeitsfördergesetz (AFG). Die Anträge auf Einrichtung weiterer fünf tariflich bezahlter Stellen für Jugendliche nach dem Bundessozialhilfegesetz (BSHG) sowie auf Übernahme von Sachkosten der IJB wurden an den Kreistag und die Stadtverordnetenversammlung in Gießen gerichtet.

Im Herbst 1985 gab der Landeswohlfahrtsverband Hessen (LWV) mit seiner positiven Stellungnahme zu dem Projekt IJB den "Startschuß". Er bewilligte eine einmalige Unterstützung in Höhe von 51 000 DM. Die Stadt Gießen stellte in einem Sanierungsgebiet im Stadtkern Räumlichkeiten zur Verfügung. Noch im selben Jahr wurden die ersten fünf jugendlichen Sozialhilfeempfänger bei der IJB eingestellt. Die Finanzierung dieser Stellen erfolgte zu hundert Prozent aus Mitteln nach § 19 BSHG (Hilfe zur Arbeit).

Erst Anfang 1986 bewilligte das Arbeitsamt nach zähen Verhandlungen die Arbeitsbeschaffungsmaßnahmen für den Fachanleiter im Garten- und Landschaftsbau sowie für den Sozialarbeiter; die Stellen waren jeweils auf ein Jahr befristet. Nachdem das Hessische Sozialministerium der IJB für das Jahr 1986 einen Zuschuß in Höhe von 81 000 DM für Personal- und Sachko-

Organisationsschema

Initiative für Jugendberufsbildung der sozialen Brennpunkte in Gießen e.V. (IJB)

Träger der Gemeinwesenarbeit in den sozialen Brennpunkten in Gießen

- **Initiativgruppe Eulenkopf e. V.**
- **Arbeitsgemeinschaft Läufertsröderweg (Gummiinsel)**
- **Projektgruppe Margaretenhütte e. V.**

Trägerverein der "Initiative für Jugendberufsbildung der sozialen Brennpunkte in Gießen e. V."

Vorstand
Je ein Vertreter aus den GWA-Projektgruppen

Mitgliederversammlung

Das Berufsbildungsprojekt

Projektmitarbeiter/"IJB-Team"
1 Geschäftsführer
4 Anleiter
1 Pädagoge
weitere Honorarkräfte für Urlaubsvertretung und besondere Qualifizierungseinheiten (Kurse)

Beschäftigte
14 Jugendliche

Beschäftigungs- und Qualifizierungsfelder

- Holzwerkstatt
- Metallwerkstatt
- Garten- und Landschaftsbau
- Baubetrieb

Stand: Dezember 1989

sten gewährt hatte, konnten im April eine Stelle für Betriebs- und Vereinsverwaltung besetzt und die für die Einrichtung von Werkstätten erforderlichen Materialien und Werkzeuge angeschafft werden.

Die Konsolidierung

Durch die Erhöhung der jährlichen Zuschüsse des Hessischen Sozialministeriums und durch die Aufstockung der Eigenmittel der IJB konnte die Initiative personell erweitert werden. Gegenwärtig sind bei der IJB insgesamt vierzehn Jugendliche für die Dauer von ein bzw. anderthalb Jahren beschäftigt. Zehn werden aus BSHG-Mitteln, vier aus ABM-Mitteln tarifgerecht entlohnt. Die Fachanleitung leisten eine Schreinerin (Vollzeitstelle), ein Gartenbauingenieur, ein Maler und Tapezierer sowie ein Schlosser (Teilzeitstellen von je 19,5 Stunden). Die Geschäftsstelle führt eine Betriebswirtin (Vollzeitstelle); sie wird unterstützt von einer Teilzeit- Verwaltungskraft. Ein Sozialpädagoge (Vollzeitstelle) ergänzt das Team.

Aus der Entstehung und der Aufgabenstellung ergibt sich eine enge Zusammenarbeit mit den GWA-Projekten in den Brennpunkten. Außerdem ist die IJB seit 1987 Mitglied im Deutschen Paritätischen Wohlfahrtsverband (DPWV) und kooperiert eng mit der Landesarbeitsgemeinschaft "Soziale Brennpunkte in Hessen e. V." (LAG). Auf örtlicher Ebene unterhält die IJB Kontakte zu allen wichtigen Institutionen und Verbänden, wie z. B. dem Arbeitsamt und der Wohnbau Gießen GmbH.

Qualifikations- und Beschäftigungsbereiche

Ausgehend von den sozialen und schulischen Voraussetzungen der Jugendlichen bietet die IJB keine Ausbildung sondern Berufsvorbereitung an. Dies geschieht über befristete Arbeitsverhältnisse (bei tarifgerechter Entlohnung), während dieser die Jugendlichen nach dem Prinzip "learning by doing" in verschiedene Handwerksbereiche eingeführt werden. Als Ergänzung zur fachlichen Berufsvorbereitung werden die für das heutige Arbeitsleben unabdingbaren Regeln und Verhaltensnormen vermittelt, das Nachholen schulischer Abschlüsse unterstützt, allgemeinbildende Kenntnisse vermittelt und praktische Lebenshilfe gewährt.

Neben dem Arbeitsfeld Sanierung bzw. den Arbeiten im Bereich des Baunebengewerbes, über das hier vor allem berichtet werden soll, konnte die IJB eine - wenn auch sehr bescheidene - Holz- und eine Metallwerkstatt einrichten. Tätigkeitsschwerpunkt bildeten jedoch zunächst Arbeiten im Garten- und Landschaftsbau innerhalb der Brennpunkte, aber auch in anderen Stadtgebieten, die als zusätzlich und gemeinnützig gelten und deshalb die satzungsgemäßen Auflagen des Vereins erfüllen. In allen genannten Bereichen vermittelt die IJB allgemeine und berufliche Vorqualifikationen, die einen

Einstieg in eine Ausbildung oder eine Arbeitsstelle erleichtern bzw. erst ermöglichen. Die Beschäftigung und Qualifizierung wird durch flankierende pädagogische Maßnahmen und Angebote begleitet.

Arbeitsfeld Sanierung

Schon vor Beginn der ersten Sanierungsabschnitte auf der Margaretenhütte und der Gummiinsel konnte die IJB - 1986 und im ersten Halbjahr 1987 - eine ganze Reihe von gemeinnützigen und zusätzlichen Arbeiten durchführen, die vor allem zur Verbesserung des Wohnumfeldes in den einzelnen Brennpunkten beigetragen haben: Einrichtung eines Grillplatzes, Schaffung von zusätzlichen Sitzgelegenheiten, Verbesserung der Ausstattung der Kindergärten, Verschönerungsarbeiten an Spielplätzen sowie die Anlage von Beeten und verschiedene Begrünungsaktionen an den Gemeinschaftszentren. Der Ausbau und die Renovierung eines der "roten Häuschen" - wie die kleinen Häuschen der ehemaligen Arbeitersiedlung Gummiinsel wegen ihres sichtbaren roten Ziegelmauerwerks heißen - bedeutet einen ersten bescheidenen Einstieg in den Bereich "Bau". Die entsprechenden Aufträge wurden von den jeweiligen Gemeinwesenprojekten erteilt.

Im Herbst 1987 begann der erste Sanierungsabschnitt in der Siedlung Margaretenhütte. Dies wurde von der Stadt, der Gemeinwesenarbeit und den Bewohnervertretungen zum Anlaß genommen, die IJB an der Durchführung von Baumaßnahmen zu beteiligen. Das beauftragte Generalunternehmen hatte die Aufsicht. Dabei kam es trotz vertraglicher Regelung von Art und Umfang der Arbeiten der IJB oft zu Mißverständnissen zwischen den Vertragspartnern.

Wesentlich günstiger gestaltete sich die Mitarbeit der IJB bei der Sanierung auf der Gummiinsel: Dort war die IJB Vertragspartner der Eigentümerin der Wohnungen, der Wohnbau Gießen GmbH, einem gemeinnützigen Wohnungsbauunternehmen der Stadt. Art, Umfang und Dauer der durchzuführenden Arbeiten waren detailliert beschrieben.

Entrümpelung und Entkernung von Häusern im Brennpunkt Margaretenhütte

Die IJB hatte den Auftrag, in diesem Brennpunkt zwei Wohnblöcke mit jeweils zwölf Wohnungen zu entrümpeln und zu entkernen. Im Herbst 1987 wurde damit begonnen. Vom Dachboden bis zum Keller mußte der gesamte "Sperrmüll" abtransportiert werden. Dann mußten die Wohnungen entkernt werden: Das bedeutete die vollständige Entfernung der Tapeten, der Fußböden, Leisten, Kacheln, Waschbecken usw. Der anfallende Müll und Bauschutt wurde durch die IJB sortiert und auf die jeweiligen Deponien gefahren. Die gleichen Arbeiten mußten auch vor der Sanierung des zweiten Wohnblocks im Frühjahr 1988 durchgeführt werden.

Baunebenarbeiten dieser Art sind natürlich bei den Jugendlichen nicht gerade beliebt: "Wir müssen immer die Dreckarbeit machen". "Ich mach doch den Dreck von anderen Leuten nicht weg". "Das ist ein Job für Idioten". "Ganz ehrlich, das ist ein Job für Blöde !".

Trotz dieser Aversionen gegen die "Dreckarbeit" bot der zum Teil geforderte schwere körperliche Einsatz, zumindest den männlichen Jugendlichen, ein Feld, auf dem "Mann sich austoben kann": Aggressionen können abreagiert werden, Männer ihre Körperkraft unter Beweis stellen. Das hieraus abgeleitete Selbstvertrauen und die scheinbare Bestätigung geschlechtsspezifischer Berufsbilder - "männliche" Berufe verbunden mit körperlicher Arbeit und "weibliche" Arbeit verbunden mit der Rolle als Hausfrau (Putzfrau, Küchenhilfe) - wurden zum Anlaß genommen, über die in sozialen Brennpunkten noch überwiegend gültigen herkömmlichen Rollenleitbilder zu diskutieren und ein gleichberechtigtes Miteinander von Männern und Frauen am Arbeitsplatz einzuüben. Hierzu ist es zunächst erforderlich, Mädchen für die nicht typisch weiblichen Beschäftigungsbereiche der IJB zu motivieren. Von den derzeit 14 Jugendlichen sind vier Mädchen.

Wichtig ist für alle Jugendlichen, daß sie die Möglichkeit haben, überhaupt tätig sein zu können, zu arbeiten wie andere auch und sich so als "normale/r" Arbeiter/in zu fühlen. Die gemeinsame Arbeit an einem Gebäude mit Arbeitern anderer Firmen, den Profis, ist - wenn auch noch in bescheidenem Umfang - ein Stück gesellschaftliche Integration.

Der wahrscheinlich wichtigste Effekt der Beteiligung der IJB an der Sanierung ist gruppendynamischer Natur: In einem relativ kleinen, überschaubaren Brennpunkt wie der Margaretenhütte waren viele Jugendliche in den Sanierungsprozeß eingebunden, nicht nur über die IJB, sondern auch über andere an der Sanierung beteiligte Firmen. Danach konnte in den Freundesgruppen (peer-groups) der Jugendlichen eine bedeutsame Veränderung beobachtet werden: Nicht mehr die Arbeitslosigkeit war der Regelfall, sondern "Arbeit haben und arbeiten gehen" war nun für die Mehrzahl der Jugendlichen der Alltag. Vorher war es umgekehrt: "Rumhängen", Leerlauf, Langeweile und Öde bestimmten den Alltag. Der Wert der Arbeit, der sich für die Jugendlichen darin bestimmt, Geld und eine Anlaufstelle zu haben mit der damit verbundenen gesellschaftlichen Anerkennung wird nun - oft zum ersten Mal - erfahrbar und damit leichter erkannt und akzeptiert. Die Freunde ohne Beschäftigung hatten es in dieser Konstellation sehr schwer: Es gab niemand mehr, mit dem man noch ohne größere Widerstände eine Nachttour durchziehen konnte. Der Fachanleiter bestätigte: "Die Jugendlichen hatten das Gefühl, daß etwas geschieht in ihrer Siedlung und auch mit ihnen.

Die Identifikation mit der eigenen Arbeit ermöglicht eine höhere Zufriedenheit und Leistungsmotivation. Allerdings werden - wenn die Jugendlichen nicht selbst in den zu sanierenden Gebäuden wohnen und deshalb das persönliche Interesse an der Verbesserung der eigenen Wohnsituation entfällt - die überwiegenden "Dreckarbeiten" schnell langweilig und führen schließlich zu einer Demotivierung. Besser wäre es, wenn die Leute ein Endprodukt schaffen, eben nicht nur Tapeten abreißen, sondern sie auch wieder drankleben könnten." Sein Votum mit Blick auf die Schwierigkeiten bei der Zusammenarbeit mit der Wohnungsbaugesellschaft: "Ein Vertrag über Art und Umfang der Arbeiten darf keine Unklarheiten offenlassen. Das bedeutet auch, sich nicht auf mündliche Absprachen zu verlassen, sondern Bautagebücher zu führen".

Ein weiteres grundsätzliches Problem war der zeitliche Druck, unter dem der Auftrag abgewickelt werden mußte. Es blieb zu wenig Raum, um auf die Bedürfnisse der Jugendlichen einzugehen, mit ihnen aktuelle Probleme zu besprechen und sie immer wieder für die Bewältigung des Arbeitsalltags zu motivieren. Unter ganz "normalen" ökonomischen und zeitlichen Wettbewerbsbedingungen können soziale und pädagogische Kriterien, die für solche Beschäftigungsinitiativen unabdingbar sind, nicht in dem gebotenen Ausmaß beachtet werden.

Beteiligung an der Sanierung im Brennpunkt Gummiinsel

Die Sanierungsarbeiten im Brennpunkt Gummiinsel begannen im Februar 1989. Der Auftrag für die IJB bestand auch hier in der vollständigen Entrümpelung und Entkernung eines Wohnblocks mit zwölf Wohnungen einschließlich Dachboden und Keller. Dieses Mal arbeiteten keine anderen Firmen gleichzeitig in diesem Block. Die Abfuhr des anfallenden Bauschutts bzw. des Sperrmülls besorgte die IJB teilweise mit dem eigenen Lkw, teilweise wurden Containerdienste in Anspruch genommen. Zuvor wurde der Müll sortiert, Brauchbares und Wiederverwertbares, wie Metallschrott und Holzlatten, gelagert. Nach rund vier Wochen konnten die Arbeiten - mit Ausnahme von zwei Wohnungen, die zu diesem Zeitpunkt noch bewohnt waren - beendet werden.

Bei dieser Sanierung kam es des öfteren zu einer Überbesetzung der Baustelle. Wenn Jugendliche aber "herumstehen", weil keine Arbeit für sie da ist, verlieren sie sehr schnell die Motivation. Arbeiten, die zwar auch wichtig sind - wie saubermachen, aufräumen etc. - wurden von den Jugendlichen als willkürliche Beschäftigungsmaßnahmen empfunden und oft völlig abgelehnt. Daß gleichzeitig noch Mieter im Block wohnten, während die Baumaßnahmen begannen, erwies sich als besonders problematisch. Die Jugendlichen fühlten sich beobachtet und wurden abgelenkt. Dennoch kann auch bei diesem Projekt ein insgesamt positives Resümee gezogen werden: Die Ergebnisse der eigenen Arbeit zu sehen, die eigene Leistungsfähigkeit und das Gefühl, "etwas geschafft zu haben", erwiesen sich für die Jugendlichen als wichtige Voraussetzung, um notwendiges Selbstvertrauen zu schaffen.

Für die fachliche Betreuung und Anleitung konnte ein gelernter Maler und Tapezierer gewonnen werden, der über langjährige Erfahrungen im Bau- bzw. Restaurationsbereich verfügt. Während der Sanierungsarbeiten entstand eine Gruppe von drei bis vier Jugendlichen, die den Baubereich zu ihrem Arbeitsschwerpunkt wählten. Neben den typischen Baunebenarbeiten - Entkernung, Entrümpelung etc. - erledigt diese Gruppe in geringem Umfang auch Wohnungsrenovierungen bei Sozialhilfeeempfängern in den Brennpunkten sowie einzelne Aufträge für Kirchengemeinden. Zwei Jugendliche aus dieser Gruppe konnten sogar zu einer überbetrieblichen Ausbildung zum Maler und Lackierer motiviert werden.

Als nachteilig stellte sich heraus, wenn der Anleiter alleine zu viele Jugendliche zu betreuen hatte. Zeitweise waren es sieben bis acht Jugendliche; da kamen nach seiner Erfahrung "einige zu kurz ... insbesondere wenn ... die Jungs ihre Aggressionen ablassen, sich mal richtig austoben wollen". Viel Unruhe kam von den Anwohnern, die oft zuschauten, die Arbeit kommentierten und die Jugendlichen in Gespräche und Diskussionen verwikkelten, d. h. "sie eigentlich von der Arbeit abhielten". Auch in diesem Brennpunkt hatten die Jugendlichen durch die Mitarbeit im eigenen Wohnumfeld registriert, daß sich ihre Wohnbedingungen positiv verändert haben.

Arbeiten im Bereich Wohnumfeldverbesserung

Die Gestaltung der Außenanlagen und die Verbesserung der Aussstattung der Gemeinschaftszentren in allen drei Brennpunkten gehörten von Beginn an zu den Auftragsarbeiten der IJB: In der Margaretenhütte und am Eulenkopf wurden Beete angelegt, Bäume und Sträucher gesetzt, eine Terrasse gebaut, Holzzäune errichtet und Fassaden begrünt. Auf der Gummiinsel wurden drei Vorgärten völlig neu gestaltet. In der Holzwerkstatt wurde eine Hundehütte entworfen und hergestellt. Alle Holzteile, die für die Vorgartengestaltung benötigt wurden, entstanden in der Holzwerkstatt, auch die Sitzgelegenheiten und Tische für die Außenanlagen auf der Margartenhütte, die von den Bewohnern gut angenommen wurden. Darüber hinaus produzierte die IJB auch Spielgeräte und Spielzeug (Holzpuzzles) für die Kindergärten. In der Metallwerkstatt der IJB entstanden Aschenbecher für die Eingänge im neuen Gemeinschaftszentrum Gießen-West. Für ein Bewohnerfest auf der Margaretenhütte kreierte ein Jugendlicher den "Schrottlerpokal".

Doch nicht nur diese Beispiele zeigen, daß der IJB eine wichtige Rolle bei der Verbesserung der Lebensbedingungen in den Brennpunkten zukommt. Inzwischen bietet die IJB in Zusammenarbeit mit den Gemeinwesenprojekten auch regelmäßige Sperrmüllaktionen in den Brennpunkten an, die zu einem "ordentlichen" Äußeren beitragen.

Flankierende Maßnahmen

Externe Kurse, beispielsweise zur fachgerechten Bedienung von Holzbearbeitungsmaschinen oder zum Erwerb des Staplerführerscheins, sollen die inhaltlichen Angebote der IJB ergänzen und zu einer umfassenderen Qualifizierung beitragen. Ferner bedarf es intensiver persönlicher Betreuung, um die Jugendlichen darin zu unterstützen, ihren bisherigen Alltag mit den Anforderungen eines Arbeitsalltags allmählich in Einklang zu bringen.

Spezifische Qualifikationsmaßnahmen der IJB

Schrittweise werden die Jugendlichen mit der Bedeutung von Bescheinigungen vertraut gemacht, Diese "Scheinkultur" beginnt mit einer Brandschutzübung und der Ausbildung in Erster Hilfe, Kurse, die für die Jugendlichen in der IJB obligatorisch sind.

Der wertvollste "Schein", den man mit Unterstützung der IJB erwerben kann, ist der Führerschein Klasse III. Die Motivation der Jugendlichen, den Führerschein zu machen, ist hoch. Oft gelingt es erstmals hierüber, sie überhaupt zum Lernen zu motivieren. Denn der Erwerb des Führerscheins und die Aussicht, ein Auto zu fahren, bedeuten soziale Anerkennung, gleichberechtigte Teilnahme an der mobilen Gesellschaft und somit Integration. Daß der Führerschein nicht "vom Himmel fällt", sondern mit viel Mühe und Geduld erarbeitet werden muß, bedarf dennoch der ständigen Erklärung. Im Zusammenhang mit dem theoretischen Teil der Fahrschule lernen die Jugendlichen ihr Lesevermögen zu verbessern. Einige konnten bisher sogar zum Besuch von Lese- und Schreibkursen an der Volkshochschule Gießen bewegt werden. Sind die Fähigkeiten zu lesen zu stark beeinträchtigt, wird auf eine mündliche Theorieprüfung hingearbeitet.

Der Führerschein - ist er einmal geschafft - eröffnet nicht nur Beschäftigungsmöglichkeiten als Fahrer bei der IJB oder als "normaler" Berufskraftfahrer. Er ist zudem vorzeigbares Ergebnis der eigenen Bemühungen und im Leben der Beschäftigten auch oft die erste bestandene Prüfung überhaupt. Diejenigen, die den Führerschein in der Tasche haben, sind zugleich Vorbilder, an denen sich die anderen Jugendlichen orientieren. Das schafft zusätzliche Motivation und weckt auch das Interesse an weiterführendem Lernen: Naheliegend ist entweder das Nachholen des Hauptschulabschlußes (in der Volkshochschule) oder auch, daß die Jugendlichen doch noch eine Berufsausbildung beginnen, für die sie sich oft schon zu alt gehalten haben.

Umgang mit Geld

Der planvolle Umgang mit dem selbstverdienten Geld, wie etwa das Führen eines Girokontos und die finanzielle Einteilung, sind ebenfalls wichtige Lebenshilfen, die während der beruflichen Qualifizierung vermittelt werden müssen. Dazu gehört auch Schuldnerberatung und Schuldenregulierung. Eine gute Voraussetzung für diese Maßnahme, deren Ziel die völlige Entschuldung der Betroffenen ist, stellt die tarifgerechte Entlohnung dar. Die notwendige persönliche Hilfestellung muß oft länger als die gegenwärtige Beschäftigungsdauer bei der IJB von höchstens achtzehn Monaten gewährt werden.

Allgemeine Beratung und Betreuung

Beratung und Hilfe in besonderen Lebenslagen sind ebenfalls unverzichtbare Bestandteile der flankierenden Betreuung, z.B. bei privaten Problemen, die oft so drängend sind, daß die Jugendlichen ihre Arbeit vernachlässigen, oder Unterstützung bei Ärger mit Behörden und Gerichten. Auch für Jugendliche, die die IJB bereits verlassen haben, bleibt die Initiative häufig eine wichtige Anlaufstelle. Sie hilft den Betroffenen, den Anforderungen des Arbeitslebens weiterhin standzuhalten.

Fazit

Die zunächst offene Frage, ob sich mit der Sanierung Maßnahmen für bessere berufliche Perspektiven der Bewohner sozialer Brennpunkte verbinden lassen, kann aufgrund der Erfahrungen der IJB bejaht werden. Unter der Bedingung, daß die betreuten Jugendlichen und jungen Erwachsenen mit ihren Fähigkeiten und Problemen ernst genommen, d. h. gezielt gefördert und unterstützt wurden, ist es gelungen, sie aus einer scheinbar hoffnungslosen Situation herauszuführen. Zu den Erfolgen der IJB zählt nicht nur die Unabhängigkeit von der Sozialhilfe für den größten Teil der bisher 51 Beschäftigten, sondern auch die Vermittlung in den "Ersten Arbeitsmarkt", in Ausbildung oder Umschulung. Insgesamt 20 Jugendliche, also der größte Teil derjenigen, die bei der IJB beschäftigt waren, haben inzwischen eine Arbeitsstelle (als Fahrer, Bauhelfer, Produktionshelfer) gefunden oder befinden sich in Ausbildung bzw. Umschulung (zum Maler- und Lackierer oder Zimmermann). Eine Bilanz, die sich sehen lassen kann! Es darf aber nicht übersehen werden, daß manche noch auf eine Arbeitsstelle warten müssen und manche sich aus unterschiedlichen Gründen nicht entschließen konnten, die berufliche Tätigkeit fortzusetzen.

Die Anforderungen, die an die jungen Beschäftigten gestellt werden, sind enorm. In gleichem Maß gilt das aber auch für das Personal, insbesondere für die Anleiterinnen und Anleiter der IJB. Nicht allein ihre Kenntnisse und

Fähigkeiten, sondern auch ein überdurchschnittliches Maß an Einfühlungsvermögen sind für eine erfolgreiche Arbeit sehr bedeutende Faktoren. Weiter- und Fortbildung aller Mitarbeiter sind daher unverzichtbare Bestandteile jeder Arbeit im sozialen Bereich, ganz besonders aber in den Beschäftigungsinitiativen. Unverzichtbar ist ferner eine intensive Anleitung. Sie aber kann nur gewährleistet werden, wenn Anleiter mit kleinen Gruppen arbeiten können. Zahlenmäßige Verhältnisse von Anleiter und Beschäftigten beispielsweise von 1:10 oder sogar 1:15, heute leider keine Seltenheit, sind oft die Ursache für den Mißerfolg in solchen Projekten, der damit geradezu vorprogrammiert ist. Denn sie lassen ausschließlich die Beschäftigung der jungen Menschen zu, nicht aber ihre Qualifizierung.

Die IJB aber will mehr als nur beschäftigen. Daher braucht sie Aufträge, in deren Rahmen eine Qualifizierung der Jugendlichen möglich ist. Das jedoch erfordert zusätzliche Fachanleiterkapazitäten und oft längere Fristen für die Ausführung bestimmter Aufträge. Für die Zukunft wurden mit der städtischen Wohnbau eine intensive Zusammenarbeit und eine weitere Beteiligung bei der Sanierung in den sozialen Brennpunkten vereinbart.

Literatur

Arbeitsgemeinschaft Läufertsröderweg: Jahresberichte. Gießen 1985 - 1988

Initiative für Jugendberufsbildung der sozialen Brennpunkte in Gießen e. V.: Jahresbericht. Gießen 1986

Initiativgruppe Eulenkopf e. V.: Jahresberichte. Gießen 1985 - 1988

Projektgruppe Margaretenhütte e. V.: Die Siedlung am Rande der Stadt. Gießen 1985

Projektgruppe Margaretenhütte e. V.: Jahresberichte. Gießen 1985 - 1988

Thies, Reinhard: Bewohnerbeteiligung und Gemeinwesenarbeit bei der Sanierung von Obdachlosenunterkünften. Diplomarbeit. Wettenberg 1988

Thies, Reinhard: Mietermodernisierung, organisierte Gruppenselbsthilfe und Beschäftigungsprogramme für arbeitslose Jugendliche und Sozialhilfeempfänger im Rahmen der Sanieurng der Brennpunkte in Gießen. Gießen 1986 (unveröffentlicht)

Verein für Psychosoziale Therapie Gießen e. V. (Hrsg.): Endbericht zur wissenschaftlichen Begleituntersuchung zu den Sanierungsmaßnahmen in den Gießener sozialen Brennpunkten. Gießen 1988 (unveröffentlicht)

Werner Schüle / Mine Donath

Wohn- und Arbeitsmöglichkeiten für alleinstehende Wohnungslose

Neue Wege eines freien Trägers

Alternativen zur Nichtseßhaftenhilfe

Die Ambulante Hilfe e.V. ist einer der in Stuttgart für alleinstehende Wohnungslose tätigen Vereine. Sie ist vor zehn Jahren angetreten, die Isolation und die Überversorgung der in stationären Einrichtungen lebenden Wohnungslosen, sogenannten Nichtseßhaften, abzubauen. Wir haben darauf gesetzt, die Selbsthilfekräfte der in Armut Lebenden zu erhalten und zu aktivieren. Wir waren - und sind - der Meinung, daß Heime, Asyle, stationäre Einrichtungen ausgliedern, die Ausgegliederten in ihrer Situation festhalten, eine Ghetto-Situation herbeiführen.

Der Verein "Ambulante Hilfe" besteht im wesentlichen aus den derzeitigen bzw. ehemaligen Mitarbeitern und Mitarbeiterinnen. 1987/88 waren dies zwölf Sozialarbeiter und Sozialarbeiterinnen, fünf Zivildienstleistende, eine Verwaltungsangestellte und ein Maurerpolier. Diese Mitarbeiter regeln und entscheiden in der wöchentlichen Teamsitzung alle Fragen und Projekte des Vereins. Auch die Aufgaben der Geschäftsführung und des Vereinsvorstandes (mit Ausnahme des Ersten Vorsitzenden, der ehrenamtlich tätig ist) werden von den Mitarbeitern im turnusmäßigen Wechsel wahrgenommen. Durch die Einheit von Mitarbeitern und Vereinsmitgliedern mit gleichen Mitbestimmungsrechten wird eine hohe Identität und Eigenverantwortung aller Mitarbeiter gewährleistet.

Die Zielgruppe

Zielgruppe unserer Arbeit sind die "alleinstehenden Wohnungslosen", die im Gesetz als "Personen mit besonderen sozialen Schwierigkeiten", kurz "Nichtseßhafte", bezeichnet werden. In Stuttgart zählen dazu im Durchschnitt ständig etwa 80 Personen im Übernachtungsheim, 70 Personen in Gasthöfen, 80 Personen in Notwohnungen, 180 Personen in Wohngemeinschaften (in Trägerschaft der Wohlfahrtsverbände), 1 000 Personen, die in Wohnheimen befristet untergebracht sind, und 300 - 400 Personen im Freien, die also ohne jedes Obdach leben.

Die Zielsetzung

In der Fachberatungsstelle des Vereins werden laufend etwa 200 Personen beraten und betreut, manchmal nur wenige Monate, oft auch jahrelang. Wir sehen es als unsere wichtigste Aufgabe an, die Klienten umfassend über die ihnen gesetzlich zustehenden Hilfen zu informieren und sie dabei zu unterstützen, diese Möglichkeiten auch in Anspruch zu nehmen.

Vorrangig ist dabei die Suche nach Wohnraum und Arbeitsplätzen. Weiter geht es oftmals um die Erschließung medizinischer und therapeutischer Hilfen und um die Unterstützung bei der Überwindung persönlicher und sozialer Probleme. Die Ambulante Hilfe e.V. will grundsätzlich weder neue Sondereinrichtungen schaffen noch vollstationäre Unterbringung in Heimen anbieten. Ihre Perspektive ist es vielmehr, durch ambulante Beratung eine ausreichende Versorgung der Klienten zu erreichen. Die Suche einer eigenen Wohnung (nicht nur einer Unterkunft) und die Maßnahmen zur Sicherung einer menschenwürdigen Existenz (materielle Hilfen, Einkommen) werden von den Klienten selbstbestimmt. Es bedarf hierbei der Aktivierung ihrer eigenen Kräfte und der Unterstützung durch unseren professionellen Einsatz. Diese Arbeit wird jedoch durch die katastrophale Situation auf dem Wohnungsmarkt in Stuttgart und durch das Fehlen von Arbeitsplätzen stark behindert.

Die Wohnungsnot in Stuttgart

Wie im gesamten Bundesgebiet und insbesondere in den Ballungszentren hat sich die Wohnungsbaupolitik in den vergangenen fünf Jahren auch in Stuttgart so ausgewirkt, daß immer weniger Neubauwohnungen und damit auch Mietwohnungen entstanden sind; von 1970 - 1985 ist die Zahl der jährlich neu errichteten Wohneinheiten von 4 500 auf 2 500 gesunken. Dazu kommt, daß guter, teilweise älterer und deshalb preisgünstigerer Wohnraum - insbesondere im Innenstadtbereich - zugunsten der Umnutzung in Büroräume weggefallen ist.

Durch Sanierung und Modernisierung entstehen teurere Wohnungen. Durch Abriß gehen preisgünstige Altbauwohnungen verloren. Der Soziale Mietwohnungsneubau in Stuttgart ist von 1 336 Wohneinheiten im Jahre 1974 auf noch 586 Wohneinheiten im Jahre 1982 gesunken. 1987 schließlich sind in ganz Baden-Württemberg gerade noch 200 öffentlich geförderte Mietwohneinheiten, fast ausschließlich Altenwohnungen in Sanierungsgebieten, erstellt worden. Auf der Nachfrageseite gibt es immer mehr gutsituierte Ein-Personen-Haushalte, die sich auf dem Wohnungsmarkt gegenüber unseren Klienten als Mitbewerber durchsetzen. Bei Mieten von bis zu 20 DM/m^2 für einfachen Wohnraum stellt auch das Wohngeld keine geeignete Hilfe mehr dar. So kam es, daß in den letzten Jahren eine neue Wohnungsnot entstanden ist, die sich am augenfälligsten in der sogenannten Notfallkartei der Stadt

Stuttgart zeigt. Diese enthält derzeit zwischen 4 000 und 4 500 Wohnungssuchende, die aufgrund strenger Kriterien als Notfälle registriert sind. Dazu kommen hunderte von Einzelpersonen oder Familien, die für kürzere oder längere Zeit in Hotelzimmern hausen müssen und für die die Stadt jährlich über sieben Millionen DM ausgibt. Diese schon seit vielen Jahren zu beobachtende Entwicklung verschärft sich derzeit sehr deutlich, so daß eine erfolgreiche Wohnungssuche für unsere Klienten weder auf dem freien noch auf dem Teilmarkt der öffentlich geförderten oder kommunalen Wohnungen gelingt.

Was diese Aussichtslosigkeit für die Betroffenen bedeutet, kann jeder von uns nur ahnen. Letztendlich ergibt ambulante Beratung von wohnungslosen Menschen nur dann Sinn, wenn in einem absehbaren Zeitraum auch Aussicht auf eine Wohnung besteht. Beratung ohne Aussicht auf Behebung der Wohnungsnot ist ja nicht nur für den Wohnungslosen frustrierend, sondern auch für den Sozialarbeiter oder die Sozialarbeiterin. Schließlich sind auch wir in unserer Arbeit auf Erfolge angewiesen. Die Gefahr ist außerdem schnell gegeben, daß - wenn schon keine Wohnungen vorhanden sind - bestimmte Verhaltensweisen des Wohnungslosen, die sich erst durch das Fehlen einer Wohnung entwickeln bzw. verstärken, therapeutisch angegangen werden. Wir haben deshalb nach Möglichkeiten gesucht, wie der Verein Ambulante Hilfe e.V. selbst Wohnraum schaffen und dies mit der Einrichtung von Arbeitsplätzen verbinden kann.

Der "Bauhof" - Umbau und Sanierung eines Gewerbegebäudes

Der "Bauhof", ein altes ehemals gewerblich genutztes Gebäude, wurde 1980 vom Verein Ambulante Hilfe e.V. gekauft. Es befand sich in einem desolaten, heruntergekommenen Zustand, stand bereits seit längerer Zeit leer und war nur teilweise bewohnbar. Zuletzt hatten die ehemaligen Gewerbe- und Büro- bzw. Wohnräume einer Baufirma als Gastarbeiterunterkünfte gedient.

Die Ambulante Hilfe e.V. hatte die Absicht, in diesem Haus sowohl Wohnmöglichkeiten, als auch Arbeitsplätze für Klienten einzurichten. Der Grundgedanke war, daß das Haus von den Klienten, bei Anstellung durch die Ambulante Hilfe e.V., umgebaut und saniert werden sollte. Es eignete sich für etwa 28 Ein-Zimmer-Wohneinheiten sowie für einige Werkstatträume.

Die ursprüngliche Absicht der Ambulanten Hilfe e.V., in dem alten Gebäude abgeschlossene Ein-Zimmer-Wohnungen zu schaffen, zerschlug sich. Zum einen ergaben sich durch Bausubstanz und Grundrißzuschnitte erhebliche technische Probleme. Zum anderen wären die Kosten weit über den Förderrahmen des Sozialen Wohnungsbaus hinausgegangen, so daß es aussichtslos erschien, die erforderlichen Zuschüsse zu bekommen.

Eine Möglichkeit, das Gebäude dennoch zu erhalten und Wohnraum zu schaffen, sah der Verein schließlich darin, eine "teilstationäre Einrichtung" für alleinstehende Obdachlose einzurichten. Hierfür gab es realistische Aussichten auf die notwendigen finanziellen Mittel vom Sozialministerium Baden-Württemberg für Investitionen im Bereich der Gefährdetenhilfe. Das Wohnen in dieser teilstationären Einrichtung sollte jedoch weitestgehend dem individuellen Wohnen in "normalen" Wohnungen entsprechen, d.h. es wurden kleine, abgeschlossene Ein-Zimmer-Appartements mit Kochmöglichkeit, jedoch gemeinsame sanitäre Einrichtungen geplant.

Infolge der sich von 1980 - 1986 hinziehenden Verhandlungen über die Finanzierung dieser Sanierungs- und Umbaumaßnahme, konnten nur erste unumgängliche Schritte einer Renovierung eingeleitet werden (Auswechslung der Heizanlage, Sanierung der Duschräume und Auswechslung der Fenster). Dazu wurden in den Jahren 1985 - 1988 vier bis sieben Arbeitsplätze als Arbeitsbeschaffungsmaßnahmen eingerichtet. So konnten insgesamt etwa 20 Personen eine zeitlich befristete nach Tarif bezahlte Arbeit finden. Sie waren zwischen zwei Monaten und drei Jahren beschäftigt, zunächst im Hause, später beim nachfolgend geschilderten Neubau. Darüber hinaus wurden dem "Arbeitsprojekt Bauhof" auch Bauarbeiten für andere gemeinnützige Einrichtungen übertragen (z. B. ein Kindergartengebäude, ein Wohn- und Kommunikationsprojekt und anderes).

Nachdem im Jahre 1988 die ersten staatlichen Förderungsmittel für die Gesamtsanierung des Gebäudes genehmigt wurden, konnte im Herbst dieses Jahres mit dem Umbau und der grundlegenden Sanierung begonnen werden.

Der Bauhof. Wohnraum- und Arbeitsbeschaffung durch Umbau eines alten Gewerbegebäudes

Da die Mittel jedoch nur in relativ kleinen Raten bereitgestellt werden, müssen auch die Bauabschnitte entsprechend gegliedert werden. Der erste Abschnitt umfaßt so nur einen Betrag von etwa 15 % der Gesamtkosten. Dafür können sechs Wohnräume komplett neu eingerichtet bzw. saniert werden. Im Jahre 1989 wird dies mit dem zweiten Bauabschnitt fortgesetzt.

Die Bewohner unseres "Bauhofes" erhalten zwar keinen Mietvertrag, der ihnen gesichertes Wohnen unbefristet ermöglicht, jedoch entspricht die mit ihnen abgeschlossene Vereinbarung inhaltlich im wesentlichen dem geltenden Mietrecht. Das heißt, der individuelle Wohnraum ist ihnen mit allen Rechten und Pflichten eines Mieters überlassen, mit eigenem Schlüssel und Briefkasten. Der Mietpreis richtet sich nach dem Mietspiegel. Da es sich um eine teilstationäre Einrichtung handelt, ist jedoch auch die soziale Betreuung durch die Ambulante Hilfe e.V. Teil der Vereinbarung. Diese gilt aufgrund der rechtlichen Vorgaben (§ 72 BSHG, Richtlinien des Landeswohlfahrtsverbandes und Pflegesatzvereinbarung) für teilstationäre Einrichtungen grundsätzlich bis zu 18 Monaten. Je nach der individuellen persönlichen Situation und nach Maßgabe der schwierigen Lage auf dem Wohnungsmarkt in Stuttgart ist eine Verlängerung möglich.

In den Jahren 1987 und 1988 sind 24 Personen aus dem Haus ausgezogen, davon

- in Wohnungen	11 Personen
- in Fürsorgeunterkünfte der Stadt	3 Personen
- in andere Einrichtungen	2 Personen
- im Gasthof untergebracht	2 Personen
- verstorben	1 Person
- wieder ohne Wohnung auf eigenen Wunsch	5 Personen.

Da es sich im "Bauhof" leider um kein dauerhaftes und unbefristetes Wohnen handelt, hat die Ambulante Hilfe e.V. noch andere Projekte in Angriff genommen, die nachfolgend geschildert werden.

Ausbau des Wohngebäudes Stuttgart Feuerbach

Beim Kauf des "Bauhofes" stand auf demselben Grundstück noch ein stark verwitterter Rohbau. Den Bau abzureißen und neu zu bauen, war nach dem inzwischen geltenden Bebauungsplan nicht möglich. Es mußte deshalb sehr mühsam ein Um- und Ausbau vorgenommen werden, der letztendlich auf einen Neubau hinauslief. Die bauliche Konzeption wurde von der Absicht bestimmt, das Gebäude zur Gewinnung von Wohnraum optimal auszunutzen (drei Geschosse mit insgesamt sechs Wohneinheiten, davon vier mit 13 m^2 und zwei mit 18,5 m^2).

Der Kampf um die Genehmigung des Baugesuchs (Einsprüche der Nachbarn) und um die Finanzierung im Rahmen des Sozialen Wohnungsbaus zog sich ebenfalls über Jahre hin. Schließlich erteilte das Regierungspräsidium im März 1985 eine Ausnahmegenehmigung, da die Räume kleiner sind als im Sozialen Wohnungsbau vorgeschrieben und die Baukosten über der zulässigen Höhe lagen. Zusätzlich zu den Mitteln, die vom Land Baden-Württemberg und von der Stadt Stuttgart flossen, erhielten wir vom Diakonischen Werk der Evangelischen Kirche Deutschland über die Aktion Sorgenkind unsere für die Einrichtung notwendigen Eigenmittel.

Eine Planung mit den späteren Bewohnern war aus zeitlichen Gründen nicht möglich, da die Realisierung des Projektes insgesamt sieben Jahre in Anspruch nahm.

Das Bauvorhaben ermöglichte indessen für die im "Arbeitsprojekt Bauhof" beschäftigten Arbeiter die Finanzierung der Arbeitsbeschaffung um weitere drei Jahre. Bei den Beschäftigten handelte es sich nicht ausschließlich um alleinstehende Wohnungslose, sondern auch um Dauerarbeitslose. So erhielten während der Bauzeit neun, meist über fünfzigjährige Männer eine Arbeitsmöglichkeit. Als technischer Leiter des Arbeitsprojektes war ein Maurer angestellt. Auf diese Weise war kompetente Anleitung auf dem Bau und somit eine Qualifizierung der Arbeiter möglich. Dadurch fanden drei der Beschäftigten nach der Tätigkeit in unserem Arbeitsprojekt wieder Dauerarbeitsstellen. Drei gingen in Rente und drei haben wegen Krankheit keine feste Arbeitsstelle mehr gefunden. Zwei der im Arbeitsprojekt Beschäftigten sind in das Haus eingezogen, die anderen hatten bereits Wohnraum.

Die Belegung der Wohnungen muß aufgrund der öffentlichen Förderung in Abstimmung mit dem Amt für Wohnungswesen erfolgen, das heißt, daß von den Bewohnern weitestgehend die Kriterien für die Aufnahme in die Notfallkartei der Stadt erfüllt sein müssen (ein Kriterium von vielen ist z.B. der dreijährige durchgängige Aufenthalt in Stuttgart). Die Mieter erhalten von uns reguläre Mietverträge; es handelt sich also um Dauermietverhältnisse. Das ist durchaus in diesem Bereich der Sozialarbeit nicht selbstverständlich. So gibt es freie Träger, die angemietete Wohnungen nur dann an ihre Klienten weitervermieten, wenn diese einen Betreuungsvertrag unterschreiben. Wir lehnen dieses Vorgehen ab, da es einer Erpressung gleichkommt und eine Zwangsbetreuung darstellt. Die Mieter können unsere Beratung beanspruchen, solange sie es für notwendig halten. Ansonsten gelten für die Bewohner die gesetzlichen Mietregelungen.

Wir möchten hier auf einige Schwierigkeiten eingehen, die sich aus der baulichen Situation und der Lage des Hauses ergeben. Wir haben zwar auf einen sehr guten Baustandard Wert gelegt, aber Reibereien zwischen den

Bewohnern bleiben nicht aus, da es pro Stockwerk nur eine Toilette gibt, ein großer Duschraum muß gemeinsam benutzt werden.

Das Haus steht unmittelbar neben unserer teilstationären Einrichtung mit 28 Bewohnern. Das bedeutet, daß auf einem relativ kleinen Gebiet konzentriert Menschen mit besonderen sozialen Schwierigkeiten leben. Die Adresse der teilstationären Einrichtung hat ein "Gschmäckle". Nachdem der Zugang zu dem neuen Haus aber von einer anderen Straße aus möglich war, konnten wir eine andere Anschrift durchsetzen.

Neubau Haus Villastraße

Dieses Wohnbauprojekt ist sowohl aus unserer als auch aus der Sicht der Bewohner besonders gelungen, da sehr gute Wohnbedingungen erreicht werden konnten.

Das Haus wurde zusammen mit einer gemeinnützigen Wohnungsbaugesellschaft geplant und gebaut. Es umfaßt dreizehn Wohnungen, von denen fünf der Ambulanten Hilfe e.V. gehören (drei Ein-Zimmer-Appartments, eine Zwei-Zimmer- und eine Drei-Zimmer-Wohnung). Die Stadt Stuttgart stellte das Grundstück im Erbbaurecht zur Verfügung. Die Finanzierung erfolgte im Rahmen des Sozialen Wohnungsbaus, die Eigenmittel erhielten wir wiederum vom Diakonischen Werk der Evang. Kirche Deutschland über die Glücksspirale.

Die Realisierung dieses Projektes nahm neun Jahre in Anspruch. Deshalb war es auch hier nicht möglich, die späteren Bewohner in die Planung miteinzubeziehen. Die Bauphase gestaltete sich außerdem sehr schwierig, da die erste gemeinnützige Wohnungsbaugesellschaft, die das Haus errichten sollte, Vergleich anmelden mußte und die zweite Wohnungsbaugesellschaft, die das Projekt schließlich übernahm, das Haus schnellstens fertigstellen wollte. Dieser terminliche Druck war der Hauptgrund dafür, daß an diesem Haus unser Arbeitsprojekt Bauhof bei den Ausbauarbeiten nicht mit tätig war. Gewerke hätten wegen fehlender fachlicher Voraussetzungen von unserem Arbeitsprojekt nicht selbständig übernommen werden können. Das bedeutet, es hätte einer hohen Abstimmungsbereitschaft von seiten der am Bau tätigen Firmen bedurft, um unsere Arbeiter für Hilfsarbeiten einzusetzen.

Es liegen inzwischen zweijährige Wohnerfahrungen in diesem Projekt vor, wobei es sich erfreulicherweise bisher nur um positive Erfahrungen handelt. Dies führen wir vor allem auf folgende Bedingungen zurück:

- In dem Gebäude wurde eine Zusammenballung von ehemals Wohnungslosen vermieden. Die anderen acht Wohnungen, die der gemeinnützigen Wohnungsbaugesellschaft gehören, werden direkt vom Amt für Wohnungswesen

Der Neubau Haus Villastraße, eine Alternative zur stationären Einrichtung: Sozialwohnungen, die in Zusammenarbeit mit einem Wohnungsunternehmen errichtet wurden und gemischt belegt sind

belegt. Das Haus wird dadurch von sehr unterschiedlichen Leuten bewohnt, und diese "Mischung" bekommt der Hausatmosphäre ausgesprochen gut.

- Das Haus liegt in einem normalen Wohnbaugebiet und nicht in einem sogenannten sozialen Brennpunkt. Ein großer städtischer Park sowie eine Straßenbahnhaltestelle befinden sich in unmittelbarer Nähe, das Haus steht im innerstädtischen Bereich.
- Auch bei diesem Wohnhaus erhalten die Mieter reguläre, unbefristete Mietverträge.
- Der Baustandard ist ausgezeichnet. Die Wohnungen sind großzügig zugeschnitten, helle und sonnige Balkons sind vorhanden.

Bisher sind in dem Haus Villastraße keine Konflikte entstanden - weder mit der Ambulanten Hilfe e.V. als Vermieter noch zwischen den Bewohnern des Hauses. Bisher fand auch noch kein Wechsel bei unseren Mietern statt, und diese "Wohnzufriedenheit" hat natürlich günstige Auswirkungen auf das Befinden und Verhalten der Bewohner.

Ein Fallbeispiel möchte ich zur Verdeutlichung hier anführen. Einem der Bewohner, der jahrelang im Freien, im Biwak gelebt hatte, wurde von einem städtischen Wohnheim offiziell bescheinigt - ein entsprechender Vermerk befindet sich in seiner Akte -, "wohnunfähig" zu sein. Seine Partnerin - inzwischen seine Ehefrau, früher Alkoholikerin, zwei Jahre in einem geschlossenen Heim untergebracht - und er sind einfach glücklich, zusammenleben zu können. Sie hätten über den freien Wohnungsmarkt nie eine Chance gehabt, eine Wohnung zu erhalten. Deshalb war auch bereits die Unterbringung in einem Altenheim - sozusagen als Notlösung - diskutiert worden. Das Wohnen, die Haushaltsführung stellen heute für beide jedenfalls keinerlei Probleme dar.

Weitere Vorhaben

Die Situation auf dem Wohnungsmarkt wird sich in den nächsten Jahren, zumindest in Ballungsgebieten wie Stuttgart, verschärfen, die Konkurrenz unter bestimmten Bevölkerungsgruppen im Hinblick auf preiswerten Wohnraum stark zunehmen. Wir werden deshalb auch weiterhin intensiv daran bleiben, für unsere Klienten regulären Wohnraum zu bekommen bzw. zu schaffen.

Projekt "Bauen und Wohnen"

Zur Zeit führen wir mit der Stadt Stuttgart Verhandlungen über ein Projekt "Bauen und Wohnen". Über diese Maßnahme hätten wir die Möglichkeit, unser Arbeitsprojekt mit mindestens zehn Arbeitsplätzen weiterzuführen. Es würde sich allerdings nicht mehr um Arbeitsbeschaffungsmaßnahmen, sondern um versicherungspflichtige Arbeitsplätze nach dem Bundessozialhilfegesetz handeln. Die Aufträge kämen in erster Linie von der Stadt. Es würde sich um die Renovierung bzw. Sanierung alter Häuser (auch gewerblicher) handeln, die z. T. jetzt leerstehen. Nach der Konzeption der Ambulanten Hilfe e.V. soll mit diesem Projekt zweierlei erreicht werden: "Ziel des Projektes ist es, für Personen mit besonderen sozialen Schwierigkeiten und für Langzeitarbeitslose Dauerarbeitsplätze im handwerklich technischen Bereich zu schaffen. Dadurch sollen Möglichkeiten zur beruflichen Qualifikation um weitere Varianten erweitert und höhere Rückführungsquoten auf den ersten Arbeitsmarkt erreicht werden.

Darüber hinaus ist es auch Ziel des Projektes, durch Sanierung/Renovierung Wohnraum mit einem einfachen Wohn-Standard zu schaffen und zu erhalten, der Personenkreisen zur Verfügung gestellt wird, welche über den normalen Wohnungsmarkt nur unzureichend oder überhaupt nicht mit Wohnraum versorgt werden (Obdachlose, von Obdachlosigkeit bedrohte Personen, Alleinerziehende mit Kindern, Studenten ...)".

Das Projekt "Bauen und Wohnen" wurde von der Ambulanten Hilfe e.V. inzwischen realisiert und am 1. Mai 1989 an das Sozialunternehmen "Neue Arbeit GmbH" übergeben, deren Mitgesellschafterin wir sind. An ihm sind zehn Arbeiter mit unbefristeten Arbeitsverträgen und tariflicher Bezahlung (es handelt sich um Arbeitsplätze nach dem Bundessozialhilfegesetz) beteiligt, ebenso wie ein Arbeitsanleiter und ein Bauingenieur und Zivildienstleistende.

Ankauf von Gewerberäumen

Die Ambulante Hilfe e.V. wird versuchen, von Privat angebotene Häuser und Gewerberäume aufzukaufen, um sie dann im Rahmen des Projektes "Bauen und Wohnen" sanieren zu lassen (Finanzierung ist noch zu klären). Bislang haben wir noch keine Erfolge erzielen können, da nach wie vor die Finanzierungsfrage offen ist.

Anmietung von Wohnungen

Die Ambulante Hilfe e.V. versucht auch Wohnraum anzumieten, um diesen an Klienten weiterzuvermieten. Ein Träger ist für den Vermieter risikofreier. Er kann Mietgarantien geben, wozu ein Arbeitsloser nicht in der Lage wäre. Ziel bleibt für uns aber auch hier, daß nach einer gewissen Zeit ein Mietverhältnis zwischen Vermieter und Bewohner entsteht.

Schlußbemerkungen

Wir halten es für äußerst wichtig, daß freie Träger der Wohlfahrtspflege, die mit der Wohnungsnot von Hilfesuchenden konfrontiert sind, Wege suchen, um preiswerten Wohnraum zu schaffen und dabei eher auf die weitere Errichtung von stationären und teilstationären Einrichtungen verzichten. Hier müssen sich die Spitzenverbände bundesweit massiv für eine Umschichtung der Geldmittel der öffentlichen Hand einsetzen. Darlehen und Zuschüsse, die bisher zur Finanzierung stationärer und teilstationärer Einrichtungen verwendet wurden, müssen zugunsten von Wohnungsbau bzw. Beschaffung von Wohnraum und, wo notwendig, ausreichender ambulanter Beratung eingesetzt werden.

Die Belastung, die für einen freien Träger aufgrund eigener Wohnungsbauaktivitäten entstehen, möchten wir allerdings auch nicht verschweigen. Diese Arbeit muß zusätzlich zur "eigentlichen" Arbeit, nämlich der Sozialarbeit, erfolgen. Plötzlich ist man Bauherr/Bauherrin, muß Finanzierungsverhandlungen führen, hat mehr oder weniger intensiv mit Ämtern, Architekten, Nachbarn, Firmen und Handwerkern zu tun. Die Verwaltung der Mietobjekte bleibt zum Schluß als Daueraufgabe. Unsere Erfahrungen zeigen, daß für die Errichtung und Beschaffung von Wohnungen zusätzliche personelle Kapazität zur Verfügung stehen muß.

Wir hoffen, daß wir mit unseren Ausführungen Anregungen für andere in der Sozialarbeit tätige freie Träger gegeben haben und in absehbarer Zeit zahlreiche Wohnbauprojekte für wohnungslose Menschen entstehen!

Rolf Schäfer / György Szabo

Existenzsicherung für Sinti-Familien

Selbsthilfe und Arbeitsförderung beim Neubau von Wohnungen und Gewerberäumen

Zur gesellschaftlichen Lage der Sinti

Die Sinti gehörten in Deutschland vor 1945 zu den am stärksten verfolgten, unterdrückten und benachteiligten Bevölkerungsgruppen. Nach 1945 gerieten sie in Vergessenheit bis ungefähr Mitte der 70er Jahre. Erst spektakuläre Aktivitäten, wie die Kundgebung im ehemaligen Konzentrationslager Bergen-Belsen 1979, der Hungerstreik im ehemaligen Konzentrationslager Dachau 1980 oder der Dritte Roma-Weltkongreß in Göttingen 1981, lenkten die Aufmerksamkeit einer breiten Öffentlichkeit auf das Schicksal der Sinti. Rassenverfolgung und Ausrottungsmaßnahmen wurden durch gesellschaftliche Ausgrenzung abgelöst. Kriminalisierung und Repressionen bestimmten das Leben. Ständige Polizeikontrollen und Vertreibungen erschwerten eine nomadische Lebensweise. Erzwungene Seßhaftmachung auf unwirtlichen Lagerplätzen wie neben Mülldeponien, Klärwerken und Bahndämmen sollte die behördliche Kontrolle erleichtern. Wenn solche Lagerplätze aufgelöst wurden, geschah dies weniger aus der Einsicht, an den menschenunwürdigen Verhältnissen etwas zu ändern. Kommunale und industrielle Interessen bestimmten Qualität und Tempo der Umsiedlung von "Zigeunerlagern".

Die rasche technische Entwicklung, der ökonomische Strukturwandel und die wesentlich verbesserte Versorgung der ländlichen Bevölkerung mit Konsumgütern entzogen den Sinti die schon jeher schmale Reproduktionsbasis. "Wohnprogramme" und "Integrationsmodelle" bedeuteten zumeist die gestreute Unterbringung der Sippen in städtische Schlichtbauwohnungen mitten oder in unmittelbarer Nähe von sozialen Brennpunkten. Die Einkommenssituation wurde zunehmend von der dauerhaften Sozialhilfeabhängigkeit geprägt.

Die Situation im Bundesland Bremen war nicht anders. Der desolaten sozialen Lage entsprach der Bildungsnotstand. Über 80 % der Sinti waren Analphabeten, über 60 % der Schulpflichtigen besuchten die Sonderschule (in der Gesamtbevölkerung sind dies durchschnittlich 3 %), und über 75 % waren Schulabbrecher. Nach vorliegenden Erkenntnissen liegt die Zahl der Erkrankungen 50 % über dem Bundesdurchschnitt und die Lebenserwartung der Sinti etwa 15 Jahre unterhalb des Bevölkerungsdurchschnitts.

Das Modellvorhaben "Existenzaufbau für Sinti-Familien"

Konzeption

Im Rahmen eines Forschungsvorhabens zur Wohnsituation Bremer Sinti, das im August 1981 mit dem Ziel begonnen wurde, ein Konzept zur Verbesserung der Wohnungsversorgung der Sinti in Bremen zu erarbeiten, wurden 64 % aller Bremer Sinti-Haushalte befragt. Ein zentrales Ergebnis war der ausdrückliche Wunsch der Befragten nach "Möglichkeiten zur Nutzung von wohnungsbezogenen Freiflächen für Altstofflagerung, Kleintierhaltung, Schuppen und Garagen, handwerkliche Nutzung, Gartennutzung", was im Zusammenhang steht mit dem Wunsch nach "Einheit von Wohnen und Arbeiten", und zwar - im Unterschied zum früheren Reisegewerbe - standortgebunden (vgl. Buck 1984).

Die umfassende Befragung wurde zum Ausgangspunkt einer intensiven Zusammenarbeit von Forschungsgruppe, Mitarbeitern des Bremer Sinti-Vereins und den interessierten Sinti-Familien. Es entstand das Modellvorhaben "Existenzaufbau für Sinti-Familien". Um dessen Gesamtfinanzierung sicherzustellen, wurden 1984 - neben anderen - auch Mittel aus dem Europäischen Sozialfonds und der Bundesanstalt für Arbeit (zur Beschäftigung von Sinti und langzeitarbeitslosen Nicht-Sinti) beantragt. Dabei hatte der Sinti-Verein - als Antragsteller - die Aufgaben übernommen,

- das bezuschußte Vorhaben zu organisieren,
- die Zuschüsse richtliniengemäß zu verwalten,
- Arbeitgeberfunktionen zu übernehmen,
- das Gesamtkonzept zu realisieren und dabei
- die Programminhalte mit den Kooperationspartnern abzustimmen.

Die Kooperationsinhalte erstreckten sich auf folgende Bereiche:

- Suche eines geeigneten städtischen Grundstücks, auf dem Wohnen und Arbeiten möglich war (Gewerbemischgebiet),
- gemeinsame Entwicklung der Baupläne unter Anleitung eines Architekten,
- gemeinsame Überlegungen zum Aufbau des Gewerbes und in diesem Zusammenhang die
- Entwicklung der Baupläne für den Gewerbeteil sowie die
- gemeinsamen Verhandlungen mit Ämtern und Behörden.

Die fachliche und rechtliche Aufsicht wurde einem Projektbeirat übertragen, der sich auch an der Diskussion konzeptioneller Grundfragen beteiligte. Zur Beteiligung der senatorischen Dienststellen (Senator für das Bauwesen, Senator für Arbeit, Senator für Jugend und Soziales) wurde eine ressortübergreifende Arbeitsgruppe eingerichtet. Mitte 1985 ist die Trägerschaft für das Projekt an den Verein "Modernisierungs-, Miet- und Selbsthilfeberatung, Bewohnerberatung" übergegangen.

Ziel des Vorhabens ist die Integration einer mehr oder weniger in sich zerrissenen, stark benachteiligten ethnischen Minderheit in die Gesamtgesellschaft. Bei der Umsetzung dieses Ziels in die Praxis geht es zunächst konkret um die Verringerung des sozialen Abstandes zwischen Sinti und der Mehrheit der Bevölkerung, bezogen auf die Lebensqualität im allgemeinen, Bildung, Erwerbssituation, Wohnverhältnisse und Lebensplanung im besonderen. Denn eine wichtige Ursache für Benachteiligungen ist die faktische Isolation in der Gesamtgesellschaft, die bei der Realisierung des Projektes auf verschiedenen Ebenen, wenn auch nicht gänzlich aufgehoben, so doch erheblich abgebaut werden konnte. Dies geschah durch eine konsequente Einbeziehung der Teilnehmer in die Planung, Organisation und - soweit möglich und von den Sinti gewünscht - in die Verhandlungen mit den Kooperationspartnern. Das Vorhaben bot, nicht zuletzt aufgrund seiner Komplexität, die Möglichkeit und die Notwendigkeit zur Begegnung und Zusammenarbeit zwischen Sinti und Nicht-Sinti bei:

- Öffentlichkeitsveranstaltungen,
- Motivations- und Qualifikationsmaßnahmen im Baubereich,
- Verhandlungen auf Ämtern, senatorischen Dienststellen, etc.,
- der Entwicklung von Nachbarschaftsbeziehungen,
- der Teilnahme an den Konferenzen der sozialen Dienste im Stadtteil,
- der Mitarbeit und Teilnahme an der lokalen Medienberichterstattung und
- bei spontanen Begegnungen im Projektumfeld.

In der Vielfalt der Interaktionsebenen kommt der Integrationsaspekt des Vorhabens deutlich zum Ausdruck. Aus methodologischer Sicht wird der in der Sozialarbeit viel diskutierte emanzipatorische Ansatz verfolgt, den Sinti letztlich soweit zur Selbständigkeit zu verhelfen, daß sie keinerlei sozialpädagogischer und -politischer Intervention mehr bedürfen.

Ziele und Maßnahmen

Das Ziel des Modellvorhabens war es, alle daran beteiligten Sinti-Familien beim Aufbau einer weitgehend von der Sozialhilfe unabhängigen Existenz zu unterstützen. Folgende Kriterien wurden für eine auf Existenzaufbau und-sicherung ausgerichtete Integrationspolitik formuliert:

- Hilfe zur Selbsthilfe,
- Familienorientierte Integrationshilfen,
- Maßnahmen, die den Kriterien der Dezentralisierung entsprechen, und die somit

- Wirtschaften und Gewerbeausübung in kleinen Einheiten, zunächst auf niedrigem Niveau, im Rahmen des Familienverbandes erlauben,
- stringentes Anknüpfen an die subjektiven Fähigkeiten, Möglichkeiten und Vorstellungen der Teilnehmer sowie des Familienpotentials.

Aufbau eines eigenständigen Gewerbes

Bei dem Bestreben, sich von staatlicher Unterstützung (Sozialhilfe) unabhängig zu machen, gibt es prinzipiell zwei Möglichkeiten, entweder den Aufbau eines anerkannten, eigenständigen Gewerbes oder die Lohnarbeit. Vor allem die männlichen Teilnehmer über 30 Jahre entschieden sich für den Aufbau eines eigenständigen Gewerbes. Die Gründe hierfür sind hauptsächlich in der positiven Bewertung von Eigenständigkeit und selbstverantwortlichem Arbeiten, in der vorhandenen Praxis und Erfahrung sowie in der Orientierung an traditionellen Werten zu suchen. Damit werden gleichzeitig ein hohes Maß an Unsicherheit, unregelmäßigem Einkommen und zur Not die Abhängigkeit von der Sozialfürsorge in Kauf genommen.

Auf der Grundlage dieser Einschätzung wurde ein Konzept entwickelt, dessen Kernstück die Verbindung von Wohnen und Arbeiten zugunsten einer Sinti-Großfamilie (Sippe) in Bremen mit ursprünglich 23, später 31 Personen sowie einer Sinti-Familie mit 9 Personen in Bremerhaven bildet. Es wurden an geeigenter Stelle im Stadtgebiet mit Hilfe eines Bauträgers zwei Doppelhäuser und ein Einzelhaus und in räumlicher Nähe zum "Wohnteil" ein "Gewerbeteil" errichtet. Zur Gewerbeausübung gehörten aktuell Altstoffhandel und -verwertung, Torf- und Komposthandel, Möbelhandel incl. Restaurierungsarbeiten, Autoreparaturen und Ersatzteilgeschäft, sowie ambulantes Scherenschleifen und verwandte handwerkliche Tätigkeiten. Diese Arbeitsbereiche fügen sich organisch in die traditionelle Lebensführung der Sinti. Durch die Realisierung des kombinierten Wohn- und Arbeitsprojektes konnte für die betroffenen Sinti kurzfristig eine "soziale Nische" und Rahmenbedingungen erschlossen werden, die mittel- und langfristig die ökonomische Unabhängigkeit ermöglichen. Planung und Durchführung der Maßnahmen waren dabei an folgende Ziele und Grundsätze gebunden:
- Qualitative Verbesserung der Wohnraumversorgung zur Erhöhung der Wohnzufriedenheit;
- Der Mietzins darf nicht an der oberen Grenze des Sozialen Wohnungsbaus angesiedelt sein;
- Es dürfen keine Mieterhöhungen wegen Subventionsabbau vorgenommen werden (Darlehensfinanzierung statt Zinssubvention);
- Schaffung einer festen Bindung zur Wohnumgebung;
- Motivierung zum Erwerbsleben, je nach Fähigkeiten durch Beratung und Hilfen;
- Sicherstellung des räumlichen Zusammenhangs zwischen Wohnen und Arbeiten;

- Einbeziehung der Sinti in die laufenden Bauarbeiten;
- Anleitung einzelner Familienmitglieder bei bestimmten Grundqualifikationen (z.B. Buchhaltung, Korrespondenz, Führerscheinerwerb);
- Integration durch Herstellung und Ausbau von Kontakten zu den regionalen sozialen Diensten, Stadtteilinitiativen, Nachbarn, etc.;
- Schulische Betreuung von Einzelpersonen in Ausbildung;
- Prävention beruflicher Benachteiligung allgemein;
- Umfeldarbeit in der Familie und Begleitung bei der Ausbildung und am Arbeitsplatz;
- Schuldenberatung und Finanzierungshilfen.

Beschäftigung im Baubereich

Bei den jüngeren Teilnehmern (unter 25 Jahren) spielte offensichtlich das Interesse am regelmäßigen Einkommen eine größere Rolle. Überwiegend verfügen sie auch nicht über jene Kenntnisse und Erfahrungen, die für eine selbständige Gewerbeausübung erforderlich sind. Sie entschieden sich mehrheitlich für ein geregeltes Beschäftigungsverhältnis im Rahmen von Neubau- und Sanierungsmaßnahmen. Arbeits- und Bildungsinhalte wurden durch die jeweiligen Bauabschnitte bestimmt. Ihre Qualifizierung zum Bauhilfsarbeiter erfolgte über "training on job" durch die Anleitung von Fachkräften (Maurer, Zimmermann, Dachdecker, Installateur, etc.). Nach der Anlernphase und Fertigstellung des ersten Hauses (etwa innerhalb eines Dreivierteljahres), konnten die Sinti-Kollegen selbständig und ohne besondere Anleitung einfache Arbeitsaufträge bei den einzelnen Gewerken ausführen. Neben dem Aspekt der Beschäftigung, deren Bedeutung vor allem im Erzielen regelmäßiger Einkünfte und in der Sicherheit des Arbeitsplatzes zu sehen ist, spielte die Qualifikation durch die Mitarbeit an den einzelnen Gewerken ebenso eine wichtige Rolle, wie die persönlichkeitsbildende Funktion einer produktiven Tätigkeit. Zusätzliche sozialpädagogische Betreuung - sowohl von Sinti als auch von Nicht-Sinti - hatte zum Ziel, grundsätzlichen Konflikten vorzubeugen, aber auch private Probleme (beispielsweise bei Schulden, Wohnungswechsel, Familienproblemen, etc.) lösen zu helfen.

Im Projektzeitraum von Januar 1985 bis Dezember 1987 wurden im Durchschnitt 55 hauptamtliche Mitarbeiter auf der Grundlage eines tarifgemäßen Arbeitsvertrages (40 Stunden wöchentlich) und 10 Honorarkräfte (8 Stunden wöchentlich) beschäftigt. In Kooperation mit Wirtschaftsunternehmen und überbetrieblichen Ausbildungsstätten wurden insgesamt etwa 1 150 m^2 neue Wohnfläche und 3 800 m^2 Gewerbefläche geschaffen, eine Schlichtbauwohnung (90 m^2) und eine Kindertagesstätte (120 m^2) saniert. Sowohl von der Zahl der Beschäftigten als auch von der Gesamtleistung her betrachtet, entspricht das Volumen einem mittelständischen Unternehmen. Vor dem Hintergrund der anhaltend hohen Arbeitslosigkeit im Land Bremen ist es gerechtfertigt, von einer wirksamen Beschäftigungsinitiative zu reden.

Durch die Kooperation zwischen dem Träger und Handwerksbetrieben konnten fünf langzeitarbeitslose Nicht-Sinti auf unbefristete Arbeitsplätze in den betreffenden Betrieben vermittelt werden. Eine Reihe von Argumenten spricht dafür, solche Kooperationsbeziehungen zu fördern, obwohl die berufliche Eingliederung von Langzeitarbeitslosen im Rahmen von Termingeschäften mit finanziellen Risiken behaftet ist.

Finanzierung

An dem Vorhaben beteiligten sich finanziell folgende Stellen:

Der Senat der freien Hansestadt Bremen (durch Wohnbaumittel aus dem sogenannten Kinderreichenprogramm)	750 000 DM
der EG-Sozialfonds	820 000 DM
die Bundesanstalt für Arbeit	1 312 538 DM
der Senator für Jugend und Soziales	175 000 DM
der Senator für Arbeit	107 743 DM
die Bremische Gesellschaft für Stadterneuerung, Stadtentwicklung und Wohnungsbau mbH	320 000 DM
Gesamtvolumen	3 485 281 DM

Ausblick

Entwicklungsmöglichkeiten des Programms sind auf den unterschiedlichen Ebenen in vielfacher Hinsicht gegeben. An dieser Stelle sollen nur zwei konkrete Beispiele angeführt werden, die belegen, daß Programme sinnvoll fortgeführt werden können, sofern für solche die finanzielle Grundlage geschaffen werden kann.

Berufsqualifizierung

Zur Zeit führt der Träger eine Maßnahme zur Weiterqualifizierung als Fachkräfte im Baubereich durch. Ziel dieser Maßnahme, an deren Kosten sich auch die EG mit 50 % beteiligt, ist es, Baufacharbeiter in ökologischer Bauweise und Sanierung auszubilden. Seit Anfang 1988 nehmen 20 Sinti und Nicht-Sinti daran teil. Die Initiierung dieses Vorhabens gründet auf der Erkenntnis, daß zum einen tendenziell weniger Neubauten errichtet werden, diese aber auf dem Hintergrund wachsenden Umweltbewußtseins neue Techniken, Fachkenntnisse und Fertigkeiten verlangen und zum anderen die Erhaltung alter Bausubstanzen immer wichtiger wird. Es ist davon auszugehen, daß die Teilnehmer nach Beendigung dieser Maßnahme bessere Vermittlungschancen auf dem Arbeitsmarkt haben.

Gewerbeaufbau

Des weiteren werden zwei hauptamtliche Mitarbeiter beschäftigt, um die Kontinuität von Beratung und Unterstützung beim Gewerbeaufbau sowie die möglichst konfliktfreie Integration der Sinti-Familien in der neuen Wohnumgebung zu gewährleisten. Hier stehen vor allem die Entwicklung von neuen Projekt- und Produktideen, die Erweiterung der Kooperationsbeziehungen, die Schaffung verbesserter Organisationsstrukturen etc. im Vordergrund.

Der Modellversuch hat trotz aller Schwierigkeiten und Probleme in der Realisierungsphase insgesamt neue Wege aufgezeigt, wie dem scheinbar unaufhaltsamen Deklassierungsprozeß einer ethnischen Minderheit wirksam entgegengewirkt werden kann. Da der Gesetzgeber in der Bundesrepublik Deutschland einen expliziten Schutz für Minderheiten nicht vorsieht, müssen alle gesellschaftlichen Kräfte im Kampf gegen den latenten Rassismus ihren Beitrag leisten. Dazu gehört auch, daß die rechtlichen und finanziellen Förderungsvoraussetzungen zur Integration benachteiligter Gruppen - zum Beispiel in den Arbeitsmarkt - entscheidend verbessert werden.

Literatur:

Bauer, Rudolph; Josef Bura und Klaus Lang (Hrsg.): Sinti in der Bundesrepublik. Beiträge zur sozialen Lage einer verfolgten Minderheit. Veröffentlichungen zur Situation der "Zigeuner in der Bundesrepublik Deutschland" Band IV, Universität Bremen, 1984

Buck, Gerhard: Wohnungen für Sinti. In: Bauer u. a. (1984) S. 199-228

Reichmann, E. (Hrsg.): Segregation. Handbuch der kritischen und materialistischen Behinderten - Pädagogik und ihren Nebenwissenschaften. Solms-Oberbiehl 1984, S. 553-556

Die Verfasser

Isolde **Bäuerlein-Gekeler**, *1948, Dipl.-Ing., Architektin, seit 1980 selbständig als freischaffende Architektin in der Architektengemeinschaft "Gruppe 4+", Karlsruhe; Mine **Donath**, *1943, Sozialarbeiterin, seit 1986 als Mitarbeiterin der "Ambulanten Hilfe e.V." Stuttgart, Leiterin der Beratungstelle; Helga **Fassbinder**, *1941, Prof. Dr., seit 1976 Hochschullehrerin für Stadterneuerung an der Technischen Universität Eindhoven, Niederlande; Dietrich **Gekeler**, *1950, Dipl.-Ing., Architekt, seit 1980 selbständig als freischaffender Architekt in der Architektengemeinschaft "Gruppe 4+", Karlsruhe; Jürgen **Gotthold**, *1943, Prof. Dr., 1973 - 1978 Referent für Stadtentwicklungsplanung beim Magistrat der Stadt Marburg, 1978 - 1985 Hochschullehrer an der Universität Bremen, seit 1985 Stadtrat in Marburg; Rainer **Greiff**, *1944, Dr. rer. pol., Dipl.-Ing., Architekt, seit 1974 wissenschaftlicher Mitarbeiter im "Institut Wohnen und Umwelt" (IWU), Darmstadt; Dietrich **Grothe-Jung**, *1947, Sozialplaner, im Projekt Woltmannweg tätig 1973 - 1974 im Rahmen eines Forschungsprojektes und 1975 - 1990 im Auftrag der evangelischen Kirche als Gemeinwesenarbeiter/Sozialplaner, seit 1990 tätig im Bereich "ökologische Stadterneuerung" für die Bundesgartenschau 1995; Alexander **Grünenwald**, *1949, Dipl.-Ing., Architekt, seit 1980 selbständig als freischaffender Architekt in der Architektengemeinschaft "Gruppe 4+", Karlsruhe; Andreas **Kämper**, *1952, Siplom-Soziologe, seit 1984 Mitarbeiter der Stadt Bielefeld, Amt für Familienfürsorge, Beratungsstelle für alleinstehende Wohnungslose; Alfred **Kappauf**, *1952, Diplom-Psychologe, Diplom-Pädagoge, 1980 - 1985 wissenschaftlicher Mitarbeiter und Projektleiter beim Modellversuch des Ministeriums für Soziales, Gesundheit und Umwelt Rheinland-Pfalz: "Integrierte Förderung sozial benachteiligter Gruppen" in Landau, seit 1987 freiberuflich tätig in eigener psychologischer Praxis in Siebeldingen bei Landau; Reinhard **Lehnen**, *1946, Dr., 1974 - 1980 Stadtentwicklungsplaner in Wuppertal, 1980 - 1985 Mitarbeiter im Amt für Wohnungswesen der Stadt Nürnberg, seit 1985 Geschäftsführer der "Gemeinnützigen Wohnungsbau- und Sanierungsgesellschaft der Stadt Forchheim mbH" (GWS); Albert **Mollet**, *1932, Diplom-Soziologe, 1972 - 1985 wissenschaftlicher Mitarbeiter von "Plan Construction" Paris, einer dem französischen Bauministerium ("Ministère de l'Equipement et du Logement") zugeordneten interministeriellen Forschungseinrichtung, 1985 - 1989 Abteilungsleiter in der technischen Direktion der für Modernisierungs- und Sanierungsförderung zuständigen "Agence Nationale pour l'Amélioration de l'Habitat (ANAH), Paris, seit 1989 Forschungsdirektor im französischen Bauministerium, Paris; Eduard **Roth**, *1948, Diplom-Soziologe, seit 1984 Mitarbeiter der "Landesarbeitsgemeinschaft Soziale Brennpunkte Saar e.V." (LAG Saar), seit 1986 Projektleiter "Neues Wohnen Saar"; Rolf **Schäfer**, *1952, Pädagoge, seit 1981 Mitarbeiter bei sozialen Beschäftigungsinitiativen, Geschäftsführer des "Förderwerks e.V.", Bremen; Werner **Schüle**, *1948, Sozialarbeiter, seit 1984 Mitarbeiter der "Ambulanten Hilfe e.V.",

Stuttgart, Leiter der teilstationären Einrichtung "Bauhof"; Gisela **Schuler-Wallner**, *1943, Diplom-Sozialarbeiterin, seit 1975 wissenschaftliche Mitarbeiterin im "Institut Wohnen und Umwelt" (IWU), Darmstadt; Ulrich **Severin**, *1952, Sozialarbeiter, seit 1975 als Mitarbeiter des "Arbeitskreises Soziale brennpunkte in Marburg" (AKSB) Gemeinwesenarbeiter in Marburg-Waldtal; Berthold **Sommer**, *1955, M.A., Pädagoge, Gemeinwesenarbeiter in der "Initiativgruppe Eulenkopf" in Gießen, seit 1987 Sozialarbeiter in der "Initiative für Jugendberufsausbildung der Sozialen Brennpunkte in Gießen e.V." (IJB); Thomas **Specht**, *1950, Diplom-Soziologe, 1977 - 1980 wissenschaftlicher Mitarbeiter im Forschungsprojekt "Nichtseßhaftigkeit", seit 1980 Referent und seit 1984 stellvertretender Geschäftsführer der "Bundesarbeitsgemeinschaft für Nichtseßhaftenhilfe e.V.", Bielefeld; György **Szabo**, *1945, Diplom-Soziologe, seit 1978 wissenschaftlicher Mitarbeiter in sozialen Projekten, wissenschaftlicher Mitarbeiter beim "Förderwerk e.V.", Bremen; Reinhard **Thies**, *1952, Diplom-Pädagoge, Gemeinwesenarbeiter in der Projektgruppe Margaretenhütte in Gießen, seit 1986 Referent der "Landesarbeitsgemeinschaft Soziale Brennpunkte Hessen e.V." (LAG Hessen), Frankfurt, für die Bereiche Wohnungsversorgung und Sanierung sozialer Brennpunkte; Renate **Viets**, Dipl.-Ing., Architektin, Dipl.-Soz.wiss., 1979 - 1981 als Mitarbeiterin der "Wohnberatung Bremen e.V.", Leiterin des Projektes "Modernisierungsberatung in Bremen-Walle", 1982 - 1989 Geschäftsführerin der "Bewohnerberatung e.V.", Bremen, zugleich Projektleiterin, u.a. für das Projekt "Sanierung Reiherstraße", seit 1989 Projektbetreuerin beim "Baukasten e.V." , Hannover; Wolfgang **Voegele**, *1943, Dipl.-Ing., Architekt, seit 1975 selbständig als freischaffender Architekt in der Bürogemeinschaft Baltin + Voegele, Karlsruhe, seit 1978 Auftrag zur Planungsberatung für Offenburg-Stegermatt.